커브볼은 왜 휘어지는가?

커브볼은 왜 휘어지는가?

초판 찍은날 2014년 4월 17일   **초판 펴낸날** 2014년 4월 22일

엮은이 프랭크 비자드
옮긴이 지여울

펴낸이 김현중
편집장 옥두석 | **책임편집** 이선미 | **디자인** 권수진 | **관리** 위영희

펴낸곳 (주)양문 | **주소** (132-728) 서울시 도봉구 창동 338 신원리베르텔 902
전화 02.742-2563~2565 | **팩스** 02.742-2566 | **이메일** ymbook@nate.com
출판등록 1996년 8월 17일(제1-1975호)

ISBN 978-89-94025-32-2 13690   잘못된 책은 교환해 드립니다.

커브볼은 Why 왜 휘어지는가?
Curveball   Curves

프랭크 비자드 엮음 지여울 옮김

재밌는 스포츠 속에 숨겨진 놀라운 비밀

YANG MOON

Why a Curveball Curves: The Incredible Science of Sports

by Frank Vizard

Copyright ⓒ 2008 by Hearst Communications, Inc.
All rights reserved.

This Korean edition was published by Yangmoon Publishing Co., Ltd. in 2014 by arrangement with Sterling Publishing Co., Inc. through KCC(Korea Copyright Center Inc.), Seoul.

이 책은 (주)한국저작권센터(KCC)를 통한 저작권자와의 독점계약으로 (주)양문에서 출간되었습니다.
저작권법에 의해 한국 내에서 보호를 받는 저작물이므로 무단전재와 복제를 금합니다.

집필진 소개

전문가

딘 골리츠 Dean Golich, **크레이그 그리핀**Craig Griffin
콜로라도 주, 콜로라도 스프링스에 위치한 카마이클 훈련 센터의 코치이다.

로라 스탐 Laura Stamm
로스앤젤레스 킹스, 뉴욕 레인저스, 뉴욕 아이슬랜더스, 뉴저지 데블스 등의 하키 팀과 올림픽 하키 대표팀 선수들에게 스케이트의 속도를 높이는 법을 가르쳤다. 《파워 스케이팅Power Skating》의 저자이며 미국 전역에 걸쳐 스케이트 클리닉을 운영하고 있다.

루 피넬라 Lou Piniella
뉴욕 양키스, 시애틀 매리너스, 신시네티 레즈, 탬파베이 데빌레이스의 감독을 거쳐 현재 시카고 컵스의 감독. 감독이 되기 전에는 캔자스시티 로얄스, 뉴욕 양키즈, 볼티모어 오리올스, 클리브랜드 인디언스에서 선수로 활약했다.

매트 바르 Matt Bahr
1979년에서 1995년까지 북아메리카프로미식축구리그의 여섯 개 팀에서 키커로 활약했다. 뉴욕 자이언츠가 버펄로 빌스를 물리쳤던 제25회 슈퍼볼에서 매트 바르는 승리를 확정짓는 필드골을 기록했다. 당시 최종 점수는 20대19였다.

밥 바우먼 Bob Bowman

미시건대학 수영팀 감독으로 2001년과 2003년 올해의 수영 감독으로 선정되기도 했다. 밥 바우먼은 2004년 시드니 올림픽 수영에서 마이클 펠프스가 8관왕이라는 신기록을 세울 당시 그의 코치였다.

버즈 브래먼 Buzz Braman

버즈 브래먼은 10년 이상 전미농구협회NBA에서 슈팅코치로 일하면서 필라델피아 세븐티식서스와 올랜도 매직 등의 팀에서 활약을 펼쳤다. 브래먼은 농구 시즌이 아닌 시기에는 모든 연령대의 선수를 위한 슈팅 캠프를 운영한다.

제프 후버 Jeff Huber

인디애나대학의 다이빙 감독으로 2000년과 2004년 올림픽 다이빙 대표팀 감독이었다.

조 비질 Joe Vigil

육상 및 크로스컨트리의 장거리 달리기 분야에서 전설적인 코치다. 미국 올림픽 대표팀과 비질 박사의 인연은 1968년까지 거슬러 올라간다. 박사는 2004년 그리스에서 열린 아테네 올림픽에서 디나 캐스터를 코치하여 그가 동메달을 따는 데 일조했다. 올해의 코치에 열네 차례나 이름을 올렸으며, 425명의 올아메리칸 선수(미국 내에서 스포츠에 특출한 재능을 지닌 아마추어 선수를 선발하여 꾸리는 팀―옮긴이)를 배출했다.

짐 카트 Jim Kaat

25년 동안 메이저리그에서 투수로 활약했다. 좌완투수인 카트는 워싱턴 세너터스, 미네소타 트윈스, 시카고 화이트삭스, 필라델피아 필리스, 뉴욕 양키스, 세인트루이스 카디널스에서 현역으로 뛰는 동안 통산 283승을 거두고 골든글러브상을 열여섯 차례 수상했다. 2006년 은퇴한 카트는 YES 네트워크와 WCBS에서 야구 중계 캐스터로 활약하며 제2의 경력을 쌓고 있다.

피터 브랭카지오 Peter Brancazio
뉴욕시티대학과 브룩클린대학의 물리학과 명예교수이자 《스포츠 과학 Sport Science》의 저자이다.

그 밖의 집필진

다빈 코번 Davin Coburn

데이비드 굴드 David Gould

매트 히긴스 Matt Higgins

스티브 플링크 Steve Flink

스티븐 부스 Stephen A. Booth

알렉스 허친슨 Alex Hutchinson

알벨리 A. A. Albellie

앤드류 개프니 Andrew Gaffney

오브리 쿡맨 주니어 Aubrey O. Cookman Jr.

윌리엄 호츠웬더 William J. Hochswender

존 바크 John Bakke

존 팔치오니 John G. Falcioni

찰스 플루드먼 Charles Plueddeman

타이 웽거 Ty Wenger

톰 콜리건 Tom Colligan

스포츠를 좀 더 풍성하게 즐기자

고등학교 시절에는 과학이 지루했고 대학에서는 과학이 두려웠다. 그러나 1962년 4월 16일 정오 무렵 뉴욕의 오래된 폴로 그라운즈의 눅눅한 클럽회관에서 과학은 한순간에 흥미롭고 의미 있는 존재가 되었다. 제이 후크 Jay Hook 선수가 커브볼이 왜 휘어지는지 그림을 그려 설명해주었기 때문이다.

후크의 설명을 내가 처음부터 끝까지 이해했다는 뜻은 아니다. 나는 영문학을 전공한 스물네 살의 〈뉴욕타임스〉 스포츠 전문기자였고, 후크는 스물여섯 살의 뉴욕 메츠 우완투수이자 노스웨스턴대학에서 공학을 전공한 학사였다. 후크는 또한 미국로켓협회의 회원이기도 했다. 그가 설명해준 베르누이 정리는 내 지식수준을 훌쩍 뛰어넘는 것이었지만 그는 참을성 있게 설명을 이어나갔다. 후크에게는 기분 전환이 필요했다. 왜냐하면 그날 휴스턴을 상대로 한 야구경기가 우천으로 연기되면서 후크는 바로 그 다음날 야구 역사상 가장 형편없는 팀에게 최초의 승리를 안겨주기 위한 도전에 나서야 했기 때문이다.

후크는 커브볼이 휘어지는 원리가 비행기를 뜨게 하는 원리와 똑같다면서 공기압이니 경계층이니 하는 이야기를 늘어놓았다. "이건 정말 단순하게 풀어 설명하는 것이거든." 후크는 변명하는 말투로 말했다. 그리고 "하지만 베르누이 정리를 잘 이해했다고 해도 반드시 제대로 활용할 수 있다는 말은 아니지."라고 덧붙이며 미소를 지었다.

후크는 기본적으로 직구를 던지는 투수였고 커브볼은 타자에게 얻어맞기 일쑤였다. 그는 다음날 경기에서 승리를 잡지 못했지만 일주일 뒤 피츠버그에서 뉴욕 메츠에게 역사상 최초의 승리를 안겨주는 영예를 안았다. 그 무렵 후크와 베르누이 정리를 다룬 내 기사가 후크가 그린 그림과 함께 〈뉴욕타임스〉에 실렸고, 후크는 뉴욕에서 지적인 팬이 좋아하는 투수로 유명해졌다. 나 또한 실제보다 과학에 박식한 사람으로 명성을 얻었다.

이후 내 관심은 스포츠 과학으로 쏠리기 시작했다. 당시 스포츠 과학은 스포츠 경기의 지적인 보도 방식으로 부상하고 있었다. 그 이후 40년 동안 우리는 대기 상태가 요트 경기에 미치는 영향이나 경주마의 골격 구조에 대한 글을 써왔다. 미식축구에서 롱패스를 안정적으로 던지는 데 있어 회전의 중요성이나 권투선수의 뇌손상을 다룬 글도 있었다. 스포츠계의 냉전(올림픽에서 소련과 미국 사이의 치열한 경쟁의식)에 힘입어 정형외과적 복구치료에서부터 경기력을 향상시키기 위한 화학적 치료에 이르기까지 각종 스포츠 의학이 세상의 이목을 집중시키던 시기였다.

1970년대 당시 약물 사용에 대해서 좀 더 제대로 알지 못했던 것이 아쉽다. 야구선수들이 사탕처럼 삼켜대던 암페타민 '그리니(greenie: 각성제인 암페타민을 가리키는 속어—옮긴이)'에 대해서 알고 있었지만, 미식축구와 육상경기에서 스테로이드가 어떤 역할을 하고 있는지는 한참이 지난 후까지 모르고 있었다. 미식축구 선수들의 어깨와 등에 난 얼룩덜

룩한 '등여드름'을 보면서 '보호장구 때문에 피부가 쓸리겠구나' 하고 염려했던 일을 기억한다. 몇 차례 그 점에 대해 물었을 때 로이드 레이지(스테로이드 남용의 부작용으로 나타나는 갑작스런 분노를 이르는 말—옮긴이)라고 표현될 만한 험악한 답변을 들었다. 1980년대 대부분의 프로팀과 일류 대학팀에서는 심리학자와 영양학자, 체중관리 전문가를 갖추게 되었고 처방전을 쓸 수 있는 의사를 고용하는 일도 점점 늘어났다. 1990년대 무렵에는 스포츠 과학 기술이 미국항공우주국NASA 수준까지 발전하여 올림픽 선수촌에서 사용하는 눈손 협응 훈련 기계에서부터 사이클 선수들이 착용하는 심폐 모니터까지 등장했다. 이제 스포츠 전문기자라면 응당 밤비노의 저주(보스턴 레드삭스에서 베이비 루스를 뉴욕 양키스에 헐값에 트레이드시킨 이후 단 한 번도 월드 시리즈에서 우승하지 못한 것을 밤비노의 저주라 한다—옮긴이)에 대해서 잘 알고 있는 것만큼 속근과 지근의 차이에 대해서도 잘 알고 있어야 했다.

물론 21세기에는 저주 또한 과학 이야기의 일부에 불과했다. 베이브 루스Babe Ruth의 단일 시즌 홈런 기록과 통산 홈런 기록이 스테로이드 복용이 의심되는 선수에게 다시 한 번 깨지고 말았다. 이 사건으로 스포츠계는 물론 일반 사회에서 성과를 높이기 위한 약물 사용에 대한 논란이 한층 크게 퍼져나갔다. 운동선수들은 시력을 향상시키기 위해 라식 수술을 받는 한편 시합 전에 보충제를 복용하고 마취 주사를 맞는 등 복잡한 관리를 받는다. 운동선수가 약물을 사용하는 일이 남성이 비아그라를 복용하는 일과 무엇이 다르단 말인가? 오페라 가수들은 무대공포증을 극복하기 위해 베타차단제(심장의 스트레스를 완화시키는 약물로 협심증, 고혈압의 치료 목적으로 널리 이용되고 있다—옮긴이)를 복용하고 학교에서는 아이들이 차분하게 집중할 수 있도록 아이들에게 사탕 맛이 나는 약을 먹이지 않았는가? 스테로이드와 성장호르몬, EPO(적혈구의 생성을 촉진하는 약물―옮긴이)는 결국 약물 사용의 합리적인 연장선상에 있는 것이 아닌가? 결국 우리는 과학을 통해 '탈인류'의 시대로 들어서고 있는 것은 아닌가?

화학자나 생물학자, 물리학자, 신경학자들과 스포츠에 대한 이야기를 나눌 때마다 흥미진진한 이야기를 들을 수 있었지만 이따금 기운이 빠질 때도 있었다. 결국 그들의 이야기는 약물을 통해 좀 더 나은 부정행위를 찾는 약물과학에 불과했기 때문이다. 나는 무언가 좀 더 긍정적인 의미의 과학, 또 다른 베르누이 정리를 찾고 싶었다.

그리고 2001년 1월 14일 정오 무렵, 노스캐롤라이나 주 샬럿 근방의 한 차고에서 나는 40여 년 전 폴로 그라운즈에서 그랬던 것처럼 흥분에 휩싸였다. 〈뉴욕타임스〉에 나스카 NASCAR 관련기사를 쓰기 위해 사전 조사를 하던 참이었다. 내가 무엇을 찾고 있는지 눈치 챈 한 젊은 기계공은 나에게 구멍 뚫린 네모난 알루미늄 조각을 보여주었다. 그 조각은 경주용 엔진 카뷰레터의 공기 흡입구에 부착되어 엔진의 연소실로 흘러드는 연료와 공기의 흐름을 감소시키는 역할을 하는 '카뷰레터 리스트릭터 플레이트'였다. 이 부품은 슈퍼 스피드웨이 경주에서 차의 마력과 속도를 줄이기 위해 사용되었다. 경기에서는 안전상의 이유로 리스트릭터 플레이트 부착이 의무화되어 있었지만, 수많은 레이서들은 이것을 부착하면 상대를 추월하기가 더 어려워지기 때문에 좀 더 가까이 붙어 경주할 수밖에 없어 충돌사고가 더 많이 일어나게 된다고 생각했다.

나에게 그 알루미늄 조각은 베르누이의 시대가 다시 찾아온 것이나 마찬가지였다. 물론 내가 알루미늄 조각을 둘러싼 과학을 전부 이해하는 것은 아니지만 그 덕분에 비틀림 모멘트, 연료 소비량, 풍동실험, 경주에서 머리와 목을 고정하는 안전장치에 대한 수요가 높아지는 현상 등에 대해 좀 더 많은 자료를 찾아볼 수 있었다. 몇 년 동안 나스카를 취재한 끝에 나는 십대 독자들을 위해 스톡 카 레이싱(일반 차량을 개조하여 만든 차량으로 하는 자동차 경주—옮긴이)을 다룬 소설 《노란 깃발Yellow Flag》을 집필했다. 그리고 소설을 쓴다는 핑계로 좀 더 많은 시간을 차고와 피트에서 사람들과 기술을 논하면서 보낼 수 있었다.

지난 40년 동안 나는 참고할 수 있는 책이 나오기를 기다려왔다. 이 책은 그런 나의 기대에 부응하는 책이며, 스포츠를 좀 더 풍성하게 즐길 수 있도록 궁금증들을 해결해주는 훌륭한 책이다. 내게 처음으로 과학을 가르쳐준 후크에게 이 책을 보내줄 생각이다. 그는 1957년부터 1964년까지 메이저리그 신시내티 레즈와 뉴욕 메츠에서 여덟 시즌을 보내면서 160경기에서 공을 던졌고 29승62패를 기록했다. 선수생활을 은퇴한 후에는 산업계에 뛰어들었고, 노스웨스턴대학에서 교수 생활을 하기도 했다. 몇 년 전 교수직을 은퇴한 그는 손주들에게 할아버지가 그저 과학만 아는 공부벌레가 아니었다는 사실을 보여주고 싶다며 자신에 대해 쓴 1962년 기사의 복사본을 보내달라고 부탁해왔다.

내가 기사를 찾아 후크에게 보내준 다음 우리는 전설적인 야구감독 캐시 스텡겔Casey Stengel이 기사를 보고 한 말을 되새기며 함께 웃음을 터뜨렸다. 그 말은 스포츠 과학자라면 모름지기 명심해야 하는 말이다. 기사가 난 다음날 스텡겔 감독은 머리를 절레절레 흔들면서 이렇게 말했다.

"알기만 하면 뭐해, 써먹지를 못하는 걸."

로버트 립사이트Robert Lipsyte

선수와 코치, 팬 모두를 위한 스포츠 과학

고대 그리스인과 로마인들은 열정을 다해 스포츠를 즐겼다. 현대 인류 역시 열정에서만큼은 고대인 못지않다. 하지만 고대 스포츠 경기와는 다르게 현대 스포츠에서는 과학과 기술이 중대한 역할을 수행하고 있다. 겉모습은 고대와 전혀 달라진 것이 없어 보이는 스포츠조차 예외가 아니다. 공의 투구와 다리의 회전 뒤에는 유체역학과 생체역학 같은 과학이 존재한다. 사이클링 경주에서 속도를 내고 미식축구 시합에서 몸을 보호하고 각종 스포츠 경기에서 경기력을 측정하는 등 스포츠의 온갖 분야에서 과학은 없어서는 안 될 역할을 하고 있다.

 이 책은 운동선수와 팬 모두를 위해 만들어진 책이다. 운동선수인 독자라면 스포츠와 관련된 과학과 기술에 대한 이해를 통해 좀 더 준비된 선수가 될 수 있을 것이다. 그리고 스포츠를 관람하는 팬의 입장에서는 시합의 미묘한 차이를 눈여겨볼 줄 알게 될 뿐만 아니라 각 스포츠에서 어떤 노력이 필요한지에 대해 한층 잘 이해하게 될 것이다. 이 책에서는 선수와 코치, 각 스포츠 분야에 직접 몸담고 있는 저자들이 자신의 스포츠에 관련된 과학을 분석하였다.

또한 이 책은 수많은 스포츠 분야를 섭렵하는 《파퓰러 메카닉스》와 그 편집자들의 폭넓은 관심사를 반영한다. 이미 잡지에 실린 적이 있는 글도 있고 이 책을 위해 새로 집필된 글도 있다. 《파퓰러 메카닉스》가 가장 사랑하는 스포츠를 꼽는다면 아마도 야구일 것이다. 그래서 이 책에서도 야구에 대해 가장 많은 면을 할애하고 있다. 《파퓰러 메카닉스》는 과거 메이저리그에서 활약했던 투수이자 현재 TV에서 야구 중계 캐스터로 활약 중인 짐 카트와 오랫동안 친분을 유지해 오고 있다. 그는 이 책의 일부분을 집필해주었다. 또한 브루클린대학의 물리학 교수이자 《스포츠 과학》의 저자인 피터 브랭카지오 박사도 오랫동안 《파퓰러 메카닉스》의 과학 고문으로 일하는 동안 야구공과 미식축구공, 농구공을 비롯하여 비행하는 물체의 회전과 궤도에 관련된 문제에 대해 귀중한 의견을 제시해주었다.

자신의 이야기를 기꺼이 지면으로 옮겨준 또 다른 전문가로는 미식축구 키커인 매트 바르와 야구계의 전설적인 감독인 루 피넬라가 있다. 감독은 종종 선수들이 보지 못하는 면을 짚어낸다. 한편 조 비질 박사는 마라톤 선수들을 키워온 30년 경험의 지혜를 들려주었다. 비질 박사의 제자 중 가장 유명한 선수는 2004년 아테네 올림픽에서 동메달을 목에 건 후 전 세계에서 열리는 장거리 달리기 대회를 섭렵한 디나 캐스터이다. 또한 수영황제 마이클 펠프스를 지도한 밥 바우먼의 글도 한몫을 하고 있다. 2000년과 2004년 올림픽 다이빙 대표팀 코치로 활약했던 제프 후버의 글도 빼놓을 수 없다. 베테랑 스케이트 코치인 로라 스탐도 빙판에서 빠르게 달리는 방법을 알려준다. 선수와 코치들이 직접 현장에서 체험한 이야기 외에 볼링, 권투, 하키, 스키, 축구, 테니스 등 다양한 스포츠 분야에 대한 기자들의 전문적인 글도 실려 있다. 또한 스포츠 과학을 다룬 글 못지않게 스포츠 이면의 훈련 추세를 다룬 글도 흥미롭다. 스포츠에서 시력의 중요성과 수분 섭취, 젖산에 대한 새로운 시각을 읽을 수 있다. 한편 유전자 도핑 문제를 다룬 글에서는 예전 불법적인 약물의 경우와 마찬가지로 유전자 도핑으로 모든 스포츠의 진정성이 무너질 수 있는 위험성에 대해 경고하고 있다.

시합을 목전에 앞둔 선수이든 좋아하는 팀의 시합이 시작되기를 기다리고 있는 팬이든 이 책을 읽는 독자는 스포츠를 더욱 사랑하게 될 것이다. 또한 한층 훌륭한 운동선수가 될 수 있을 것이다.

프랭크 비자드 Frank Vizard

CONTENTS

집필진 소개 · 5
추천사 | 스포츠를 좀 더 풍성하게 즐기자 · 9
머리말 | 선수와 코치, 팬 모두를 위한 스포츠 과학 · 15

Chapter 1 훈련 *Training* 21

시작은 눈부터 · 22 | 스포츠 전용 콘택트렌즈 · 27 | 훈련에 대한 다양한 정보들 · 28 | 유전자 도핑으로 초운동선수가 탄생할 것인가 · 36 | 스포츠계에서 사용되는 불법 약물 · 41 | 스포츠계의 약물 남용 추문 베스트 10 · 42

Chapter 2 야구 *Baseball* 45

야구는 타자의 경기다 · 46 | 1920년대 이후 야구의 진화 · 54 | 타격의 해부학 · 55 | 특대 스위트 스폿 · 59 | 신속한 판단력이 필요한 순간 · 60 | 감독이 말하는 홈런 비법 · 61 | 베이브 루스의 홈런 비결 · 69 | 전력투구 · 74 | 라이징 패스트볼의 전설 · 80 | 포수는 왜 마스크를 포기하고 헬멧을 선택했는가 · 81 | 변화구의 과학 · 82 | 커브볼의 물리학 · 91 | 신비의 투구 · 93 | 1949년의 투구 · 95 | 파울볼! 반칙투구와 부정 배트 · 102 | 야구배트에 코르크를 넣은 선수 10명 · 116

Chapter 3 농구 *Basketball* 117

3점슛의 미학 · 118 | 슬램덩크! · 128 | 마이클 조던의 공중전 · 137

Chapter 4 볼링 *Bowling* 139

스트라이크를 넣는 힘 · 140

Chapter 5 권투 *Boxing* 149

KO 펀치 · 150

| Chapter 6 | 사이클링 *Cycling* | 163 |

가장 빠른 시간 · 164 | 랜스 암스트롱의 신체 · 172 | 타임트라이얼 자전거 · 173

| Chapter 7 | 미식축구 *Football* | 175 |

폭탄의 역학 · 176 | 필드골의 미학 · 184 | 필요한 것은 오직 단 한 번의 킥 · 193 | 전투 헬멧 · 194 | 충돌의 해부학 · 201

| Chapter 8 | 골프 *Golf* | 207 |

완벽한 골프 스윙을 찾아서 · 208 | 타이거 우즈의 스윙 · 213 | 드라이버의 속도 · 214 | 새로운 공은 빨리 떨어진다 · 215

| Chapter 9 | 하키 *Hockey* | 217 |

빙판 위를 한층 더 빠르게 · 218 | 골키퍼에게 중요한 것은 다리보다 눈 · 224 | 3.3도의 차이 · 225 | 당신의 스틱은 얼마나 큰가 · 226 | 퍽의 과학 · 229 | 그레츠키가 위대한 이유 · 230

| Chapter 10 | 달리기 *Running* | 231 |

마라톤을 뛰다 · 232 | 말하는 운동화 · 242 | 컴퓨터 운동화 · 243 | 발에 맞는 신발을 고르는 법 · 243

| Chapter 11 | 스키 *Skiing* | 245 |

스피드 스키 · 246 | 공중을 나는 스키 점프 · 252 | 스노보드의 비틀림 힘 · 254

| Chapter 12 | 축구 *Soccer* | 255 |

베컴처럼 휘어차라 · 256 | 축구공의 진화 · 263 | 헤딩은 안전한가 · 267 | 물개 드리블 · 269

| Chapter 13 | 수영과 다이빙 *Swimming & Diving* | 271 |

올림픽 선수의 수영법 · 272 | 전신수영복 · 282 | 다이빙, 중력이 중요한 순간 · 288

| Chapter 14 | 테니스 *Tennis* | 295 |

파워서브 · 296 | 여성의 힘 · 304 | 서브의 해부학 · 305 | 리버스 포핸드 · 310 | 줄이론 · 311

찾아보기 · 312

옮긴이의 글 | 스포츠, 누구나 즐길 수 있다 · 318

Training 1 훈련

시작은 눈부터
스포츠 전용 콘택트렌즈
훈련에 대한 다양한 정보들
유전자 도핑으로 초운동선수가 탄생할 것인가
스포츠계에서 사용되는 불법 약물
스포츠계의 약물 남용 추문 베스트 10

시작은 눈부터

Stephen A. Booth 스티븐 부스

"공을 봐라. 그리고 공을 쳐라." 여러 세대에 걸쳐 코치들이 셀 수 없이 많은 어린 선수들에게 귀에 못이 박히도록 들려주는 말이다. 훈련의 대부분은 체중이동 같은 근육조정 훈련이나 타격자세 훈련처럼 몸을 단련하는 훈련에만 집중되어 있다. 하지만 지금 전문가들은 또 다른 신체 기관을 단련하고 훈련하는 것이 중요하다고 강조한다. 바로 우리의 눈이다.

우리가 흔히 '눈손 협응 hand-eye coordination'이라고 말하는 능력에 대해서는 이미 많은 것들이 알려져 있다. 눈손 협응 능력은 선천적으로 타고나야 하는 것이지만 시력과 관련된 부분은 (어린이는 물론 어른 또한) 학습과 훈련을 통해 습득할 수 있다고 알려져 있다. 훈련으로 시력을 높일 수 있다는 사실은 미국안과협회 같은 전문기관에서도 인정하고 있는 사실이다. 미국에서 좋은 평판을 얻고 있는 야구 클리닉 체인인 프로즌 로프스 같은 스포츠 훈련 클리닉의 안과 전문가들 또한 이에 동의한다. 이 분야에 대한 연구가 주로 야구에 집중되어 있기는 하지만 시력을 향상시키기 위한 전문가들의 조언과 훈련 기법은 비단 야구선수뿐만 아니라 골프나 테니스, 축구, 하키 등 다른 스포츠 분야에서 활약하는 선수들에게도 도움이 될 수 있다.

프로즌 로프스에서 시력 훈련 프로그램을 맡고 있는 하워드 베일리 Howard Bailey 박사는 "선수들이 단지 몇 인치 차이로 공을 놓치는 일이 얼마나 많은가? 뛰어난 선수들 중에는 그리 발이 빠르지 않더라도 마치 공이 떨어지는 곳을 미리 알고 가 있는 것처럼 보인다. 이런 선수들은 남보다 한 발 앞서 공에 대비한다. 달리 표현하면 인식–반응 속도가 빠른 것이다."라고 말했다.

베일리 박사는 우리 몸은 눈에서 뇌로 시각적 단서가 전해지고 난 다음에야 움직인다고 설명한다. "어떤 야수가 91.5미터를 전속력으로 달리는 데 11.5초가 걸린다고 하자. 이 선수의 인식–반응 시간을

25퍼센트 단축할 수 있다면 9.15미터를 움직일 때 64센티미터를 버는 셈이다. 그러므로 도루를 하거나 뜬공을 쫓아가는 경우 인식-반응 시간을 단축하는 훈련이 얼마나 도움이 될지 한번 생각해 보라. 실제로 이 훈련은 시합 중에 어느 지점으로 움직일 필요가 있는 모든 스포츠에서 활용될 수 있다."

시력을 키우는 방법

스포츠 선수들이 시력과 관련된 기량을 키우기 위한 첫걸음은 우선 안과의를 찾아가 전체적인 눈 검사를 받아보는 일이라고 미국안과협회는 조언한다. 스포츠 시력을 전문으로 하는 안과의는 선수에게 딱 맞는 안경이나 콘택트렌즈의 처방뿐만 아니라 특정 스포츠 분야에 맞추어 시력을 키우는 맞춤형 훈련 프로그램을 만들어줄 수도 있다.

스포츠를 잘하기 위해 향상시킬 수 있는 시력에는 몇 가지 종류가 있다. 그중 하나인 동체시력은 선수 자신이나 목표 사물이 빠른 속도로 움직이고 있을 때 목표 사물을 뚜렷하게 볼 수 있는 능력이다. 또한 시각집중력, 즉 주위의 방해 요소를 구분하여 목표 사물에만 시력을 집중시키는 능력도 스포츠에서는 중요하다. 미국안과협회에서는 스포츠 분야의 시각적 능력에 대한 보고서에서 이렇게 말하고 있다. "손쉬운 땅볼에도 실책을 범하거나 짧은 거리의 퍼트에서 실수를 하는 경우에는 선수 주위에서 일어난 다른 일 때문에 선수의 집중력이 흐트러졌을 가능성이 높다. 우리 눈은 정상적으로 작동할 때 우리 시야 내에서 일어나는 모든 일에 반응한다. ……관중이나 다른 선수, 튀어나온 나뭇가지에서 바람에 나부끼는 나뭇잎도 예외는 아니다."

가능한 머리를 움직이지 않고 움직이는 사물을 따라 눈을 움직이는 훈련을 통해 키울 수 있는 시표추적능력은 선수가 균형을 유지하고 상황에 따라 신속하게 반응하는 데 도움이 되는 능력이다. '눈손몸 협응 eye-hand-body coordination'은 우리 손과 발과 근육이 눈을 통해 수집된 정보에 어떻게 반응하는지를 설명하는 것으로 정확한 공간에 맞추어 몸을 움직이는 능력에 영향을 미친다. 시각기억은 사람과 사물이 복잡하게 얽혀 빠르게 움직이는 광경을 기억하고 처리하는 능력으로, 선수가 신속하게 반응하는 데 도움이 된다. 미국안과협회에서는 "시각기억력이 좋은 선수는 항상 올바른 시간에 맞추어 올바른 장소에 있는 것처럼 보인다."고 설명한다.

미국안과협회에서는 시각화 능력이 경기력을 높이는 데도 도움이 된다고 밝혔다. 시각화 능력은 현실에서는 전혀 다른 것을 보고 그것에 집중하면서(야구의 경우 대개는 공을 보고 있으면서) 마음의 눈으로는 자신의 모습을 볼 수 있는 능력을 말한다. 또한 시각화 능력만큼 중요한 것으로 주변시력이 있다. 주변시력은 주위에서 일어나는 일을 볼 수 있는 능력이다. 스포츠 경기에서 벌어지는 일은 대부분 선수 눈앞에서 벌어지기보다는 선수의 주변에서 벌어진다. 그렇기 때문에 굳이 고개를 돌리지 않고도 옆에서 일어나는 움직임을 파악할 수 있는 능력을 키우는 일이 중요하다.

학습과 훈련을 통해 향상시킬 수 있는 또 하나의 중요한 시각적 능력으로는 시각반응속도와 깊이지각(입체시력)이 있다. 시각반응속도는 이를테면 테니스에서 서브를 받아친다고 할 때 우리 뇌가 상대방의 행동을 분석하고 반응하는 속도를 말한다. 깊이지각은 자신과 다른 사물 간의 거리를 정확하고 신속하게 판단하는 능력으로, 대상 목표와의 거리를 너무 멀게 판단하거나 너무 가깝게 판단하는 일이 반복된다면 깊이지각 능력이 떨어지기 때문일 수도 있다.

시력을 기술적으로 조정하기

야구선수는 타격자세를 기술적으로 조정할 수 있다. 마찬가지로 시각적 능력 또한 기술적으로 조정하는 일이 가능하다. 이는 프로즌 로프스 훈련센터에서 실시되는 시력 훈련법의 책임자이자 안과 의학고문인 토니 아바틴Tony Abbatine의 주장이다. 프로즌 로프스의 연구원들은 1992년부터 프로 야구선수와 일반인 사이의 시각적 기능 차이에 대한 연구를 진행하면서 메이저리그와 마이너리그에서 뛰고 있는 선수 1500명을 대상으로 검사를 실시했다.

프로즌 로프스의 연구에서는 프로 야구선수들이 일반인보다 시력과 깊이지각 능력이 뛰어나다는 결과를 도출했다. 한편 프로 야구선수들은 일반인보다 관중석이나 흐린 하늘의 배경에서 하얀 야구공을 눈으로 쫓을 수 있는 능력인 대비 민감도에서 뛰어난 능력을 보이는 것으로 나타난다. 하지만 연구원들은 프로 야구선수의 시력이 일반인보다 뛰어난 데에는 선천적으로 타고난 능력 외에 다른 요소들이 있다고 말한다. "시력이나 입체시력, 대비 민감도 등의 능력은 야구를 잘 하기 위해 중요한 능력이다. 하지만 그것만으로는 메이저리그 선수가 되기에 부족하다. 뛰어난 야구선수로 성공하기 위해서는 이런 시각적 능력을 통합하여 시합 중에 능숙하게 사용하는 방법을 반드시 습득하고 있어야 한다."

이 말은 시각기억 능력이 중요하다는 뜻이다. "인간의 뇌는 사물의 모습을 기억하고 있다가 다음에 비슷한 작업을 할 때 그 기억을 불러

온다. 뛰어난 선수는 여러 시각적 기능을 활용하여 사물의 자세한 세부사항(이를테면 투구나 뜬공 같은)을 신속하면서도 정확하게 파악하여 머릿속에서 사물의 상을 그릴 수 있어야 하며 같거나 비슷한 사물이 보일 경우 그 사물을 올바르게 식별할 수 있어야 한다. 이런 능력은 공이 투수의 손을 떠나는 순간 공의 회전을 파악하거나 초기 궤도를 날아오는 투구의 구종을 파악하는 데 중요한 역할을 할 수 있다."

이 목표를 달성하기 위해 프로즌 로프스에서는 '스코프와 로프 Scope and Rope'라는 이름의 시각 훈련용 컴퓨터 프로그램을 개발했다. 프로즌 로프스에서 훈련으로 습득할 수 있다고 주장하는 투구 인식 능력과 시각운동성을 키우는 두 가지 훈련법으로 구성된 이 프로그램은 프로 야구선수뿐만 아니라 프로즌 로프스의 고객인 어린이 선수들 사이에서도 널리 활용되고 있다.

스포츠 전용 콘택트렌즈

콘택트렌즈의 착용으로 시합에서 경기력을 높일 수 있을까? 마라톤 세계 기록 보유자인 폴라 래드클리프(Paula Radcliffe)나 볼티모어 오리올스에서 뛰고 있는 브라이언 로버츠(Brian Roberts) 같은 선수들은 바슈롬사에서 새로 개발한 스포츠 전용 콘택트렌즈로 경기력을 높일 수 있다고 믿고 있다. '나이키 맥스사이트'라 불리는 이 콘택트렌즈는 처방전을 받아 구입할 수 있으며 눈부심을 방지하는 효과가 있다. 호박색의 콘택트렌즈는 야구나 테니스처럼 목표물이 빠르게 움직이는 스포츠에 적합하며, 회녹색의 콘택트렌즈는 골프에서 선수들이 코스의 등고선을 한층 잘 알아볼 수 있도록 돕는다. 이와 비슷한 기술은 선글라스에서 이미 사용되고 있다.

훈련에 대한 다양한 정보들

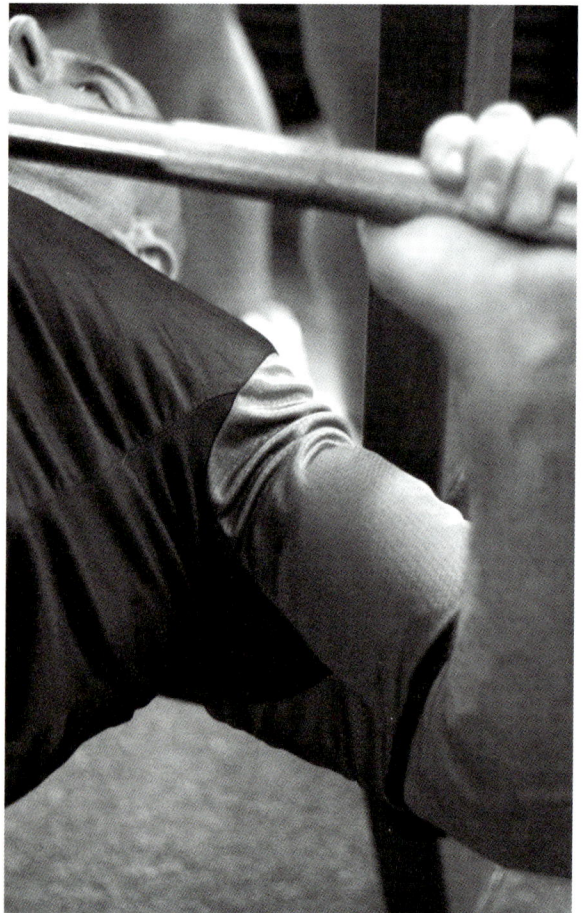

Frank Vizard 프랭크 비자드

고통을 뛰어넘는 뇌

고통은 우리 머리에서 시작된다. 운동을 하고 나서 근육통에 시달리고 있다면 이 말에 반박하고 싶어질지도 모른다. 그러나 뇌를 연구하는 신경학자들의 말에 따르면 실제로 고통은 머리에서 발생한다. 좀 더 정확하게 말하자면 우리 머릿속 뇌의 체감각피질이라는 띠 모양으로 된 대뇌피질의 한 부분에서 발생한다. 이 띠 모양의 체감각피질에는 우리 신체의 각 부분에 해당하는 영역이 존재하며, 각 영역의 크기는 그 신체 부위가 상대적으로 고통에 얼마나 민감한지의 정도에 따라 달라진다. 근육을 혹사시키게 되면 근신경에서는 일종의 경고신호인 전기신호를 뇌로 보내며, 이 전기신호가 체감각피질에서 각 신체 부위에 해당하는 영역을 활성화시키면 고통이 발생한다. 뇌에서 분비되는 엔돌핀은 근신경에서 전달되는 신호를 차단하여 몸이 다시 정상적으로 작동할 수 있게 만드는 역할을 한다.

과학자들은 더 철저한 방식으로 운동경기에서의 경기력과 정신력의 상관관계를 해명하려 했다. 이 문제는 아이맥스 영화인 〈승리에 목숨 걸다-투르 드 프랑스〉에서도 분석된 바 있다. 하버드 의과대학의 신경학 교수이자 이 영화의 과학고문인 마틴 새뮤얼스Martin A. Samuels 박사는 정신력으로 몸의 고통을 다스릴 수 있다고 주장한다. "고통을 가라앉히기 위해 약을 먹을 필요는 없다. 우리는 머릿속에서 고통을 다스릴 수 있다."

그 예로 새뮤얼스 박사는 운동선수들이 고통을 참으면서 눈앞의 시합에 집중하는 능력을 이야기한다. 박사는 선수들이 고통을 견디는 능력을 훈련으로 습득하는 것처럼 보인다고 말한다. 특정 동작을 반복하게 되면 초기의 고통 경고가 경험의 일부로 흡수되기 때문이다. 흔히 말하는 '근육기억'은 각각의 근육이 아닌 우리의 뇌에 저장된다. 박사는 "인간이 넘을 수 없는 유전적인 능력의 한계선이 존재한다는 것은 분명하다. 하지만 대부분은 고된 훈련을 통해 선천적으로 타고난 유전적인 능력을 뛰어넘을 수 있다. 성공을 향한 열쇠는 바로 우리의 뇌 안에 있다."고 말한다.

우리의 새로운 친구 젖산

젖산은 누명을 쓰고 있었다. 수십 년 동안 젖산은 운동선수의 가장 큰 적으로 비난받았다. 하지만 현재 밝혀진 바에 따르면 젖산은 실상 우리의 가장 좋은 친구이다.

조금이라도 운동을 해본 사람이라면 누구나 젖산에 대해 알고 있을 것이다. 젖산은 화끈거리는 근육통과 근육경련을 일으키는 주범이다. 젖산 이론에 따르면 근육에 산소가 부족하게 되면 젖산이 축적되고 그 결과 근육의 피로가 발생한다.

하지만 캘리포니아대학 버클리캠퍼스의 생물학 교수인 조지 브룩스George A. Brooks의 연구에 따르면 젖산 이론은 잘못되었다. 2006년 브룩스는 젖산에 대한 연구에서 젖산은 우리 몸을 피로하게 하는 노폐물이 아니라 몸을 움직이게 하는 에너지원이라는 사실을 밝혀냈다. 근육은 포도당에서 젖산을 생산하고 이 젖산을 태워 열량을 얻는다. 젖산은 세포 내에서 에너지를 생성하는 발전소라 할 수 있는 미토콘드리아에서 연료로 사용된다.

그렇다면 어째서 근육통이 일어나는 것인가? 그 까닭은 근육이 젖산을 효율적으로 연소시키는 방법을 익히지 못했기 때문이다. 우리는 훈련을 통해 근육이 효율적으로 젖산을 연료로 전환하는 능력을 익힐 수 있다. 우리 몸이 젖산을 활용하는 방법에 제대로 적응하고 나면 근육통은 사라지게 된다. 운동을 하고 며칠이 지난 후에도 근육통이 느껴진다면 이는 젖산 때문이 아니다. 젖산은 운동을 마친 후 한 시간 이내에 사라지기 때문에 가벼운 근육 파열이 원인일 가능성이 높다.

그러나 젖산을 둘러싼 오해에도 불구하고 결과적으로 볼 때 코치가 선수에게 시키는 훈련 자체는 틀렸다고 할 수 없다. 코치들은 지구력을 키우는 훈련을 통해 선수의 경기력을 높일 수 있다는 사실을 알고 있었다. 현재 밝혀진 바로는 지구력 훈련을 하면 몸의 미토콘드리아 질량이 증가하기 때문에 근육에서 젖산을 좀 더 오랫동안, 한층 효율적으로 연소시킬 수 있게 된다.

코치들은 이미 짐작하고 있던 사실을 과학자들은 이제야 확인한 셈이다.

군인들에게 유용한 케틀 벨

첨단기술을 활용한 운동기기들이 만연한 시대이지만 전 세계에서 내로라하는 강인한 사람들은 아직도 몸을 만들기 위한 운동기구로 구식의 케틀 벨을 선호한다. 미군의 정예부대인 네이비실을 비롯해 이라크나 아프가니스탄의 최전선에서 근무하는 군인들 역시 몸을

단련하는 기구로 케틀 벨을 사용하고 있다. 몇 세기 전 러시아에서 처음 등장한 케틀 벨은 마치 포환에 손잡이가 달린 모습을 하고 있으며 무게가 4킬로그램에서 50킬로그램까지 다양하다. 이동이 잦은 군인들에게 케틀 벨은 휴대가 간편하다는 점에서 매력적이기도 하지만 케틀 벨이 인기 있는 이유는 따로 있다. 케틀 벨은 근육을 너무 과도하게 만들지 않으면서도 힘을 키울 수 있는, 반복에 기반을 둔 훈련 방식이기 때문이다. 재빠른 몸놀림과 속도, 민첩성과 유연성이 필요한 전투 상황에서 두껍기만 한 근육은 별로 쓸모가 없다. 특히 기복이 심한 적지에서라면 근육은 짐만 될 뿐이다. 케틀 벨을 애용하는 한 군인의 표현에 따르면 전투는 어린이 한 사람 무게만큼의 짐을 진 채 1~3미터 가량의 거리를 전속력으로 움직이는 일이다. 이두박근을 키우는 것보다는 복근의 힘을 키우는 것이 군장과 탄약을 짊어지기에는 훨씬 더 유용하다. 그래서 벤치프레스보다는 케틀 벨을 이용한 잠깐의 운동만으로도 군인은 최상의 몸 상태를 유지할 수 있다.

생명을 구하는 먹는 체온계

공상과학 영화에 나오는 이야기 같지만, 실제로 생명을 위태롭게 할 위험이 있는 열사병과 탈수증을 일으키기 쉬운 운동선수들에게 필요한 먹는 체온계가 있다. 이 체온계는 실시간으로 몸 내부의 심부 체온을 측정하고 체온에 문제가 생길 경우 코치에게 경고신호를 보낸다.

　플로리다 주의 HQ가 개발한 코템프 CorTemp는 크기가 종합비타민 제만하다. 선수는 경기가 시작되기 몇 시간 전에 먹는 체온계를 복용하여 약이 장에 제대로 자리를 잡을 수 있도록 한다. 장은 신체 내에서 가장 안정적으로 심부체온을 측정할 수 있는 곳이다. 체온계 내부에는 온도를 감지하는 수정 발진기가 들어 있어 체내의 심부체온에 해당하는 주파수를 전송한다. 미세한 배터리로 작동하는 작은 전자 부품에서 전송되는 주파수는 인체에 아무런 해를 주지 않고 몸을 통과해 소형 데이터 기록기에 수신된다. 데이터 기록기에서는 전송받은 주파수를 디지털 형식으로 전환하여 심부체온을 표시한다. 체온계는 평균 24~36시간 후에 몸 밖으로 배출된다.

코템프는 미국식품의약국에 등록된 제품으로 사람에게 무해한 출력이 낮은 주파수로 작동된다. 코치들은 사이드라인에서 선수가 복용한 체온계가 전송하는 체온을 쉽사리 관찰할 수 있다. 체온계가 보내는 신호는 시야를 가리는 장애물이 없는 한 91미터 범위까지 전송된다. 또한 코치는 FDA를 이용하여 여러 선수의 체온을 한꺼번에 관찰할 수도 있다.

코템프는 여름에 격렬한 훈련을 하는 미식축구에서 널리 사용되고 있으며 아무런 증상을 보이지 않으면서 열사병이 나타나는 경우의 예방책으로 명성을 얻고 있다. 프로 미식축구와 대학 미식축구에서는 2001년 미네소타 바이킹스의 공격 라인맨인 코리 스트링어 Korey Stringer와 플로리다대학의 풀백인 에라스트 오틴 Eraste Autin이 시즌을 앞둔 훈련 중에 열사병으로 사망한 이후 열사병 문제를 민감하게 다루고 있다.

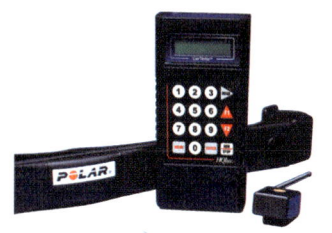

먹는 체온계인 코템프는 NASA에서 우주왕복선에 탑승하는 우주비행사의 몸 상태를 관찰하기 위해 개발된 기술을 기반으로 만들어졌다. 우주비행사 존 글렌 John Glenn 또한

훈련에 대한 다양한 정보들 33

1998년 일흔일곱의 나이로 우주비행에 나섰을 당시에 이 먹는 체온계를 사용했다.

물을 너무 많이 마시면 죽을 수도 있다

탈수증을 예방하기 위해서는 수분을 충분히 섭취해야 한다. 수십 년 동안 선수들이 귀에 못이 박히도록 들어온 말이다. 하지만 어떤 상황에서는 이 조언을 따르다가 생명을 잃을 수도 있다. 수분을 너무 많이 섭취하면 저나트륨혈증을 일으킬 수도 있다. 저나트륨혈증은 격심한 운동을 하는 중에 혈액의 나트륨 농도가 위험한 수준까지 떨어지는 경우 발생하는 증상이다. 저나트륨혈증은 제때 치료하지 않으면 목숨까지 위험할 수도 있다.

저나트륨혈증을 일으키기 쉬운 선수들은 지구력 운동을 하면서 물이나 스포츠 음료를 지나치게 많이 섭취하기 쉬운 선수들이다. 이를테면 4시간이 넘는 시간 동안 달리는 마라톤 선수들은 경기가 끝날 무렵 섭취한 수분만으로 몸무게가 1.8~3.6킬로그램 가량이나 늘어나기 때문에 저나트륨혈증에 취약하다고 할 수 있다. 뛰어난 마라톤 선수의 경우 2시간이 넘게 달리는 동안 물을 마시는 데 사용하는 시간은 채 30초도 되지 않는다. 우리 몸이 격렬한 운동을 하고 있는 동안에는 과도하게 섭취된 수분이 콩팥에서 배출되지 못하기 때문에 그 물은 몸의 세포로 들어가게 된다. 이때 특히 위험한 것은 수분이 확장될 공간이 없는 뇌세포로 들어가는 경우다. 과도한 수분으로 부풀어 오른 뇌세포가 두개골을 밀어올리고 호흡을 관장하는 뇌간을 압박하면 치명적인 결과가 발생할 수도 있다.

이러한 사실이 《뉴잉글랜드 의학저널》에 처음 발표된 이래 운동선수의 수분 섭취 문제는 전에 없이 복잡한 양상을 띠게 되었다. 저울의 한쪽 끝에는 탈수로 일어날 수 있는 일사병이나 열사병의 위험이 도사리고 있다. 최근 몇 년 동안 몇몇 미식축구 선수들이 늦여름 훈련시간 동안 보호장구를 착용하고 훈련을 하던 중 열사병으로 사망한 사례가 있었다. 사망자의 대부분은 고등학교 선수들로, 어린 선수들은 수분을 꾸준히 섭취하는 일이 서툴기 때문이라고 의사들은 지적한다. 미국운동협회에서는 1시간 정도의 운동을 하려면 30분 전에 약 230그램의 물을 섭취하고 운동 중에도 10~15분마다 물을 120~230그램씩 섭취하며, 운동을 마친 후 30분 내에 다시 물을 230그램 정도 마셔야 한다고 권고한다. 여기에서 명심해야 할 부분은 운동을 끝내고 나서 마시는 물이다. 여러 연구에 따르면 선수들이 다음 훈련을 시작하기 전에 이전 훈련에서 손실된 수분을 보충하지 않기 때문에 열사병을 일으킬 위험이 높다고 한다. 열사병의 증상으로는 창백한 안색, 얼굴이 선홍빛으로 붉어지는 홍조증, 어지럼증, 두통, 실신, 구토, 춥거나 더운 느낌이 있다. 갑자기 경기력이 떨어지거나 성격이 변하는 증상도 열사병이 나타날 경고성 징후일 수 있다.

마라톤 선수의 경우 달리면서 물을 조금씩 홀짝이는 것이 좋으며, 발을 멈추고 물을 두어 컵 마실 경우 수분을 과다 섭취할 수 있으니 조심하라고 의사는 말한다.

유전자 도핑으로 초운동선수가 탄생할 것인가

● Frank Vizard 프랭크 비자드

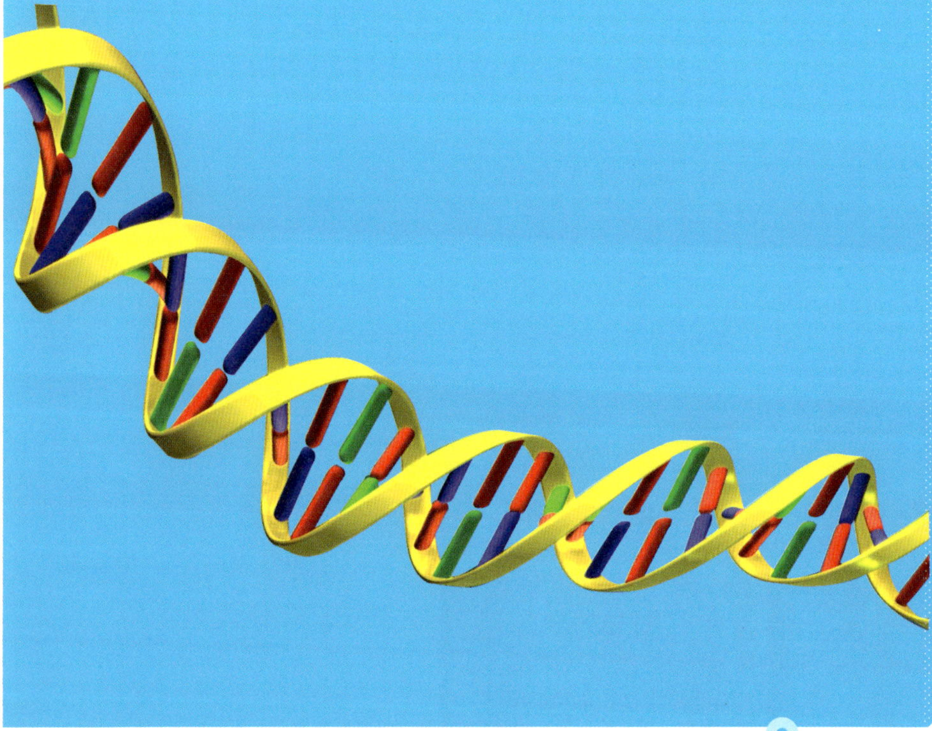

유전자 도핑은 비후형심근병증(HCM)에 걸리기 쉬운 체질일지도 모르는 운동선수를 위해 유전자 검사를 개발하려는 생각에서 비롯되었다. 비후형심근병증은 심장 벽이 굳는 병으로, 자칫하면 생명이 위험해질 수도 있다. 돌연사하는 35세 이하 운동선수의 세 명 중 한 명은 바로 비후형심근병증으로 사망한다. 그러나 이 선의의 발상에는 우리가 흔히 블로백(blowback)이라는 '의도치 않은 결과의 법칙'이 따라붙었다. 비후형심근병증을 진단하는 DNA 검사가 특정 스포츠에서 선수의 자질을 측정하는 유전자 검사로 넘어가는 것은 한순간의 일이었다.

오스트레일리아에 본사를 둔 제네틱 테크놀로지스에서는 현재 적은 비용으로 *ACTN3*(스피드 유전자로 불리는 이 유전자는 R형과 X형 두 가지 종류가 있다―옮긴이) 유전자 검사를 받을 수 있다. *ACTN3* 유전자는 단거리 선수처럼 한순간에 폭발적인 힘을 내야 하는 운동선수에게 아주 중요한 속근섬유를 형성하는 단백질을 만드는 유전자이다. 검사 결과 *R277X*라 불리는 *ACTN3*의 돌연변이가 두 개 발견된다면 그 선수의 몸에서는 속근섬유를 형성하는 단백질이 생성되지 않는다는 뜻으로, 검사를 받은 선수는 지구력 위주의 스포츠를 선택하는 편이 나을지도 모른다. 또 다른 연구에서는 안지오텐신전환효소 angiotensin converting enzyme, ACE와 관련된 유전자와 지구력의 연결고리가 밝혀지고 있다.

  특정 유전자의 존재 여부를 검사하는 일이 효과가 있을지의 여부는 앞으로 시간을 두고 판단할 문제다. 그러나 단기적인 관점에서 볼 때 운동선수를 지도하는 코치들의 자료에 그 선수가 *ACTN3* 유전자를 가지고 있는지 없는지가 기록될 것은 분명하다. 앞으로 밝혀지게 될, 운동능력에 영향을 미치는 다른 유전자의 유무 또한 코치의 자료 한쪽을 차지할 것이다. 특히 미세한 차이로 승패가 결정되는 세계 정상급 선수에 있어 이런 현상은 피할 수 없는 일이 될 것이다.

유전자 조작

DNA 검사가 단순히 검사에 그치지 않고 운동능력을 최고 수준으로 끌어올린 선수를 만들어내기 위한 목적의 유전자 치료, 즉 유전자 도핑으로까지 이어질 때 문제는 심각해진다. 세계반도핑기구WADA에서는 유전자 도핑의 존재가 확인되기도 전에 이미 금지약물과 금지방식의 목록에 유전자 도핑을 추가했다. 동물에게 유전자 조작이 이루어지는 상황에서 유전적으로 운동능력을 끌어올린, 더 빨리 달리고 더 높게 뛰어오르고 더 멀리 던질 수 있는 초운동선수가 탄생할 수 있는 가능성이 그리 먼 미래의 일만은 아닐 것이다. 세계반도핑기구에서는 유전자 도핑을 피할 수 없는 문제라고 여기고 있다. 선수들에게 불법적인 스테로이드 약물을 공급하여 메이저리그 야구를 뒤흔든 적이 있는 베이에어리어연구소 같은 비양심적인 연구소에서 유전자 도핑을 실행하리라는 점은 불을 보듯 뻔한 일이기 때문이다.

스포츠에서 악용되는 약물은 대부분 질병을 치료하기 위한 목적으로 개발되었으며, 개발 당시에는 획기적인 치료법으로 여겨졌다. 유전자 치료 또한 질병 치료에 있어 커다란 발전으로 여겨지지만 유전자를 조작하는 유전자 도핑은 모든 스포츠의 진정성을 뒤흔들 수 있을 만큼 위험하다.

유전자 도핑의 이론은 실제로 단순하며 전 세계에 흩어진 연구소에서 일하는 숙련된 과학자라면 대부분 유전자 도핑을 실행할 능력이 있다고 세계반도핑기구의 유전자 도핑 자문단 의장인 시어도어 프리드만Theodore Friedmann 박사는 2005년 인터뷰에서 말했다. 유전공학은 무서운 속도로 진화하고 있다. 과학자들은 이미 인슐린유사생장인자insulin-like growth factor, IGF-1를 생산하는 유전자에 대한 실험을 마친 상태다. 인슐린유사생장인자는 근육을 만들고 손상된 근육을 회복하는 데 도움이 되는 물질이다. 이런 실험에서 유전자는 해가 없는 바이러스를 운반체로 하여 체내에 주사된다. 바이러스는 세포를 뚫고 들어가 자신이 가져온 유전자를 세포 유전자에 추가한다. 세포 내에 인공적으로 유전자가 추가되면서 신체에서는 정상적인 경우보다 더 많은 양의 IGF-1이 생산되며 그 결과 손상된 근육을 회복하고 약해진 무릎과 관절을 회복하는 속도가 빨라진다.

경기력을 향상시키기 위해 이미 에리스로포이에틴EPO을 주사하고 있는 선수들이 취하게 될 다음 단계는 아마도 유전자 도핑이 될 것이다. 이런 선수들은 근지구력을 키우기 위한 목적으로 EPO를 주사하는 대신 몸에서 산소를 운반하는 적혈구가 더 많이 생산될 수 있도록 해주는 유전자를 주사하게 될 것이다.

유전자 도핑의 위험

유전자 도핑에는 위험 요소가 존재한다. 인공적으로 주입된 유전자가 효과를 발휘하기 위해서는 추가적인 산물이 적절한 시기에 적절한 분량만큼 생산되어야 한다. 심각한 면역결핍증에 시달리던 몇 명의 아이들이 유전자 치료를 받은 이후 유전자 치료 부작용으로 백혈병에 걸리는 사례가 보고되어 있다. 이것은 인간 세포를 표적으로 삼기 위해 사용된 운반체의 정확도가 너무 낮아 표적이 아닌 세포에 역으로 작용했기 때문이다. 또한 체내에서 배출될 수 있는 약물과는 다르게 유전자 도핑으로는 신체의 세포구조가 영구히 바뀔 수 있기 때문에 수년 동안 눈에 띄지 않게 진행되는 결과가 나타날 가능성도 있다.

○ 캐나다의 육상 단거리 선수인 벤 존슨(Ben Johnson)은 1984년 올림픽에서 동메달 두 개를 획득했고 1988년 올림픽 100미터 단거리 경주에서는 금메달을 목에 걸었다. 그러나 금메달을 딴 이후 스테로이드 복용 사실이 적발되어 금메달과 올림픽 챔피언 타이틀을 박탈당했다.

유전자 도핑 검사

세계반도핑기구의 당면한 문제는 유전자 도핑을 적발할 수 있는가 없는가의 여부다. 세계반도핑기구에서는 도핑을 적발하는 다양한 접근방식에 대한 연구가 이미 진행되고 있다. 연구 중에 있는 방법으로는 약물검사와 똑같은 방식으로 적혈구에 대한 유전자 도핑 효과를 측정하는 방식이 있다. 또한 유전자 도핑을 한 선수의 몸에서 흔적이 감지되기를 기대하면서 인공적으로 추가된 유전자가 주위 다른 유전자에게 미치는 영향을 검사하는 방식도 있다. 연구원들은 또한 자기공명영상검사MRI에서 사용되는 전신 스캔 같은 방식으로 비정상적인 유전적 징후를 적발하는 방법을 개발할 수 있다고 본다.

유전자 도핑으로 스포츠계 경쟁의 균형이 흔들릴 것인지는 앞으로 지켜보아야 할 문제다. 그러나 약물 도핑을 둘러싼 역사를 되짚어 생각한다면 몇몇 양심을 저버린 선수와 연구소들이 머지않아 유전자 도핑을 통해 경쟁 우위를 차지하려는 가능성은 충분해 보인다.

스포츠계에서 사용되는 불법 약물

난드롤론 nandrolone
소모성 질환을 치료하고 HIV 감염 환자의 근육량을 키우는 데 사용되는 단백질 동화제로 선수들은 이 약을 근육량을 늘리고 힘을 키우는 데 사용한다. 난드롤론은 천연적으로 생성되기도 하지만 그 양이 아주 적다. 부작용으로는 간 손상, 불임증, 탈모 등이 있다. 남자의 경우 유방이 비대해지고 여자의 경우 남성 형질이 나타날 수 있다.

노란드로스테론 norandrosterone
영양보충제에 들어가는 성분인 노란드로스테론은 근육량을 늘리고 힘을 키우는 데 사용될 수 있다. 부작용으로는 간 손상, 불임증, 탈모 등이 있다. 남자의 경우 유방이 비대해지고 여자의 경우 남성 형질이 나타날 수 있다.

다베포에틴 darbepoetin
본래 심부전증 환자와 항암화학요법을 받는 환자를 치료하기 위해 사용되는 약물이다. 이 약물은 근육으로 산소를 운반하는 적혈구 세포의 생산을 증가시켜 지구력을 끌어올리는 효과가 있다. 다베포에틴의 가장 흔한 부작용에는 혈전증, 심부전, 패혈증, 심장부정맥이 있다.

디하이드로에피안드로스테론 DHEA
DHEA는 단백질동화제로 심혈관계 질환에서 비만에 이르기까지 다양한 질환을 치료하는 데 사용되는 약물이다. 일부 선수들은 체지방을 줄이고 근육 성장을 촉진하기 위해 DHEA를 사용한다. DHEA의 부작용으로는 십대에서의 발육부전, 심계항진증, 체모의 이상 성장, 탈모, 간 손상 등이 있다.

메타암페타민 methamphetamine
비만과 주의력 결핍장애 치료에 사용되는 일명 '스피드'는 선수들의 집중력을 높이는 용도로 사용된다. 부작용으로는 고혈압, 뇌혈관 손상, 고체온증, 고혈압, 심혈관 허탈 등이 있다.

모다피닐 modafinil
기면증 치료에 사용되는 약으로, 집중력을 높이기 위해 사용될 수 있다. 부작용으로는 우울증, 근력 손실, 폐질환, 기억상실, 천식 등이 있다.

성장호르몬 growth hormone
성장호르몬은 발육부전을 겪는 어린이가 정상적으로 성장하도록 치료하는 데 사용된다. 선수들은 성장호르몬을 근육을 키우고 체지방을 줄이는 목적이나 격심한 훈련에서 빨리 회복하려는 목적으로 사용한다. 부작용으로는 관절염과 비슷한 증상, 당뇨병, 뼈와 내장의 이상 성장, 동맥경화, 고혈압 등이 있다.

스타노조롤 stanozolol
유전성 혈관부종이라 불리는 삽화성 혈관부종 치료로 사용되는 스타노조롤은 힘을 강화하고 훈련에서 한층 빠르게 회복하기 위한 용도로 사용될 수 있다. 부작용으로는 간 손상, 불임증, 탈모 등이 있다. 남자의 경우 유방이 비대해지고 여자의 경우 남성 형질이 나타날 수 있다.

안드로스텐디온 androstenedione
단백질동화스테로이드로 체중을 늘리고 힘과 지구력을 키워주는 테스토스테론의 생산을 촉진하는 물질이다. 여자가 복용하는 경우 남성 형질이 나타나는 부작용이 일어날 수 있으며(목소리가 굵어지며 남자 특유의 탈모가 나타나는 등), 남자의 경우 정자 생산량이 감소하고 고환이 수축하고 유방이 비대해지는 부작용이 나타날 수 있다. 남자와 여자 모두에게 이로운 콜레스테롤인 HDL 수치가 낮아져 심장마비 위험이 증가하는 부작용이 나타날 수 있다.

암페타민 amphetamines
일반적으로는 주의력 결핍장애나 파킨슨병, 기면증 치료를 위한 각성제로 사용된다. 일부 선수들이 근육량과 지구력을 향상시키고 부상에서 빨리 회복하기 위해, 각성된 상태를 유지하기 위해 암페타민을 복용한다. 장기적인 남용의 부작용으로는 면역체계의 약화, 심장 질환, 간과 신장, 폐의 손상 등이 있다.

에리스로포이에틴 EPO
EPO는 펩티드 호르몬으로 암 환자와 에이즈 환자의 적혈구 수를 증대시키기 위해 사용되는 약이다. 본래 천연적으로 생성되는 호르몬을 인공적으로 합성한 이 호르몬제는 운동선수들의 유산소 운동능력을 증대시키고 근육지구력을 키우기 위한 목적으로 사용된다. EPO는 혈액 순환에 부담을 주는 한편 모세혈관에서 혈전을 일으키는 부작용이 있다.

에페드린 ephedrine

감기약과 알레르기 치료약에 들어 있는 에페드린은 심장을 빨리 뛰게 하는 흥분제로서 피로를 감소시키고 짧은 시간에 힘을 폭발시켜 경기력을 끌어올리기 위한 목적으로 사용된다. 부작용으로는 어지럼증과 복통, 흉통, 발작, 열사병 등이 있다.

이뇨제 diuretics

이뇨제는 체중 감량 프로그램에서 사용된다. 선수들은 이러한 차폐제(masking agent)를 체내에서 스테로이드를 배출하는 용도로 사용한다. 이뇨제에 소변 생산량을 증대시키는 효과가 있기 때문이다. 이뇨제의 부작용으로는 심계항진, 근육 경직 및 약화, 요실금, 신장 손상, 청각 손상 등이 있다.

인슐린 insulin

인슐린은 당뇨병 환자들이 혈당을 조절하기 위해 사용하는 약이다. 운동선수는 근육을 키우고 지구력과 체력을 증진시키기 위한 목적으로 스테로이드와 함께 사용한다. 부작용으로는 체중 증가, 저혈당증이 있으며 심각한 경우 급격한 혈당 저하로 치명적인 혼수상태에 빠질 수도 있다.

테스토스테론 testosterone

발기부전에서 HIV에 이르기까지 다양한 질환을 치료하는 데 사용되는 남성호르몬의 합성물질이다. 운동선수들은 힘을 키우고 근육량을 늘리는 데 사용한다. 부작용으로는 간 손상, 불임증, 고혈압, 고환 수축, 전립선 비대 등이 있다. 남자의 경우 유방이 비대해지고 여자의 경우 남성 형질이 나타날 수 있다.

테트라하이드로게스트리논 THG

'더 클리어'라는 별명으로 알려진 THG는 합성 단백질동화스테로이드로 체중을 늘리고 힘과 지구력을 높이는 효과가 있다. 부작용은 인공 테스토스테론과 같다. 동물이나 사람에게 의학적으로 사용하기 위한 약으로 만들어진 다른 단백질 동화 스테로이드와는 달리 THG는 어떤 의학적 용도로도 승인된 적이 없다.

스포츠계의 약물 남용 추문 베스트 10

❶ 동독

1970년대와 1980년대 올림픽 강대국이었던 동독은 4년 만에 금메달 획득 객수를 20개에서 두 배인 40개로 끌어올렸다. 베를린 장벽이 무너지고 난 다음에야 동독의 수많은 어린 선수들이 열세 살 무렵부터 자신도 모르는 사이에 약물을 복용해왔다는 사실이 밝혀졌다.

❷ 1983년 범미주경기대회

불시의 스테로이드 검사를 통해 미국의 금메달 삼관왕인 제프 마이클스(Jeff Michaels)를 비롯하여 여러 역도 선수들이 약물 사용으로 덜미를 잡혔다. 마이클스는 메달을 박탈당했고 다른 수십여 명의 선수들은 경기에서 실격 처리되었다. 이 사건으로 약물검사의 새로운 시대가 열렸다.

❸ 발코 사태

2003년 한 익명의 육상코치가 미국 반도핑기구에 THG 스테로이드를 사용한 선수들의 명단을 폭로하고 약물 주사에 사용된 주사기를 전달했다. 이 폭로는 여러 스포츠 분야의 선수들에게 사전에 발견되지 않는 스테로이드 약물을 보급했던 사건인 발코(BALCO) 사태로 이어졌다. 상황은 특히 야구계와 육상계에서 심각했다. 정상급 선수들이 약물을 사용한 의심을 받았으며 소변에서 THG의 흔적이 검출된 선수들의 경우 출장정지 처분을 받았다.

❹ 투르 드 프랑스

전 세계에서 가장 명성이 높은 이 사이클링 대회의 역사는 절대 끝나지 않을 듯 보이는 약물 추문으로 얼룩져 있다. 1998년, 2002년, 2004년, 2006년, 2007년 경기력을 높이기 위해 약물을 사용하는 선수들이 적발되었다.

❺ 벤 존슨

캐나다의 육상 단거리 선수인 벤 존슨은 1988년 서울올림픽 100미터 단거리 경기에서 간발의 차로 칼 루이스를 물리치고 금메달을 목에 걸었다. 그러나 대회 후 존슨 선수는 스테로이드에 양성 반응을 보였고, 이 사건으로 스포츠계에서 약물 사용에 대한 우려가 고조되었다. 존슨은 금메달을 박탈당했다.

❻ 홈런 타자

마크 맥과이어(Mark McGwire)는 1998년 단일 시즌 최다 홈런을 기록한 후에 당시에는 합법적이었던 안드로스텐디온을 사용한 사실을 인정했다. 한편 배리 본즈(Barry Bonds)는 야구계에 만연한 의혹의 눈길 속에서 행크 아론(Hank Aaron)의 역대 기록을 갱신했다. 현재 야구계의 약물 남용 문제는 심각하다.

❼ 중국의 수영선수

1990년대 이후 약물검사에서 통과하지 못한 중국 수영선수는 무려 40명에 이른다. 이는 다른 나라보다 세 배나 많은 수치다.

❽ 위스키 검사

갑자기 나타난 무명의 아일랜드 수영선수 미셸 스미스(Michelle Smith)는 1996년 애틀랜타 올림픽에서 금메달 세 개와 은메달 한 개를 목에 걸며 4관왕에 올랐고 약물검사에서도 덜미를 잡히지 않는 데 성공했다. 그러나 대회가 끝나고 집에 돌아간 후 불시 약물검사에 붙잡힌 스미스는 소변 시료를 조작하기 위해 알코올을 사용했고 4년 동안의 출장정지 처분을 받았다.

❾ 크로스컨트리 스키

2001년 노르딕 월드 챔피언십과 2002년 솔트레이크시티 동계올림픽에서는 EPO와 스테로이드제가 스키 왁스와 나란히 스키선수의 용품 상자 한 칸을 차지하고 있었다. 몇몇 선수들이 금지된 약물에 양성 반응을 보여 메달을 박탈당했다.

❿ 난드롤론

2005년까지 난드롤론은 스포츠계에서 가장 널리 사용되는 스테로이드였다. 그러나 난드롤론의 사용을 고의적이라고만 단정지을 수는 없다. 난드롤론은 성분 표시가 부실한 보충제와 에너지 드링크, 비타민제에도 들어 있을 수 있기 때문이다.

◉ 선수시절 약물복용 의혹을 불러일으키다 2003년 11월 약물복용을 시인한 마크 맥과이어

Baseball / 야구 ▷ 2

야구는 타자의 경기다
1920년대 이후 야구의 진화
타격의 해부학
특대 스위트 스폿
신속한 판단력이 필요한 순간
감독이 말하는 홈런 비법
베이브 루스의 홈런 비결
전력투구
라이징 패스트볼의 전설
포수는 왜 마스크를 포기하고 헬멧을 선택했는가
변화구의 과학
커브볼의 물리학
신비의 투구
1949년의 투구
파울볼! 반칙투구와 부정 배트
야구배트에 코르크를 넣은 선수 10명

야구는 타자의 경기다

이 글은 2003년 《파퓰러 메카닉스》에 게재되었다.

● 2013년까지 통산 타율 3할을 기록한 뉴욕 양키스의 데릭 지터

● Jim Kaat 짐 카트

야구평론가들은 1839년 뉴욕 주 쿠퍼스타운에서 애브너 더블데이(Abner Doubleday)가 야구경기를 창안한 이래 야구에서는 변한 것이 없다고 한다. 그러나 이는 얼토당토않은 이야기다. 당시 야구는 투수의 경기였지만 오늘날 야구경기를 지배하는 것은 바로 타자다.

야구는 변화한다

우선 첫째로 더블데이가 정말 야구경기를 발명했는지는 증명되지 않았다. 둘째, 야구는 끊임없이 변화하고 있다. 매일, 매번 시합이 벌어질 때마다 시합에 참가하는 모든 선수들이 각각 새로운 무언가를 야구경기에 덧입히기 때문이다. 야구장에서 먹는 땅콩과 크래커잭만은 여전하지만 그 밖의 다른 것은 불과 5년 전과 비교해도 다르다. 내 생각으로는 지난 20년간 야구만큼 급격하게 변해온 스포츠는 어디에도 없다. 야구는 누가 경기의 주도권을 쥐고 있는가의 문제다. 다시 말해 투수와 타자 가운데 누가 경기를 지배하는가? 지난 20년간 메이저리그 야구는 대부분 경기의 주도권을 투수에서 타자에게 넘겨주는 방향으로 변해왔다. 어째서일까? 그 까닭은 야구팬들이 투수들이 맞대결을 펼치는 2대1 승부보다 야구공이 담장을 넘어 날아가는 11대8 승부를 더 보고 싶어 하기 때문이다. 그리고 오늘날의 타자들은 팬들의 기대를 한껏 채워주고 있다.

오늘날 야구선수들은 예전에 비해 체격도 크고 선수생명도 길다. 예를 들면 토론토의 트로이 글로스 Troy Glaus 선수는 키가 196센티미터에 몸무게가 108킬로그램이면서도 발이 빠르다. 힘이 좋은 선수가 공을 멀리 친다는 것은 단순한 물리학의 법칙이다.

오늘날에는 투수들이 사용할 수 있는 무기가 제한되어 있다. 과거 전설적인 투수 로저 클레멘스 Roger Clemens를 비롯한 전통적인 파워

피처(패스트볼을 주 무기로, 컨트롤보다 힘에 의존하는 투수—옮긴이)들은 몸쪽에 붙이는 공을 던진 다음 바깥쪽으로 낮게 들어오는 공을 던졌다. 이런 공은 야구배트의 두꺼운 부분으로 제대로 맞추기가 가장 어려운 투구이다. 공을 몸쪽으로 높게 던지면 타자는 공에 맞을지도 모르는 불안감에 섣불리 공을 치러 나오지 못한다. 그 순간 바깥쪽을 노려 던지면 타자를 잡을 수 있다.

타자가 홈플레이트에 얼마나 바짝 붙어 설 수 있는지에 대한 규정이 없는 상황에서 오늘날 얼마나 홈플레이트에 붙어 서는지를 보면 가관이다. 요즘에는 타석의 안쪽 선을 아예 그리지 않는 일이 흔하며, 설사 그린다 해도 경기 초반 타석에 오른 타자들이 발로 문질러 지워버리기 일쑤이다. 그래서 양키스의 데릭 지터Derek Jeter 나 자이언츠의 배리 본즈가 홈플레이트 위로 몸을 내밀고 스트라이크 존에 팔뚝을 늘어뜨리고 있는 모습을 볼 수 있는 것이다. 타자는 이제 더 이상 몸쪽 공을 두려워하지 않는다. 두려워할 이유가 뭐가 있겠는가? 요즘 타자들이 착용할 수 있는 각종 보호장비(팔목 보호대, 팔뚝 보호대, 팔꿈치 보호대, 장갑, 이중 덮개가 달린 타자용 헬멧)를 생각해 보라.

그리고 위협구 규정이 생겼다. 예전 카디널스의 밥 깁슨Bob Gibson 이나 다저스의 돈 드라이스데일Don Drysdale 같은 선수가 마운드에 오르던 시절에는 홈플레이트 위로 몸을 내미는 일은 상상할 수 없었다. 그때의 투수들은 타자가 스트라이크존 안으로 몸을 살짝 구부리기만 해도 초구로 맹렬한 속구를 몸쪽으로 높이 붙여 던졌다. 위협구 규정이 효력을 발휘하는 요즘에는 투수가 타자를 홈플레이트에 가까이 오지 못하게 견제할 방도가 없다. 투수가 몸쪽 높이 공을 던지기만 하면 심판이 고의적으로 공을 던졌는지를 판단한 다음 경고를 준다.

경고를 받은 투수가 또다시 몸쪽으로 붙여 공을 던지면 경기에서 퇴장당하게 되기 때문에 몸쪽 투구는 자취를 감출 수밖에 없었다.

작아진 스트라이크존

1963년 야구 규정집에는 스트라이크존의 크기가 가로 너비는 홈플레이트의 너비와 같고, 세로 높이는 타자의 가슴 마크에서 무릎 아래까지라고 규정되어 있었다. 1969년에는 세로 높이가 타자의 겨드랑이 아래부터 무릎 위까지로 바뀌었고, 이 규정은 지금까지 규정집에 남아 있다. 하지만 요즘에는 심판에게 자신이 옳다고 생각하는 대로 스트라이크존을 '해석'할 수 있는 권한이 있다. 그러므로 홈플레이트의 너비에서 한참 벗어난 투구가 스트라이크로 선언되는 일도 드물지 않다. 반대로 타자의 허리띠 높이보다 높게 들어가는 투구가 스트라이크로 선언되는 일은 보기 어려워졌다.

1968년은 스트라이크존의 축소 역사가 시작된 해로, '투수의 해'라고 불린다. 세인트루이스의 밥 깁슨은 그해 34경기에 등판해 22승을 거두고 1.12의 방어율을 기록했다. 268명의 타자를 삼진으로 잡아내고 13차례 완봉승을 거두는 등 그야말로 괴물 같은 기록을 세웠다. 투수가 눈부신 활약을 펼칠 때 타자는 그렇지 못하기 마련이다. 보스턴 레드삭스의 칼 야스트렘스키Carl Yastrzemski는 0.301의 타율로도 아메리칸리그의 타격왕 자리에 올랐다. 구단주들은 점수가 좀처럼 나지 않는 경기에 팬들이 흥미를 잃어버리게 될까 염려해 시합을 좀 더 신나게 만들어야 할 필요가 있다고 생각했다. 다시 말해 공격을 강화해야

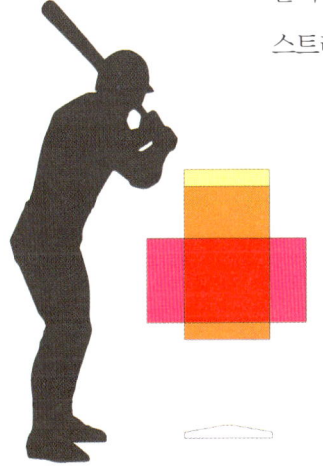

◯ **작아진 스트라이크존**: 한때 타자의 가슴에서 무릎 아래까지로 규정되었던 스트라이크존이 지금은 겨드랑이 아래에서 무릎 위까지로 바뀌었다. 그러나 요즘 심판은 스트라이크존을 규정보다 짧고 넓게 해석하는 경향이 있다.

한다는 뜻이었다. 그 이후 야구 규칙은 대부분 타자에게 유리한 쪽으로 바뀌게 되었다.

텔레비전의 등장으로 야구경기에서 심판의 판정을 재검토하여 심판이 얼마나 많은 투구를 놓쳤는지 혹은 제대로 선언했는지 알아볼 수 있는 기회가 생겼다. 심판이 가장 많이 놓치는 투구는 낮은 바깥쪽 공이다. 그것은 부분적으로는 심판이 착용하는 가슴보호대 때문이다. 예전에 심판은 크고 무거운 공기주입식 보호대를 착용했다. 간단히 말하면 요즘의 가슴보호대는 덜 거추장스럽기는 하지만 예전 구식 보호대만큼 몸을 제대로 보호해주지 못한다. 그래서 요즘에는 몸쪽과 바깥쪽 양편이 모두 잘 보이는 자리인 포수 바로 뒤편에 어깨를 펴고 당당히 서 있는 심판을 찾아보기 어렵다. 그 대신 심판은 타자 쪽으로 붙어 선다. 심판은 왜 타자 쪽으로 붙어서는 것일까? 타자가 친 공이 파울이 되는 경우 공은 바깥쪽으로 날아간다. 심판은 파울볼에 맞고 싶지 않은 것이다. 그 결과 심판은 바깥쪽으로 들어오는 투구에 대해서는 다른 곳으로 들어오는 공보다 짐작으로 맞추는 일이 더 많을 수밖에 없다.

낮아진 마운드

1969년 메이저리그에서는 투수의 마운드 높이를 38.1센티미터에서 25.4센티미터로 낮추었다. 마운드가 높을수록 투수는 타자를 내려다볼 수 있어 공을 좀 더 힘차게, 위에서 아래로 찍어 내리듯 던질

○ **낮아진 마운드**: 낮아진 마운드는 투수에게 불리하다.

수 있다. 평지에서 던지는 공에 비해 높은 곳에서 내려찍듯 던지는 공을 정확하게 쳐내기는 한층 어렵다. 낮아진 마운드는 타자에게 유리하게 바뀐 변화 중 하나다.

작아진 구장

야구에서는 선수의 몸값을 제외한 대부분의 것들이 점점 줄어들고 있는 추세다. 그런 상황에서 낡은 구장을 대체하여 새로 지어지는 구장이 이전보다 작아지는 것은 놀랄 일도 아니다. 이를테면 양키스타디움을 살펴보자. 기존의 구장에서는 센터필드에서 공을 담장 너머로 넘기기 위해서 무려 148.4미터나 공을 날려야 했다. 또한 레프트 센터필드가 '데스밸리Death Valley, 죽음의 계곡'라는 별명을 얻은 데는 그만한 이유가 있었다. 레프트 센터필드 방향으로 관중석까지 공을 넘기기 위해서 타자는 공을 152.4미터 넘게 날아가도록 쳐야 했다. 1988년 새로 단장한 새 구장의 레프트 센터필드의 길이는 121.6미터로 줄어들었고, 센터필드의 길이도 124.4미터까지 줄었다. 담장을 넘기려면 여전히 기운찬 타격이 필요하지만 예전에 비할 바가 못 된다. 조 디마지오Joe DiMaggio는 예전 양키스타디움에서 레프트센터와 센터 방향으로 수없이 엄청난 공을 때렸지만 그저 뜬공에 그치고 말았을 뿐이다. 반면 예전 구장의 라이트필드 파울라인의 길이는 89.9미터로 짧았기 때문에(현재 라이트필드 파울라인은 95.7미터) 베이브 루스를 비롯하여 최근에는 미키 맨틀Mickey Mantle, 레지 잭슨Reggie Jackson, 바비 머서Bobby Murcer, 제이슨 지암비Jason Giambi 같은 왼손 타자들에게 그

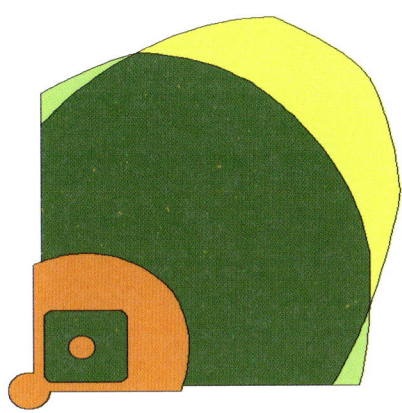

○ **작아진 구장**: 양키스타디움은 1923년 처음 문을 연 이래 크기가 점점 줄어들었다. 센터필드와 파워앨리(power alley: 중견수와 우익수, 중견수와 좌익수 사이의 외야 부분—옮긴이)의 길이가 줄어들었다. 센터필드가 짧아지면서 공을 똑바로 치는 타자에게는 유리해졌지만 파울 폴까지의 거리가 길어졌기 때문에 타석과 같은 방향으로 공을 당겨치는 타자에게는 불리해졌다.

야말로 맞춤형 구장이라 할 만했다. 요즘에는 소사나 본즈, 로드리게스 같은 선수들이 50개, 60개, 심지어 70개가 넘는 홈런을 치기 전에 시즌이 끝나는 경우는 거의 없다. 어찌 보면 당연한 일이다.

야구배트와 야구공, 그리고 지표면의 비밀
홈런을 친다는 관점에서 메이저리그에서는 야구공의 사양이 예전과 전혀 다를 바가 없다고 주장한다. 그러나 나와 선수들은 야구공은 예전에 비해 더 단단해졌고 반발력은 높아졌다고 생각한다. 이런 공의 변화를 한층 많은 변화를 겪은 배트와 연결지어 생각한다면 상황은 타자에게 더 유리해졌다. 예전에 야구배트를 만들었던 물푸레나무는 단풍나무보다 밀도가 낮고 다공성이라 수분을 흡수하기 쉽다. 수십 년 전 나와 함께 경기에 나갔던 맨틀이나 하몬 킬브루Harmon Killebrew 같은 타자들은 964~992그램보다 가벼운 배트는 휘두르지 않았다. 반면 현재 배리 본즈가 사용하는 사탕단풍나무로 만들어진 캐나다산 샘배트Sam Bat는 무게가 850그램밖에 나가지 않으며 손잡이 부분은 아주 가늘다. 샘배트는 수분 함량이 7~9퍼센트가 되도록 인공 건조된 다음 니스칠로 마감되어 있다. 수분함량이 적고 단단한 배트는 반발계수가 더 높다. 반발계수가 높다는 것은 배트와 충돌한 공이 더 빨리 되튀어 나온다는 뜻이다. 이런 배트를 한층 빠른 속도로 휘둘러 반발력이 높은 공을 친다면 배트를 맞고 나온 공은 한층 빠른 속도로 훨씬 더 멀리 날아가게 될 것이다. 즉 홈런이 더 많아진다는 뜻이다.

또한 요즘 구장에서 사용하는 인조잔디와 단단한 풀 덕분에 타자가 투수에 비해 한층 유리해졌다. 이런 인조잔디 위에 떨어진 공은

○ **단단해진 야구배트**: 단풍나무로 만들어진 가볍고 단단한 샘배트와 충돌한 공은 더 빠르고 밀려 나간다.

내야를 빨리 굴러간다. 그래서 내야수가 공을 제시간에 잡아내지 못해 안타가 되는 경우가 많아진다. 이렇게 타율이 높아지고 득점이 많아지면 팬들은 환호한다.

선수의 몸 관리

선수의 체력과 몸 관리에 대한 상황도 훨씬 좋아졌다. 예전에는 트레이너라고 하면 선수들에게 비타민제와 소금정제를 주고 선수가 공에 맞고 들어오면 고통을 일시적으로 덜어주기 위해 마취 스프레이를 뿌려주는 사람이었다. 오늘날 트레이너는 지식과 기술이 한층 뛰어난 사람으로 경기에서 일어나는 모든 상황에 대비해 온갖 종류의 특수 장비를 갖추고 있다. 흔히 볼 수 있는 마사지 치료사 역시 새롭게 등장한 존재이고, 근육을 단련하기 위한 보충제의 목록(합법적인 약에서 의심스러운 약까지 모두 합쳐)은 끝이 보이지 않을 정도다. 또한 근육 트레이닝과 체계적인 운동 계획으로 선수들의 힘과 지구력도 좋아졌다. 선수들은 매일 스트레칭 운동을 하고 장비를 이용하여 부상을 예방하고 치료한다.

스포츠 외과수술 분야는 크게 발전하여 선수생명을 연장시켰다. 과거의 외과의들은 부상당한 선수의 근육을 붙여놓는 정도의 시술밖에 할 수 없었기 때문에 부상을 입으면 선수생활을 끝낼 수밖에 없었다. 하지만 지금은 새로운 의학기술의 등장으로 외과의들은 선수의 무릎이나 팔꿈치 부상을 새것처럼 회복시킬 수 있으며, 선수들은 부상 후 몇 주 만에 다시 경기에 출전할 수 있게 되었다. 이러한 발전의 결과로 예전보다 체격이 좋고 힘도 세며 선수생명이 긴, 시속 160킬로미터로 공을 치는 트로이 글로스 같은 타자들이 등장하게 되었다.

메이저리그의 팀은 지난 40년간 16팀에서 30팀으로 늘어났지만, 재능 있는 투수를 찾는 일은 점점 더 어려워지고 있다. 타자에게 좋은 기회이다. 과거에는 투수가 팀에서 최고의 포지션이었다. 무엇이든 잘하는 선수가 투수가 되는 일이 많았다. 어쨌든 야구는 투수가 공을 던지기 전까지 아무 일도 일어나지 않기 때문이다.

나는 메이저리그에서 투수로 활약했다는 사실이 자랑스럽다. 하지만 다시 선수생활을 시작한다면 이번에는 타자가 되고 싶다. 오늘날 영광스러운 자리는 바로 타자의 것이기 때문이다.

1920년대 이후 야구의 진화

- 다빈 코번

여기서는 1920년대 이후 야구가 어떻게 진화해 왔는지 네 가지 관점에서 살펴본다.

늘어난 홈런

경기력 향상을 위한 약물과 근력 훈련 덕분에 타자들은 타석에서 공을 더 잘 치게 되었다. '베이스볼 레퍼런스(baseball-reference.com)'에 따르면 2001년 시즌 한 경기당 평균 홈런은 1.12개였으며, 이것은 1927년과 비교하여 세 배나 늘어난 수치다.

깨끗해진 야구공

잘 보이지 않는 것을 잘 칠 수는 없다. 1920년 전까지 야구공은 담뱃진으로 범벅이 되어 있는 경우가 흔했다. 그러나 1920년 8월 16일 클리블랜드 인디언스의 유격수 레이 채프먼(Ray Chapman)이 뉴욕 양키스의 투수인 칼 메이스(Carl Mays)가 던진 공에 맞아 숨지는 사고가 일어난 후 스핏볼은 하얗고 깨끗한 공으로 대체되었고 홈런이 급격하게 늘어나기 시작했다.

능수능란해진 투수

요즘 투수들은 컷 패스트볼, 스플릿핑거 패스트볼, 슬라이더 같은 공을 던져 타자들이 마음을 놓지 못하게 만든다. 2001년 시즌 한 경기당 평균 삼진 개수는 6.67개였으며, 이것은 1927년과 비교하여 거의 2.5배나 높은 수치다.

작아진 스트라이크존

1927년 스트라이크존의 넓이는 홈플레이트의 너비를 43센티미터라고 할 때 베이브 루스처럼 키가 188센티미터 되는 선수의 경우 약 3516제곱센티미터 정도였다. 2001년 규정이 바뀐 이후 스트라이크존의 넓이는 배리 본즈처럼 키가 188센티미터 되는 선수의 경우 약 2645제곱센티미터로 줄어들었다.

타격의 해부학

● Davin Coburn 다빈 코번

○ 2009년 내셔널리그 골든글러브 3루수로 선정된 워싱턴 내셔널스의 라이언 짐머맨

프로 타자는 눈을 깜빡이는 시간보다 더 짧은 찰나에 평범한 사람들이 하지 못하는 일을 일상적으로 해치운다.

라이언 짐머맨Ryan Zimmerman이 타석에 설 때는 물리학을 분석하고 있을 시간이 없다. 워싱턴 내셔널스에서 급부상하고 있는 스물두 살의 선수는 이렇게 말한다. "나는 투수가 어떤 공을 던질지에 대해서 생각한다. 투수가 실제로 공을 던지기 전에 가능한 한 많은 경우의 수를 배제시켜야만 한다." 2006년 시즌 짐머맨은 스무 차례 공을 관중석으로 날려보냈다. 홈런이 어떻게 탄생하게 되는지 공의 회전과 야구배트 속도를 비롯하여 짐머맨이 타격에 대해 본능적으로 알고 있는 요소들에 대해 살펴보자.

공의 회전

속구는 분당회전수rpm가 최대 1800회에 이르는 역회전이 걸려 홈플레이트로 들어간다. 공을 구장 바깥으로 날려버리기 위해서 타자는 반드시 공이 배트에 맞은 이후 역회전하며 날아가도록 해야 한다. 역회전이 걸려야 공이 떠오르기 때문이다.

커브볼은 분당회전수가 1900회에 이르는 톱스핀이 걸려 홈플레이트로 들어온다. 이 톱스핀 덕분에 커브볼은 홈플레이트 부근에서 큰 낙차로 떨어진다. 타자는 공의 곡선 궤도를 깨고 투수가 걸어놓은 톱스핀에 회전을 더해 공을 쳐내야 한다. 그렇게 쳐낸 공은 45퍼센트 더 빠른 역회전에 걸려 날아간다.

그 결과 커브볼은 더 멀리 날아간다. 캘리포니아대학의 몬트 허버드Mont Hubbard에 의하면, 시속 151.3킬로미터로 들어오는 속구는 시속 125.5킬로미터로 들어오는 커브볼보다 배트를 맞고 날아갈 때의 속도가 시속 4.8킬로미터 정도 빠르지만 공이 날아가는 거리는 134.7미터로 커브볼의 138.7미터에 비해 짧다.

야구배트의 무게 대 타격 속도

야구배트의 무게와 타격 속도는 타구 속도BBS를 높일 수 있는 두 가지 요소다. 타구 속도가 높아지면 공이 날아가는 거리가 늘어난다. 그중에서도 타구 속도에 크게 영향을 미치는 것은 바로 배트를 휘두르는 타격 속도다.

 무게가 567그램인 나무배트의 무게를 두 배로 늘이면 타구 속도가 시속 110.2킬로미터에서 시속 129.4킬로미터로 높아진다는 연구 결과가 있다. 즉 속도가 17.3퍼센트 빨라지는 셈이다. 반면 미시건의 케터링대학 대니얼 러셀Daniel Russel은 850그램 나가는 배트를 사용하여 타격 속도를 두 배로 높인 결과 타구 속도가 시속 99.8킬로미터에서 시속 134.9킬로미터로 높아진다는 사실을 발견했다. 속도가 35.1퍼센트 빨라진 것이다.

 안타를 홈런으로 바꾸기 위해서는 타격 속도를 높여야 한다. 시속 151.3킬로미터로 날아오는 공을 친다고 할 때 타격 속도를 시속 1.61킬로미터 높일 때마다 타구 거리는 시속 2.4미터씩 늘어난다.

이상적인 배트

애리조나대학의 테리 바힐Terry Bahill 교수는 타격 속도가 떨어지지 않는 범위에서 가장 무거운 배트의 무게가 1162그램이라는 사실을 밝혀냈다. 그러나 프로 야구선수들이 사용하는 이상적인 배트의 무게는 879~907그램 사이로 더 가볍다. 이 무게의 배트는 최대 무게의 배트와 비교하여 타구 속도가 1퍼센트밖에 떨어지지 않는다. 타자는 힘을 약간 손실하는 대신 훨씬 더 민첩하게 배트를 휘두를 수 있다.

짐머맨은 길이가 86센티미터에 무게가 907그램인 맥스배트로 똑같은 원칙을 발견했다. "큰 배트가 좀 더 튼튼한 나무로 만들어졌다는 것은 분명하다. 그러나 작은 배트는 좀 더 잘 다룰 수 있다."

공이 날아가는 힘

메이저리그에서 사용되는 야구공의 평균 무게가 145.3그램이다. 시속 144.8킬로미터의 속구가 배트에 맞고 날아가는 타구 속도는 시속 177킬로미터에 이른다. 뉴턴의 운동 제2법칙을 기반으로 러셀 교수가 계산한 바에 따르면, 프로 야구선수의 평균적인 타격에서는 1000분의 1초도 채 되지 않는 충돌 시간 동안 1889킬로미터의 힘이 전달된다. 최대힘은 376킬로미터를 넘을 수도 있으며, 이는 시속 16킬로미터로 달려오는 미니쿠퍼를 멈출 수 있는 힘이다.

최대한 멀리

역사에 남을 만한 무시무시한 타구를 둘러싼 전설(이를테면 1953년 미키 맨틀의 전설적인 173미터 타구 같은)에도 불구하고 물리학자들은 인간이 가장 멀리 공을 칠 수 있는 거리를 해수면 기준으로 바람의 영향이 없는 경우 144.8미터라고 계산한다.

특대 스위트 스폿

공과 충돌한 배트에는 다양한 진동수의 파장이 생성된다. 공에 얼마나 큰 에너지가 전달되는가(배트와 타자의 손에서 낭비되는 대신)는 공이 배트에 충돌하는 지점에 따라 달라진다. 자신의 고유 진동수에 따라 진동(아래 사진, 검은 선)하는 배트에는 몸통 끝에서 16.5센티미터 떨어진 곳에 진동이 0인 지점이 존재한다(교점 1). 이 지점은 오랫동안 야구배트의 '스위트 스폿(sweet spot)'이라 여겨져 왔다. 그러나 오스트레일리아 시드니대학의 물리학자인 로드 크로스(Rod Cross)는 스위트 스폿이 어느 한 지점이 아닌 구간이라는 사실을 밝혀냈다. 두번째 진동수(빨간 선)로 진동하는 배트에서는 몸통 끝에서 11.4센티미터 떨어진 곳(교점 2)에 진동이 0인 지점이 생긴다. 이 두 지점 사이로 공을 타격하게 되면 두 가지 진동수 모두에서 진동을 최소화시킬 수 있으며 그 결과 공에 최대한의 에너지를 전달할 수 있다. 짐머맨은 스위트 스폿을 맞췄을 때의 느낌을 이렇게 설명한다. "공을 쳤을 때 배트에 공이 맞은 느낌이 없으면 나는 제대로 쳤다고 생각한다."

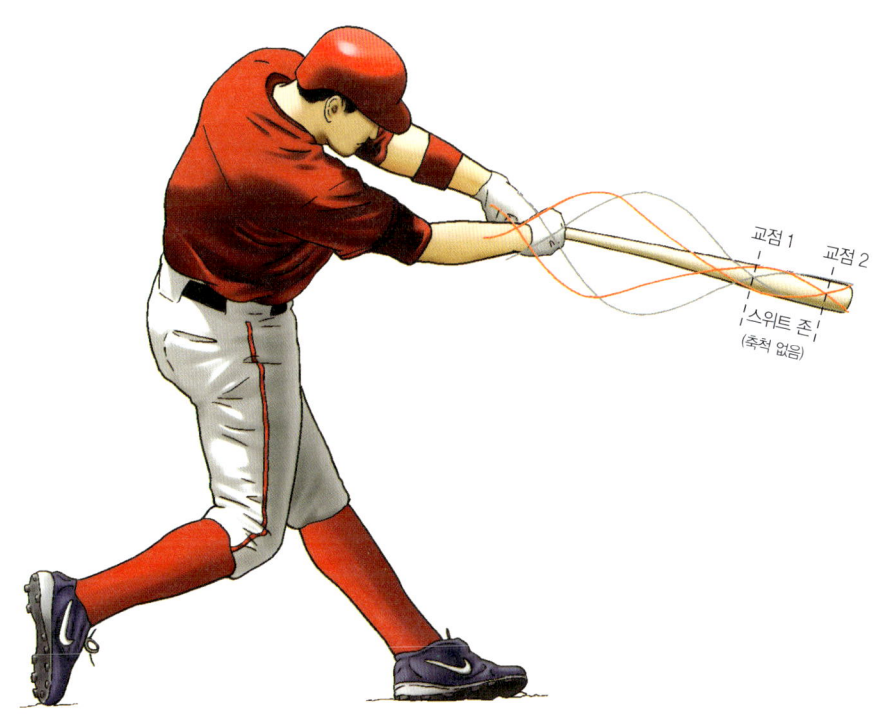

교점 1 교점 2
스위트 존
(축척 없음)

타격의 해부학

신속한 판단력이 필요한 순간

시속 144.8킬로미터의 속도로 던져진 속구는 홈플레이트에 0.4초 만에 도달한다. 그러므로 타자는 단지 0.25초 만에 투구의 종류를 파악하고 어떻게 배트를 휘두를 것인지를 결정한 다음 그 결심을 행동에 옮겨야 한다. 짐머맨 선수는 "일단 투수가 공을 던지면 눈 깜짝할 순간에 공이 온다. 그 다음에 벌어지는 일은 거의 완전히 본능에 따라 이루어진다."고 말한다. 타자는 7.6센티미터 크기의 야구공을 보는 데 0.1초를 사용하고 공의 회전과 속도, 위치를 파악하는 데 0.075초를 사용한다. 실제로 행동에 나서기 전 배트를 휘두를지, 어디로 휘두를지 결정하는 데 0.05초를 사용한다. 뇌의 신호가 타자의 몸으로 전달되어 다리가 움직이기 시작하는 데에 거의 0.025초가 걸리고 타격 자체에는 0.15초가 소요된다.

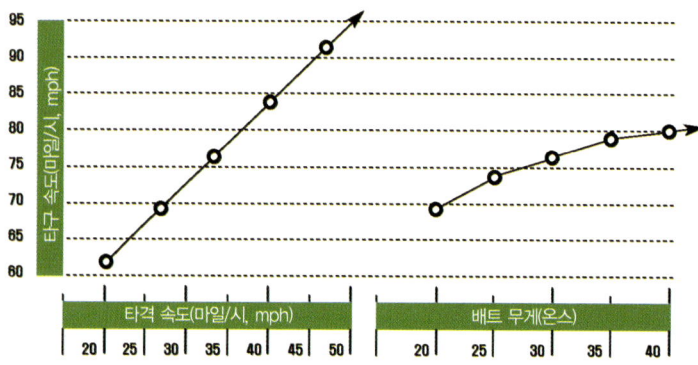

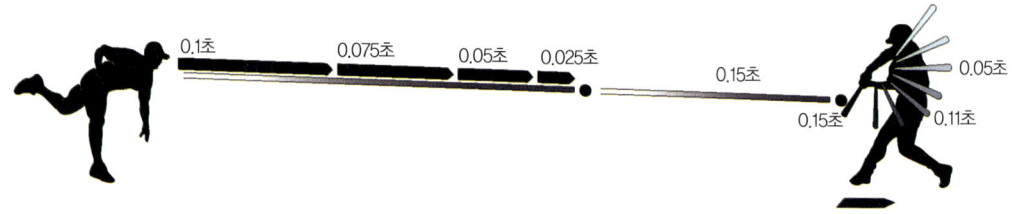

○ 타자가 배트를 휘두르기 시작한 처음 0.05초 안에는 자신이 휘두르는 907그램짜리 배트를 멈추고 스윙을 멈출 수 있다. 스윙을 시작한 지 0.11초가 지나면 최대 시속 129킬로미터로 움직이는 배트에 관성이 붙기 때문에 스윙을 멈출 수 없다.

감독이 말하는 홈런 비법

● Lou Piniella 루 피넬라

이 글은 2003년 《파퓰러 메카닉스》에 게재되었다.

○ 2006년 메이저리그에서 58개의 홈런을 친 필라델피아 필리스의 라이언 하워드

홈런은 야구배트를 단지 한 번 휘두르는 것으로 시합에서 승리할 수 있는 방법으로, 야구경기에서 가장 흥미로운 타격이다. 한발 더 나아가 야구공을 122미터 이상 또는 담장 너머로 날려버릴 수 있는 선수는 야구경기에서 갈채를 가장 많이 받는 선수이다.

사람이 야구공을 쳐서 얼마나 멀리 날려 보낼 수 있는가? 옛 시절을 기억하는 이들은 공을 172미터 쳐낸 미키 맨틀에 대해 이야기한다. 나 또한 대담한 타격을 여러 번 보았지만 그 어떤 것도 152미터의 범주에 들지 않았다. 나는 사람이 다른 요소의 도움 없이 야구공을 칠 수 있는 최대 거리는 137~145미터 정도라고 생각한다.

타격 이론

야구공을 타격하는 이론에는 두 가지가 있다. 하나는 보스턴 레드삭스의 전설적인 강타자였던 테드 윌리엄스Ted Williams의 이론으로 여기서는 타격 힘을 키우기 위해 골반의 회전을 강조한다. 또 다른 하나는 캔자스시티 로얄스와 뉴욕 양키스를 비롯한 여러 메이저리그 팀에서 코치로 활약했던 찰리 라우Charley Lau의 이론이다. 라우의 이론에서는 공을 맞추는 것에 중점을 두고, 머리를 낮게 숙이고 타격 시 체중을 뒤에서 앞으로 이동시켜야 한다고 주장한다.

어린 시절 나의 우상은 테드 윌리엄스였지만 타격 이론에서는 찰리 라우에 가깝다. 윌리엄스의 이론대로 엉덩이를 뒤로 빼게 되면 팔이 쳐지게 되고 스윙이 길어지게 된다. 그리고 배꼽이 먼저 나가면서 손이 공을 조금 늦게 따라잡게 된다.

윌리엄스의 접근방식으로는 낮은 공을 치기가 훨씬 쉽다. 낮은 투구에서는 공을 따라잡을 시간이 조금 더 있기 때문이다. 반면 이 방식으로는 스트라이크존에서 투구가 높게 들어올수록 공을 따라잡기가 어렵다. 특히 스트라이크존 안에서 공이 솟아오르는 경우 공이 높게 튀어오르면서 속도가 시속 3~5킬로미터 빠르게 들어오기 때문에 문제가 된다. 스윙은 좀 더 짧고 조밀해야 한다.

내가 설명하려는 타격 이론은 라우의 이론을 기본으로 하여 타격의 힘을 키우기 위해 약간의 변형을 더한 것이다. 신시내티 레즈의 크리스 사보Chris Sabo는 나의 타격 방법을 익힌 후 홈런 기록을 1년에 6개에서 25개로 끌어올렸다.

타격 자세

타격 자세에서 중요한 것은 균형이다. 자세의 균형을 잡는 일은 여러 측면에서 중요하다. 자세에 균형이 잡혀 있어야만 타자는 제대로 된 체중이동을 할 수 있다. 또한 변화구를 따라잡을 수 있고 속도가 느린 투구를 기다릴 수도 있다.

좋은 타자는 홈플레이트 위로 몸을 숙이고 체중을 뒤로 실어야 한다. 이런 자세로 균형을 잡는 한 가지 방법은 홈플레이트 너머로 배트를 내밀어보는 것이다. 이 방법은 타격 자세의 균형을 잡아주는 좋은 비결로, 나는 타석에 오를 때마다 이 방법을 이용했다. 캔자스시티 로얄스의 조지 브렛George Brett 또한 이 방법을 이용했다. 브렛이 몸을 앞으로 숙이고 홈플레이트의 반대쪽을 배트로 치면 공을 칠 준비가 된 것이다. 그는 홈플레이트 바깥쪽으로 얼마만큼 배트를 뻗어야 하는지 정확하게 알고 있었다.

발의 위치는 홈런을 치기 위해 완벽한 클로즈드 스탠스, 즉 앞쪽 발을 뒤쪽 발보다 홈플레이트에 가까이 두는 자세를 취해서는 안 된다. 홈런을 치는 타자들 대부분은 약간의 오픈 스탠스(뒤쪽 발을 홈플레이트에 가깝게 두고 앞쪽 발을 홈플레이트에서 멀리 둔 자세—옮긴이)나 스퀘어 스탠스(가장 기본적인 자세로 양 발을 홈플레이트와 나란히 둔 자세—옮긴이)를 취한다. 즉 타자의 뒤쪽 다리에서 투수로 이어지는 일직선에서 앞쪽 다리를 1~2도 정도 벌려 선다는 뜻이다. 처음에는 앞쪽 발을 홈플레이트에 살짝 가까이 두고 타격을 시작해도 타격이 끝날 무렵에는 앞쪽 발이 뒤쪽 발보다 홈플레이트에서 멀어진 상태로 마무리되어야 한다.

홈런을 치는 타자들은 다리를 너무 많이 벌리고 서지 않는다. 대부분 어깨 너비만큼만 벌린다. 그래야 타격을 하는 순간 스트라이드(스윙에 힘을 싣기 위해 타격 타이밍에 맞추어 원래 자세에서 한쪽 다리를 좀 더 벌리는 동작—옮긴이)를 할 수 있고 하체에서의 체중이동을 좀 더 효율적으로 이용할 수 있기 때문이다.

일단 타석에 들어서면 자세를 고정시키지 말고 발을 조금씩 계속 움직여야 한다. 서브를 기다리는 테니스 선수와 마찬가지다. 발을 계속 움직이는 테니스 선수는 빠르게 날아오는 서브를 받아칠 수 있다. 야구에서도 정지된 자세보다 움직이는 자세에서 좀 더 빠르게 공에 반응하여 스윙을 시작할 수 있다.

몸의 동작

모든 홈런 타자에게는 한 가지 공통점이 있다. 앞쪽 무릎을 구부리며 뒤쪽으로 당겨주는 동작이다. 무릎을 당겨주는 동작은 실제로 타격을 시작하는 방아쇠 역할을 한다. 앞쪽 무릎을 당겨주면서 선수는 체중을 뒤쪽 다리로 이동시키고 공을 칠 준비를 한다. 야구에서는 앞으로 나아가기 위해서 우선 뒤로 가야 한다. 무릎을 당기는 동작으로 타자의 골반과 어깨가 살짝 돌아간다. 그러면 타자는 배트를 쥔 손을 뒤로 당길 수 있다.

그리고 바로 여기에서 뛰어난 홈런 타자들은 훈련으로는 배울 수 없는 행동을 한다. 놀랍게도 대부분 홈런 타자들은 교과서적인 스윙을 하지 않고, 스윙하기 전 히치(야구배트를 스윙하기 전에, 약간 힘을 빼거나 뒷걸음질을 치는 동작—옮긴이) 동작을 한다. 스윙을 시작할 때 무의식적으로 배트를 살짝 아래위로 움직이는 동작 같은 것들이다. 히치 동작이 있든 없든 이 시점에서는 타자의 뒤쪽 발에서 골반을 거쳐

❁ 홈런 타자들은 앞쪽 무릎을 구부려 뒤로 당기면서 체중을 뒤쪽으로 이동시킨다. 앞쪽 무릎은 스윙을 시작하는 방아쇠 역할을 하는 동시에 배트를 쥔 손을 뒤로 끌어당기는 역할을 한다. 공이 타격 영역에 들어오면 손이 먼저 나가 몸을 이끌면서 스윙을 하게 된다. 아래쪽 손은 홈플레이트로 배트를 뻗어 힘을 전달하는 역할을 한다. 위쪽 손은 배트의 방향을 인도하는 역할을 한다. 공을 친 다음에는 배트를 놓지 않고 마무리 동작을 해야 한다. 이 마무리 동작을 통해 공을 구장 바깥으로 날려보내기에 충분한 힘을 생성하는 체중이동이 완성된다.

뒤쪽 어깨에 이르는 선이 일직선이 되어야 한다.

양 어깨는 스윙을 시작하는 순간 수평에 가까워야 한다. 그러나 공을 치는 순간 앞쪽 어깨가 뒤쪽 어깨보다 살짝 높게 들린다. 세상에는 레벨스윙(배트를 수평으로 휘두르는 스윙으로, 가장 이상적인 스윙이라고 알려져 있다―옮긴이)이라는 것이 실제로 존재하지 않기 때문이다. 누구나 위쪽으로 살짝 배트를 들며 스윙한다. 홈런 타자들은 다른 타자들보다 좀 더 위쪽으로 스윙을 한다. 스윙의 마지막 순간 배트의 위치가 높아질수록 공에 실리는 힘이 커지며 공을 좀 더 위로 올려칠 수 있다.

야구배트를 쥐는 법과 체중이동

타자는 아무나 와서 손에서 배트를 빼낼 수 있을 정도로 배트를 편안하고 느슨하게 쥐어야 한다. 그리고 위쪽 손보다 아래쪽 손으로 배트를 좀 더 단단하게 잡는다.

홈런 타자들은 아래쪽 손으로 배트를 뻗는데, 바로 여기에서 홈런을 치는 힘이 나온다. 대부분 사람들은 위쪽 손에서 힘이 나올 것이라 생각하지만 실제로 공을 치는 힘은 아래쪽 손에서 나온다. 위쪽 손은 단지 배트의 방향을 이끄는 역할을 할 뿐이다. 만일 위쪽 손으로 스윙을 주도한다면 배트는 타격 영역을 너무 빨리 지나쳐버리게 될 것이다. 아래쪽 손으로 배트를 뻗으면서 타자는 배트를 타격 영역에 좀 더 오래 둘 수 있다.

바로 이 부분에서 나는 라우의 타격 이론에 동의하지 않는다. 라우의 타격 이론에서도 아래쪽 손으로 배트를 뻗으라고 말하지만 공을 치는 순간 위쪽 손이 배트를 놓아야 한다고 주장하기 때문이다. 위

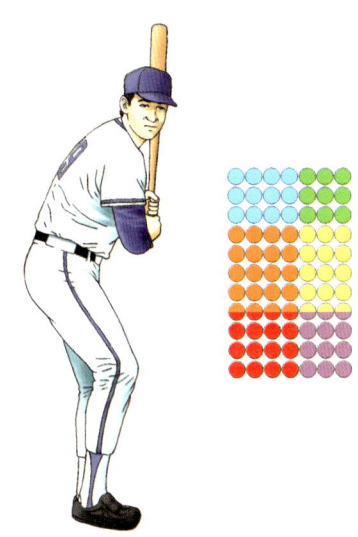

○ 다른 투수에 비해 홈런을 잘 맞는 투수들이 있다. 야구계에서는 투수에게 항상 "티를 내지 말라."고 말한다. 홈런을 맞기 쉬운 공은 낮게 몸쪽으로 들어오는 속구와 타자가 배트를 한껏 뻗을 수 있는 위치로 들어오는 변화구이다. 그림에서 빨간색으로 표시된 영역은 가장 홈런을 맞기 쉬운 곳이다. 주황색 영역은 그 다음으로 홈런을 맞기 쉬운 곳이다. 그 다음 순서대로 노란색, 초록색, 파란색, 보라색 영역으로 갈수록 홈런을 치기가 어려워진다. 단 아래로 처지는 변화구의 경우에는 파란색 영역이 홈런을 가장 치기 쉬운 곳이 된다.

쪽 손이 배트를 놓게 되면 힘에 손실이 생기기 때문에 몸의 뒤편이 공을 끝까지 따라가지 못하게 된다.

홈런 타자들을 살펴보면 위쪽 손으로 배트를 놓는 타자는 없다. 홈런 타자들은 아래쪽 손으로 공을 맞추고 위쪽 손으로 공을 끝까지 따라간다. 양손으로 배트를 쥐고 마무리 동작을 하면 타자는 스윙에 좀 더 힘을 실을 수 있는 체중이동을 완성할 수 있다.

배트를 놓는 것은 공을 끝까지 따라가서 마무리 동작을 마친 후의 일이다. 이때는 배트를 양손으로 잡는 것이 물리적으로 불가능해진다. 아래쪽 손이 위쪽 손이 따라가지 못할 만큼 멀리 뻗기 때문이다. 이때 뒤쪽 발은 살짝 바닥에서 들리거나 발끝만 땅에 닿은 채로 회전하게 된다.

라우의 타격법으로도 상당히 효율적으로 체중이동을 할 수 있지만 완전하다고는 할 수 없다. 완전한 체중이동 없이는 어떤 상황에서든 홈런을 칠 만큼의 충분한 힘을 낼 수 없다. 라우의 이론에 따르면 배트가 공을 때리는 순간 앞쪽 발은 앞으로 살짝 미끄러지고 위쪽 손으로는 배트를 놓아야 한다. 라우의 이론에는 방아쇠 역할을 하는 다리 동작과 파워 타격을 할 수 있도록 완전한 체중이동을 완성해주는 위쪽 손 마무리 동작이 없다. 마찬가지 이유로 나는 공 쪽으로 골반을 던지듯이 이동하는 윌리엄스 이론에도 찬성할 수 없다. 그보다 공쪽으로 손을 던지듯이 스윙하면서 골반은 손을 따라 자연스럽게 움직이도록 하는 편이 좋다.

  홈런을 치는 데는 기술이 중요한 역할을 한다. 그러나 홈런 타자를 탄생시키는 요소에는 스윙 자세의 히치 동작처럼 선천적으로 타고나는 부분도 있다. 또한 홈런 타자들은 공에 한층 신속하게 반응하며 배트를 휘두를지 말지를 결정하는 데 시간을 낭비하지 않는다.

  대부분의 경우 홈런 타자들은 다른 타자들보다 57~85그램 정도 무겁고 손잡이 부분이 가늘고 몸통 부분이 두꺼운 배트를 사용한다. 이런 배트를 휘두를 수 있으려면 힘이 좋아야 한다. 홈런 타자들이 원하는 것은 공을 강하게 타격하기 위한 배트이다. 이런 배트로 제대로 공을 맞출 수 있다면 어디에서든지 공은 구장 바깥으로 날아간다.

베이브 루스의 홈런 비결

뉴욕 양키스의 전설적인 강타자 베이브 루스는 1935년 은퇴하기 전까지 통산 714개의 홈런을 기록했다. 루스의 기록은 1973년 애틀랜타 브레이브스의 행크 아론이 깨기 전까지 유지되었다. 이 글은 1928년 《파퓰러 메카닉스》에 게재되었다.

미국 프로야구의 대표적인 홈런 타자로 메이저리그 최다 홈런기록을 수립한 베이브 루스

A. A. Albellie 알벨리

수년 전 학교 야구팀에서 포수를 하던 평범한 소년은 현재 스포츠계에서 가장 유명한 인물이 되었다. 얼마 전 이 유명한 선수는 뉴욕 양키스에서 뛰는 다음 시즌에 홈런 100개를 치고 싶다고 했다.

베이브 루스는 허풍쟁이가 아니라 야구를 사랑하는 미국인이 바라는 모든 것을 다 갖춘 사람이다. 놀라운 명성으로 인한 후광 역시 루스의 소년 같은 성격을 바꾸지 못했다.

"지금은 앞으로 다가올 시즌에서 홈런 100개를 칠 수 있을 것 같은 기분이다."고 루스는 말했다. 1927년 시즌에 루스는 홈런 60개 기록을 달성했으며, 양키스와 피츠버그 파이어리츠가 맞붙은 월드 시리즈에서 홈런 두 개를 더했다.

베이브 루스는 말을 이었다. "내가 홈런 기록을 세 자릿수 이상 넘기지 못하는 유일한 이유는 투수들 때문이다. 내 말은 마운드에 올라가는 투수들이 내가 홈런을 치기 위해 어떤 공을 골라내는지 알기 시작했다는 뜻이다. 비밀이라고 할 것도 없이 투수들은 내가 느린 커브볼을 싫어한다는 사실을 알고 있다. 내가 가장 좋아하는 것은 투수들이 속구를 던질 때다. 그런 공이라면 언제라도 칠 수 있다.

그리고 또 하나 투수들이 나한테 공을 던질 때 공을 칠 수 있는 곳으로 주지 않을 때가 많다. 어떤 투수를 꼭 집어 고의 사구로 나를 걸러보낸다고 비난하는 것은 아니지만 아시다시피 그런 기분이 들 때가 있다."

"홈런을 치는 비법이나 기술이라고 할까, 그 부분은 어떻게 설명하실 수 있나요?"라고 질문을 던지자 그 덩치 큰 선수는 잠시 동안 곰곰이 생각에 잠겼다.

"어떤 요소가 최우선인지 말하기는 어렵다. 적절한 동작을 완벽한 타이밍에 맞추어 할 수 있는 조정능력이 극히 중요하다고 할 수 있다. 모든 근육 하나하나를 일정한 리듬에 맞추어 완벽하게 사용하는 법을 몸에 익혀야만 한다. 매번 타격을 할 때마다 몸 전체가 함께 움직여야 한다. 내 스윙은 골반에서부터 시작된다. 내가 공을 제대로 맞추는 모습을 본 적이 있는 사람이라면 무슨 말인지 알 수 있을 것이다. 이런 조정능력에 덧붙여 또 중요한 것이 있다면 조정능력을 뒷받침하는 힘이 아닐까 생각한다."

베이브 루스의 키는 183센티미터이고 시즌 중에는 체중이 95킬로그램 정도 나간다. 떡 벌어진 어깨는 육중하다. 루스의 몸에서 조화를 이루지 못하는 한 가지는 그의 가느다란 손목이다.

"항상 힘과 체력을 가장 좋은 상태로 유지하려고 노력한다. 그만한 힘을 실어 공을 친다면 공에 무슨 일이라도 일어난다. 또 다른 비결이라면 오른발을 약간 왼발 뒤쪽으로 두는 것이다. 그렇게 서는 게 도움이 된다. 알겠지만 나는 왼손으로 공을 친다.

그리고 눈도 아주 중요한 역할을 한다. 눈을 잘 훈련해야 할 필요가 있다. 눈을 통해 얻어지는 판단력이 없다면 제대로 공을 칠 수 없다. 타격 자체를 어떻게 조절하는지에 대해서 말하자면 나의 목표는 일직선으로 공을 치는 것이다. 내야 플라이볼은 위험하기 때문에 외야석을 향해 강하게 공을 때리려고 한다. 그리고 이것을 잊어서는 안 된다."

루스는 야구배트를 집어들며 말했다. 그의 배트는 상당히 무거웠다. 그 배트를 보자 나는 네안데르탈인이 사용했을 법한 곤봉이 떠올랐다.

"야구경기에서 사용되는 배트 중에 가장 무거운 배트이다. 무게가 무려 1.53킬로그램이나 나간다.

공을 어떻게 치는지에 대한 이야기 외에 아주 중요한 것이 남아 있다. 바로 각 베이스를 도는 일이다. 타자가 어느 쪽으로 공을 쳤든지 빨리 달리지 못한다면 제대로 된 타자가 되기 어렵다. 나는 10초에 91.4미터를 뛰지는 못하지만 그보다 많이 느리지는 않다. 발이 빠른 선수가 되는 것도 좋은 타자가 되는 중요한 요소라고 생각한다.

또한 선수는 야구경기장에 있지 않을 때도 자신의 몸 상태에 대해 잊어버려서는 안 된다. 선수라면 언제나 최상의 몸 상태를 유지해야 한다. 엄격한 규칙에 따라 생활하고 몸 상태를 악화시킬 수 있는 일을 해서는 안 된다."

1914년 보스턴 레드삭스에서 선수생활을 시작한 이래 메이저리그에서 활약하며 총 416개의 홈런을 기록한 베이브 루스의 경력은 그야말로 화려하다. 그 덕분에 오늘날 미국 소년들에게 베이브 루스의 이름은 역사책에 나오는 영웅의 이름만큼이나 큰 의미를 지닌다.

"어떤 의미에서든 나는 아직 끝나지 않았다. 홈런 100개를 치겠다는 이야기를 듣고 판단할 수 있을 것이다. 나는 이제 겨우 서른세 살이고 마흔네 살까지 최고의 컨디션을 유지할 수 있으리라 생각한다."

베이브 루스는 끝까지 겸손한 태도를 잃지 않으면서 자신의 인생에 대해서 솔직하게 이야기해주었다.

루스는 메릴랜드 주 볼티모어에서 태어났다. 아버지는 공장에서 일하는 직공이었다. 루스의 가족은 가난했고 어머니는 가족의 생계를 위해 이따금씩 방앗간에서 일을 해야만 했다. 본명이 조지 허먼 루스George Herman Ruth인 홈런왕은 소년일 무렵부터 몸집이 크고 건장했다. 일곱 살이 되자 루스는 볼티모어의 세인트메리 실업학교에 입학했다. 그가 처음으로 야구에 재능을 보인 것은 바로 이 학교에서였다. 루스는 팀의 포수로서 처음 야구를 시작했다. 1913년 무렵 이 학교의 야구팀은 이미 명성을 떨치고 있었다. 좌완투수였던 루스는 사람들의 입에 오르내리기 시작했고 그의 앞날을 내다보는 사람들도 있었다. 루스는 또한 뛰어난 타자이기도 했다.

그 겨울 볼티모어 이스턴리그의 감독이었던 잭 던Jack Dunn이 채 스무 살도 되지 않은 루스를 눈여겨보았다. 루스를 어떻게 해서든 자신의 팀으로 영입하고 싶었던 던 감독은 루스가 아직 미성년자였기 때문에 입양하지 않고서는 팀에 넣을 수 없자 루스를 입양하는 강수를 두었다.

그 다음해 루스는 던의 팀에서 활약했고, 그 후 보스턴 아메리칸스로 트레이드되었다. 1915년 당시 루스의 연봉은 4000달러였다. 레드삭스는 루스가 타석에 설 때를 위해 힘을 비축할 수 있도록 루스를 외야로 내보내야겠다는 생각을 떠올린 최초의 팀이었다.

○ 야구 역사상 가장 많은 돈을 벌어들인 선구안으로 베이브 루스는 지난 시즌 자신의 기록을 깨뜨리면서 홈런 기록의 새로운 장을 열었다.

베이브 루스의 홈런 비결 73

전력투구

이 글은 2004년 《파퓰러 메카닉스》에 게재되었다.

● Jim Kaat 짐 카트

● 야구 역사상 가장 훌륭한 마무리 투수로 여겨지는 뉴욕 양키스의 에이스 구원투수 마리아노 리베라

2003년 아메리칸리그 챔피언십 시리즈의 5차전 경기, 3점차로 앞선 8회 말 무렵 뉴욕 양키스의 조 토리(Joe Torre) 감독은 보스턴 레드삭스의 타선을 막기 위해 구원투수 마리아노 리베라를 등판시켰다. 이 결정에 대해 놀란 사람은 아무도 없었다.

야구 역사를 통틀어 가장 뛰어난 구원투수라 불리는 마리아노 리베라Mariano Rivera는 처음에는 흔들리는 듯 보였다. 선두 타자인 토드 워커Todd Walker에게 우익으로 날아가는 3루타를 맞은 다음 노마 가르시아파라Nomar Garciaparra에게 내야 땅볼로 1점을 내주었다. 그 다음 타석에 오른 타자는 무서운 강타자로 이미 이 시합에서 홈런 한 개를 기록한 매니 라미레즈Manny Ramirez였다. 한 점을 더 올리면 보스턴은 양키스를 1점 차로 따라잡게 될 터였다. 라미레즈 대 리베라, 힘과 힘이 맞붙는 최고의 승부였다.

그러나 훨씬 유리한 고지에 있는 선수는 매니 라미레즈였다. 타석으로 들어서기도 전에 라미레즈는 리베라가 어떤 투구를 던질지 이미 알고 있었다. 그날 보스턴 레드삭스의 홈구장인 펜웨이파크를 가득 메운 3만4619명의 관중 모두 리베라가 어떤 공을 던질지 알고 있었다. 기본적으로 리베라는 오직 한 종류의 투구만을 던진다. 홈플레이트로 들어갈 때가 되어서야 살짝 왼편으로 휘어지는 묵직하고 단단한 컷 패스트볼이다. 이따금씩 리베라는 스트라이크존에서 높게, 홈플레이트에 일직선으로 들어오는 시속 158킬로미터짜리 포심 속구를 던지기도 했다. 그게 다였다.

라미레즈는 타석에 들어선 다음 리베라를 똑바로 마주하면서 속구를 받아칠 준비를 했다. 리베라는 준비동작을 하고 공을 던졌다. 시속 158킬로미터의 포심 속구였고, 야구배트를 휘두르는 것이 늦은 라미레즈는 공을 놓쳤다. 원 스트라이크. 리베라는 라미레즈가 뻔히 포심 속구를 기다리는 것을 알면서도 그 앞으로 포심 속구를 던진 것이다. 리베라는 호르헤 포사다 Jorge Posada 포수를 보고 사인을 받은 다음 다시 준비동작을 하고 공을 던졌다. 시속 148킬로미터의 낮은 바깥쪽 컷 패스트볼이었다. 이번에 라미레즈는 너무 앞서 나왔고 쳐낸 공은 파울이 되었다. 투 스트라이크. 라미레즈는 단호한 표정으로 리베라를 쏘아보았다. 라미레즈는 다음 속구를 받아칠 작정이었다. 라미레즈는 다음 공이 속구라는 것을 알고 있었다. 그리고 칠 작정이었다.

리베라는 포수를 한 번 쳐다보고 사인을 주고받은 다음 공을 던졌다. 바깥쪽 높게 들어오는 컷 패스트볼이었다. 라미레즈는 속아 넘어갔지만 이번에는 제때 배트를 멈추고 공을 보낼 수 있었다. 원 볼이었다. 관중은 라미레즈가 머릿속에서 무슨 생각을 하는지 환히 읽을 수 있었다. 다음 공은 포심 속구일 게 틀림없었고 그래야만 했다.

포심 속구였다.

교과서에 실릴 법한 완벽한 속구였고, 공은 시속 158킬로미터로 타자의 가슴에 새겨진 팀 마크 높이로 들어오며 홈플레이트를 파고들었다. 무슨 공이 올지 정확하게 알고 있었지만 실력이 한 수 부족했던 라미레즈는 배트를 너무 늦게, 힘없이 휘두르고 말았다. 포사다 포수의 글러브로 공이 퍽 소리를 내며 들어온 순간에야 가까스로 끝난 그 힘없는 스윙은 너무 짧았고 너무 느렸다. 연달아 아메리칸 리그 챔피언십 시리즈의 MVP를 차지해왔던 리베라가 다시 한번 자신의 가치를 증명한 것이다. 이 속구는 지금도 야구 역사상 가장 훌륭한 투구로 손꼽힌다.

속구는 그 자체로도 치명적인 무기일 뿐만 아니라 투수들이 전반적으로 시합을 이끌어가는 기본이 되는 투구이기도 하다. 모든 투구는 속구를 기본으로 하여 이루어진다. 시합에서 투수가 자신의 속구를 한번 타자에게 인식시키고 나면 타자는 언제 날아올지 모르는 속구에 대비를 해야만 한다. 그렇게 타자를 긴장되고 불안한 상태로 몰아넣은 투수는 느린공과 변화구를 섞어 던지며 한층 손쉽게 타자를 속일 수 있다.

하지만 이 모든 일은 속구에서 시작된다.

야구경기에서 처음으로 던져진 공 또한 아마도 투수가 타자를 힘으로 압도하기 위해 던진 속구였을 것이다. 1849년에 기록된 최초의 야구경기 이래 속구는 다른 어떤 종류의 투구보다도 여러 형태로 변형되어 왔다. 오늘날 투수들은 투심 속구, 포심 속구, 컷 패스트볼, 스플릿핑거 패스트볼, 그 밖의 여러 형태의 속구를 던진다. 여기에서는 이런 투구들을 어떻게 던지는지 종류별로 나누어 살펴본다.

포심 속구　포심 속구는 최고의 파워 투구이며, 가장 정확하게 던질 수 있는 투구다. 공을 쥐는 모습을 측면에서 보면 공을 얼마나 얕게 쥐는지 알 수 있다. 포심 속구는 손가락으로 공의 실밥을 가로질러 잡고 머리 위로 휘두르며 던지는 투구이다. 포심 속구는 손에서 공을 놓는 순간 손가락 끝으로 실밥 네 곳을 잡아채면서 공에 똑바로 역회전을 걸어 던진다. 그 결과 포심 속구는 좌우로는 거의 휘어지지 않으며 마운드에서 홈플레이트까지 일직선으로 들어간다.

투심 속구　투심 속구는 야구공의 실밥 사이가 좁아지는 부분의 실

포심 속구

투심 속구

마른 스핏볼

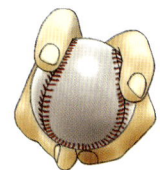
스플릿핑거 패스트볼

밥 위를 손가락으로 쥐고 던지는 투구다. 포심 속구와 마찬가지로 공을 손 안에 너무 깊숙이 쥐지 않는다. 공을 손 안으로 깊숙이 쥘수록 공을 채는 힘이 강해져 공에 더 강한 역회전이 걸리게 된다. 가운뎃손가락이나 집게손가락 끝으로 실밥을 누르면서 던지기 때문에 공에는 사이드스핀이 걸리게 되고 그 결과 공은 홈플레이트 근처에서 갑자기 큰 낙차로 떨어지게 된다. 홈플레이트 근처에서 뚝 떨어지는 투구는 싱커볼이나 테일링 패스트볼이라고도 부른다. 좌완투수가 던지는 투심 속구는 우타자의 경우 바깥쪽 아래로 들어오며 반대로 우완투수가 던지는 투심 속구는 좌타자의 경우 바깥쪽 아래로 들어온다. 파워 피칭을 하는 투수들이 포심 속구를 선호하는 반면 땅볼 투수들은 투심 속구를 선호한다.

컷 패스트볼 커터라고도 불리는 컷 패스트볼은 포심 속구나 투심 속구에서 공을 쥐는 어떤 방법으로도 던질 수 있다. 컷 패스트볼의 핵심은 가능한 한 오랫동안 손으로 공을 밀어주듯 던지는 것과 가운뎃손가락으로 공을 누르면서 공에 사이드스핀, 즉 컷을 거는 것이다. 컷 패스트볼은 얕은 슬라이더처럼 홈플레이트 근처에서 몇 센티미터 정도 몸쪽으로 휘어지거나 바깥쪽으로 빠지게 되지만 싱커볼처럼 아래로 뚝 떨어지지는 않는다.

마른 스핏볼 마른 스핏볼은 손가락으로 야구공의 실밥 부분이 아닌 가죽 부분을 잡고 던지는 투구다. 시합에서 스핏볼이 금지되기 이전에 투수들은 마찰을 줄이기 위해 공에 침을 묻혀 던졌다. 이렇게 침을 묻힌 스핏볼은 마치 탁구공처럼 투수의 손에서 튕겨나온다. 오늘날 투수들은 손가락에 마운드의 흙을 조금 묻혀 마찰을 줄인다. 마른 스핏볼은 실제로 전혀 회전이 걸리지 않은 공으로 홈플레이트에서 큰 낙차로 뚝 떨어지며 들어온다.

스플릿핑거 패스트볼　　스플릿핑거 패스트볼은 상대적으로 회전을 적게 준 투구로 마치 아래로 추락하는 듯한 회전이 걸려 큰 낙차로 떨어진다. 이 점이 마른 스핏볼과 유사하다. 스플릿핑거 패스트볼은 공을 쥐는 손가락의 위치와 공을 누르는 힘을 다르게 변화시키면서 투구의 속도를 조절할 수 있다.

　속구는 스트라이크존을 네 개로 나눈 사분면 전부에 던질 수 있는 유일한 투구다. 그러나 오늘날 속구는 제대로 사용되지 않고 있다. 잘 던진 투수의 시합을 살펴보면 속구와 제구력이 좋은 투구가 높은 비율을 차지한다. 전 양키스 선수인 데이비드 웰스David Wells가 투수로서 눈부신 성공을 이루어낸 비결도 바로 여기에 있다. 웰스는 속구를 애용하는 투수로 대개 스트라이크를 노리고 속구를 던진다. 웰스의 투구는 한결같고 팔 부상으로 문제를 일으킨 적도 거의 없다. 웰스는 자신의 속구를 신뢰한다. 뛰어난 투수가 되기 위해서 모든 투수들은 웰스처럼 자신의 속구를 신뢰할 필요가 있다. 그리고 이렇게 말할 수 있어야 한다.

　"자, 여기 공이 있으니 할 수 있으면 한 번 쳐봐!"

라이징 패스트볼의 전설

—피터 브랭카지오

수년 전만 해도 관중은 물론 야구선수까지도 라이징 패스트볼을 던지는 일이 가능하다고 생각했다. 라이징 패스트볼(rising fastball)이란 타자 근처에서 위로 휘어지는 공, 즉 갑자기 떠오르는 공을 말한다. 사람들은 실밥을 손가락으로 가로질러 공을 쥐고 손목을 빠르게 안쪽으로 꺾으면서 공에 역회전을 걸어 던지면 라이징 패스트볼을 던질 수 있다고 생각했다. 어느 누구도 어떻게 공이 떠오르는지 설명할 수는 없었지만 투수와 타자, 포수 모두 공을 충분히 빠르게(시속 145킬로미터 이상) 던지기만 하면 공이 홈플레이트에 들어오면서 떠오른다고 확신했다. 이 공은 위로 떠오르기 때문에 타자들은 공의 궤도를 잘못 판단하여 공의 아래쪽으로 배트를 휘두르게 된다. 타자들은 공이 떠오르는 모습을 볼 수 있었기 때문에 공이 실제로 떠오른다는 것을 의심하지 않았다.

오랜 야구팬이자 스포츠 물리학을 전문 분야로 삼은 물리학자로서 나는 라이징 패스트볼이 정말로 실재하는지를 밝혀내고 싶었다. 야구공도 물리학의 법칙을 받는 물체이고, 날아가는 야구공에 작용하는 공기력을 계산하기 위한 이론과 자료도 충분했다. 기본 원칙은 비교적 단순하다. 투수의 손을 떠난 야구공은 오직 세 가지 힘의 작용을 받는다. 첫번째는 중력으로, 중력(야구공의 무게와 같은 힘)은 공을 수직의 아래방향으로 잡아당긴다. 두번째는 공기의 저항이다. 공이 주위의 공기와 충돌하여 생성되는 공기 저항력은 공의 속도를 감소시킨다. 그리고 세번째로 마그누스 힘이라고 알려진 힘이 있다. 회전하는 야구공의 표면과 공기의 상호작용으로 생성되는 힘이다.

야구공이 공기를 가르고 앞으로 나아갈 때 야구공의 뒤편에는 낮은 압력의 후류(정지유체 속을 물체가 운동할 때 물체 뒤쪽에 나타나는 흐름—옮긴이)가 생성된다. 야구공의 표면이 회전하는 경우 이 후류는 옆 방향으로 휘어지게 된다. 뉴튼의 작용 반작용 법칙에 따르면 이렇게 공이 공기 중에서 한 방향으로 휘어지며 공기를 밀어내면 공기 또한 그 반대 방향으로 공을 밀어낸다. 이렇게 공기가 공을 밀어내는 힘인 마그누스 힘은 항상 공이 날아가는 궤도의 수직 방향으로 작용하면서 공의 비행 궤도를 휘어지게 만든다. 공이 휘어지는 방향은 공의 회전방향에 따라 달라진다. 투수들이 여러 변화구(커브볼, 슬라이더, 싱커볼 등)를 던질 수 있는 것은 바로 이 마그누스 힘 덕분이다. 투수들은 공의 회전속도와 방향과 더불어 공을 던지는 속도와 방향을 조절하여 여러 다양한 변화구를 만들어낸다. 위로 떠오르는 라이징 패스트볼을 던지기 위해서는 공에 작용하는 마그누스 힘이 반드시 아래로 작용하는 중력과 반대 방향인 위 방향으로 작용해야만 한다. 중력과 반대 방향으로 작용하는 마그누스 힘을 생성하기 위해서는 공에 역회전을 걸어 던지면 된다. 공에 작용하는 마그누스 힘이 공의 무게로 인한 중력보다 크다면 공에 작용하는 알짜힘이 위로 작용하게 되므로 공은 떠오르게 될 것이다.

컴퓨터를 사용한 모의실험 결과, 몇 가지 흥미로운 점을 발견했다. 야구공은 18.44 미터의 표준 투구 거리를 날아가는 동안 공기저항을 받아 초기 속도의 9퍼센트를 손실한다. 즉 시속 145킬로미터로 던져진 공은 타자에게 도달하게 될 무렵 속도가 시속 130킬로미터로 줄어든다는 뜻이다.

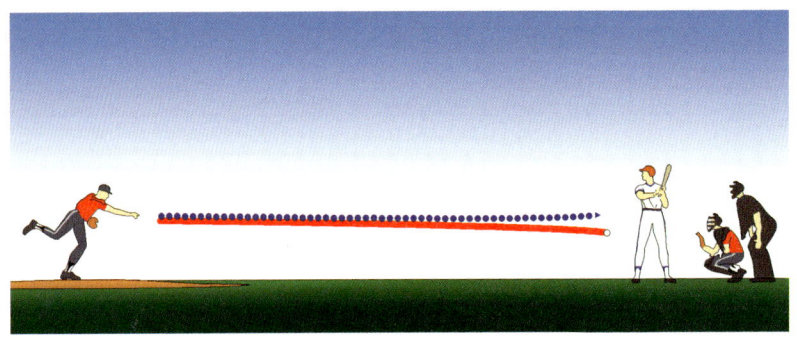

🟢 투수와 타자, 포수는 라이징 패스트볼이 홈플레이트 부근에서 떠오른다고 단언한다.

투수가 던진 투구가 홈플레이트로 들어오는 데 걸리는 시간은 겨우 0.44초이다. 0.44초 동안 야구공은 아래로 작용하는 중력을 받아 91센티미터 아래로 떨어진다. 그러니 타자가 공의 궤도를 판단하고 스윙을 할 것인지 결정한 다음 공이 들어올 예상 지점에 배트를 가져가는 데 주어진 시간은 채 0.5초도 되지 않는 셈이다.

메이저리그급의 투수가 던지는 공을 쳐낸다는 것은 정말 놀라운 일이다. 한편 나는 라이징 패스트볼의 비밀을 푸는 가장 중요한 사실을 발견했다. 야구공이 날아가면서 실제로 떠오르기 위해서는, 즉 공에 작용하는 마그누스 힘이 공의 무게만큼의 중력을 넘어서기 위해서는 공을 던질 때 걸리는 역회전의 초기 회전수가 분당 3600회를 넘어야 한다는 사실이다. 아무리 메이저리그급의 투수라도 공에 이렇게 빠른 회전을 걸어 던질 수는 없다. 초고속촬영으로 찍은 사진을 분석한 결과 사람이 던질 수 있는 최고 회전수는 분당 1800회였다. 그러므로 실제로 떠오르는 라이징 패스트볼을 던지는 일은 인간의 능력으로는 불가능한 일인 것이다. 분당 1800회 회전하면서 시속 145킬로미터의 속도로 던져진 공의 경우 마그누스 힘을 받은 결과 수직 낙차 폭이 30센티미터 정도 줄어든다. 회전이 없는 공이 홈플레이트에 들어오는 경우에는 투수가 던진 위치에서 91센티미터 아래로 떨어져 들어오지만, 이런 공은 61센티미터 정도만 아래로 떨어져 들어오게 된다. 따라서 나는 라이징 패스트볼이 시각적 착각이라고 결론을 내렸다. 공이 떠오르는 것처럼 보이는 까닭은 공이 타자가 예상하는 만큼 큰 폭으로 떨어지지 않기 때문이다. 즉 야구공이 타자가 예상하는 궤도에 비해서 높이 들어오는 셈이다. 정상급 실력을 지닌 타자나 포수의 훈련된 눈에는 역회전 걸린 공이 회전이 없는 공보다 떨어지는 폭이 작아서 마치 공이 떠오르는 것처럼 보이는 것이다.

그 뒤 여러 과학자들이 이러한 결론을 재확인했다. 라이징 패스트볼의 진위에 대한 가장 확실한 증거는 여러 대의 비디오카메라를 사용하여 투구의 궤도를 실시간으로 추적한 연구와 고속 컴퓨터를 사용하여 공의 궤도를 재구성한 연구에서 찾아볼 수 있다. 내가 알고 있는 지식으로는 홈플레이트로 들어오며 떠오르는 라이징 패스트볼을 던졌다고 기록된 투수는 지금까지 아무도 없다.

포수는 왜 마스크를 포기하고 헬멧을 선택했는가

오늘날 야구경기에서 포수가 마치 하키팀 골키퍼처럼 보이는 이유는 캐나다에 있다. 토론토 블루제이스의 스타 포수였던 찰리 오브라이언(Charlie O'Brien)은 하키 경기를 관람하던 중 골키퍼가 헬멧에 퍽이 날아와 부딪쳐도 대수롭지 않게 넘기는 모습을 보고 감명을 받았다. 오브라이언과 반 벨덴 마스크 회사, 그리고 메이저리그가 함께 작업한 끝에 올스타 MVP라는 이름의 포수용 헬멧을 개발해냈다. 이 올스타 MVP 헬멧은 1996년 메이저리그의 승인을 받았고 그 이후 야구경기가 열리는 곳이면 어디에서나 모습을 볼 수 있게 되었다.

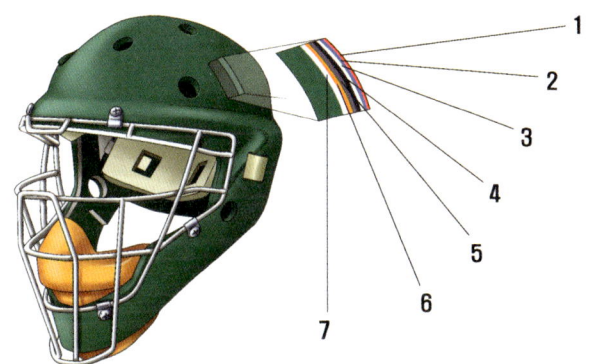

올스타 MVP 헬멧은 총 일곱 겹의 층으로 구성되어 있다.
바깥쪽부터
1. 젤 코팅막 2. 102가닥 유리섬유 3. 엮은 조방사(粗紡絲)
4. 케블러(강화제로 사용되는 고탄성, 고강도의 유기계 섬유—옮긴이)
5. 케블러 6. 102가닥 유리섬유 7. 유리섬유 천으로 된 가는 그물망

변화구의 과학

이 글은 1997년 《파퓰러 메카닉스》에 게재되었다.

● Jim Kaat 짐 카트

● 25년 동안 메이저리그에서 좌완투수로 활약하면서 통산 283승을 거두었고 골든글러브를 열여섯 차례 수상한 짐 카트

1996년 애틀랜타 브레이브스는 브롱크스에서 열린 월드시리즈 1차전과 2차전에서 이미 승리를 거두었다. 3차전 시합이 열리는 애틀랜타의 풀턴카운티 구장에서 브레이브스가 다시 한번 양키스를 물리친다면 브레이브스는 무너뜨리기 어려운 3대0 선두를 지키게 될 것이고, 양키스는 내년을 기약해야 했다.

그러나 3차전 경기는 양키스의 방식대로 풀렸다. 선발투수 데이비드 콘David Cone의 대담한 투구와 구원투수 마리아노 리베라와 그램 로이드Graeme Lloyd의 탁월한 지원 속에 브레이브스의 강타선은 완전히 막혀버렸다. 9회 말 구원투수 존 웨틀랜드John Wetteland가 마운드에 들어설 당시 양키스는 5대2로 앞서고 있었다.

웨틀랜드는 시속 159킬로미터의 맹렬한 속구로 잘 알려진 투수다. 선두타자로 나선 하비에르 로페즈Javier Lopez는 다른 공을 기대할 수가 없다. 아니나 다를까 웨틀랜드는 로페즈에게 전력으로 속구를 던진다. 그 속구를 받아 로페즈가 칠 수 있는 것은 약한 땅볼뿐이다. 로페즈가 친 땅볼은 데릭 지터 바로 앞으로 떨어진다. 그러나 마음이 너무 앞선 나머지 지터는 공을 놓쳐버리고 로페즈는 1루로 출루한다.

그 다음으로 앤드류 존스Andruw Jones가 타석에 들어선다. 존스는 월드시리즈의 처음 두 시합에서도 양키스 투수들의 공을 받아치며 타점을 올리고 홈런을 두 개나 기록한 무서운 신인 선수다. 존스가 이 타석에서도 홈런을 기록하면 애틀랜타는 양키스를 1점차로 따라붙게 될 것이다.

웨틀렌드는 전력투구하여 속구를 던진다. 존스는 잇달아 들어오는 속구에 맞서 가까스로 파울볼 두 개와 볼 두 개를 잡아낸다. 투 스트라이크 투 볼. 웨틀랜드가 투구 준비동작을 하며 주자를 확인하는 동안 존스는 또 다른 속구를 쳐낼 준비를 한다. 시속 161킬로미터에 가까운 웨틀랜드의 속구는 투수의 손을 떠난 지 채 0.5초가 지나기도 전에 홈플레이트에 도달한다. 이런 속구를 쳐내기 위해서 존스는 웨틀랜드가 공을 던지기도 전에 야구배트를 휘두르기 시작해야 할 판이다.

　웨틀랜드가 공을 던질 준비를 한다. 존스는 스트라이드를 시작하며 배트를 움직이기 시작한다. 공이 던져졌다. 하지만 잠깐, 존스는 공의 회전을 알아차린다. 공의 실밥이 회전하는 것이 보인다. 안 돼! 이것은 속구가 아니라 변화구이다. 존스는 스윙을 멈추려고 애를 쓰지만, 앞쪽 다리가 이미 움직이기 시작했다. 존스는 힘겹게 스윙을 멈춘다. 왼쪽 무릎이 눈에 띌 정도로 구부러진 상태에서 존스는 간신히 배트를 멈출 수 있었다. 이제 존스의 유일한 희망은 이 투구가 볼로 선언되는 것이다.

　"스트라이크!" 주심인 팀 웰크Tim Welke가 선언한다.

　삼진 아웃이었다.

　이것이 바로 야구에서 전혀 예상치 못한 순간에 나타나는 변화구의 힘이다. 특히 웨틀랜드처럼 파워피칭을 하는 투수가 잇달아 속구를 던지는 중에 변화구를 섞는다면 변화구의 위력은 한층 강해진다. 실제로 이 시합에서 존스의 다음 타자로 나선 제프 블라우저Jeff Blauser는 빠른 직구 세 개로 삼진을 당했으며 대타자로 나선 테리 팬들틴Terry Pendleton은 2구째 약한 땅볼을 치고 아웃 당했다. 그리고 시합은 끝났다. 웨틀랜드 같은 선수가 언제라도 변화구를 던질 수 있다는 사실 자체가 강력한 무기가 될 수 있다. 변화구를 한번 던짐으로써 투수는 타자가 배트를 휘두르는 타이밍의 허를 찌르는 한편 타자가 가만히 앉아 투수의 속구를 기다리지 못하게 할 수 있다.

커브볼, 스플릿핑거, 슬러브, 슬라이더를 비롯한 여러 가지 변형된 형태의 변화구는 야구경기가 시작된 이래 존재해 왔다. 그러나 이토록 수많은 선수들이 이토록 많은 종류의 변화구를 이토록 다양한 방식으로 던지기 시작한 것은 최초의 일이다. 투수가 어떤 공을 던지든지 공이 투수의 손을 떠나 타격 영역으로 들어오는 채 1초도 되지 않는 시간 안에 배트를 휘둘러야 할지 기다려야 할지를 결정해야 하는 타자들에게는 참으로 안타까운 일이다.

예전에 타자들은 속구를 기다리면서도 스트라이크존 바깥쪽 멀리에서 홈플레이트 안쪽으로 들어오는 변화구나 스트라이크존 위쪽에서 안쪽으로 뚝 떨어지는 변화구에 대비할 수 있었다. 그러나 요즘 변화구의 대부분은 스트라이크존 안에서 고작해야 3~5센티미터 가량 움직일 뿐이다. 타자가 헛스윙을 하게 만들거나 공을 빗맞추게 하는 데는 이것만으로도 충분하다. 게다가 오늘날의 변화구는 왼쪽과 오른쪽, 아래쪽, 대각선 등 자유자재로 움직이며 각 방향에 대해서도 여러 변형이 존재한다.

수십 년 동안 사람들은 변화구가 실제로 휘어지는지, 단지 시각적 착각에 불과할 뿐인지, 그도 아니라면 공이 날아가는 궤도상의 문제일 뿐인지에 대해 의문을 가져왔다. 오늘날에는 레이저 기술에 기반을 둔 컴퓨터 광학기기 덕분으로 변화구가 실제로 홈플레이트로 날아가는 동안 휘어진다는 사실이 증명되었다.

메이저리그 투수였던 나 역시 현역선수로 있는 동안 수천 개가 넘는 변화구를 던졌다. 그러나 솔직하게 털어놓자면 나는 내 손을 떠난 공이 어떤 원리로 휘어지는지 알지 못한다. 내가 말할 수 있는 것은 내가 아래로 휘어지는 커브볼이나 바깥쪽으로 휘어져 나가는 슬라이더, 아래로 뚝 떨어지는 싱커볼을 던질 수 있다는 것뿐이다. 공을 쥐고 던지는 방식에 따라 공이 어떻게 움직이며 날아가는지는 공을 쥐고 던지는 방식에 따라 결정된다.

변화구의 역학

변화구가 회전하며 날아가는 것은 손가락으로 공을 누르면서 공을 던지는 순간 손목을 재빨리 안쪽으로 꺾으면서 던지기 때문이다. 공의 회전속도를 최대한 끌어올리기 위해서는 손가락으로 공을 완전히 감싸듯이 손 안으로 공을 깊숙이 쥐면 된다. 하지만 이때 엄지손가락에 힘이 들어가서는 안 된다. 투수 코치였을 무렵 나는 "엄지손가락으로 단단히 공을 움켜쥔 다음 손목을 움직여 보라."고 말했다. 그럴 경우 손목이 쉽사리 움직이지 않는다. 하지만 엄지손가락을 제외한 나머지 손가락으로 공을 감싸쥐고 엄지손가락은 그 위에 가볍게 대기만 하듯이 놓으면 손목 전체의 긴장이 풀려 손목을 강하게 꺾으면서 공에 최대한의 회전을 걸 수 있다.

슬라이더 같은 빠른 속도의 변화구를 만드는 또 다른 요소는 속도다. 여기에서 비결은 가능한 한 마지막 순간까지 손이 공을 따라가며 밀어주어야 한다는 것이다. 그 다음 던지려는 변화구의 종류에 따라 손목을 꺾어주어야 한다. 공을 던질 때 손목을 너무 빨리 꺾어 버리면 공의 속도가 느려질 뿐만 아니라 공의 회전 또한 제대로 걸리지 않아 회전속도가 느려지게 된다.

다른 투수와 완전히 똑같은 스타일로 공을 던지는 투수는 없다. 하지만 투수라면 누구나 팔의 각도나 릴리스 포인트를 일정하게 유지하면서 공을 던지려고 노력한다. 그리고 타자는 투수가 공을 던지는 지점에 가상의 사각형 상자를 그린 다음 그 상자 안에서 투수가 과연 어떤 종류의 공을 던지게 될지 단서를 찾는다. 이를테면 투수가 커브볼을 던지면서 팔을 살짝 떨어뜨린다면 타자는 그 신호를 알아차리고 커브볼에 대비할 수 있다. 투수는 공을 던지는 순간에 손목을 꺾는 일을 아주 순식간에 해치워야 한다. 그렇지 않으면 타자는 공이 투수의 손을 떠나는 순간에 이미 어떤 공이 날아오게 될지 알아차리게 될 것이다. 뛰어난 타자들은 공이 어느 정도 홈플레이트에 다가왔을 때 커브볼을 알아볼 수 있다고 말한다. 실제로 투수가 공을 던지는 동작이 순식간에 일어나기 때문에 타자들이 구종을 알아보는 것은 공이 홈플레이트로 어느 정도 다가온 후의 일이다. 사람들은 테드 윌리엄스가 공이 투수의 손에서 떠나는 순간 공의 종류를 알아낼 수 있다고들 말했다. 하지만 그 어떤 누구라도 그토록 빨리 공의 종류를 파악할 수는 없을 것이다.

싱킹 패스트볼

투심 속구 혹은 싱킹 패스트볼, 싱커볼이라고 불리는 변화구를 살펴보자. 싱킹 패스트볼은 공의 실밥 사이가 좁아지는 부분을 손가락으로 쥐고 던진다. 이 부분에서 공의 모든 실밥이 회전하면서 직선의 궤도 위를 날아가도록 손가락으로 실밥을 가로질러 쥐고 던지는 포심 속구와는 다르다. 이 두 가지 모두 역회전을 걸어 던지는 투구다.

이 속구를 던질 때는 대개 집게손가락이나 가운뎃손가락으로 실밥을 누르면서 던진다. 어느 손가락으로 공을 누르는지는 투수의 취향에 달려 있다. 손가락으로 공을 누르는 압력을 통해 공에 사이드스핀이 걸려 나중에 공이 큰 낙차로 떨어지게 된다.

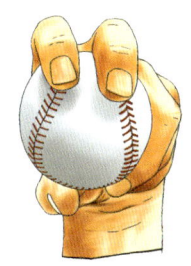

○ **싱킹 패스트볼(싱커볼):** 공을 던지는 순간 실밥을 쥔 집게손가락이나 가운뎃손가락 끝으로 공을 누르는 압력에 의해 공에 사이드스핀과 백스핀이 걸리게 된다.

커브볼

○ **커브볼**: 공을 릴리스 할 때 마치 공을 아래로 잡아 끌어내리듯이 손바닥이 안쪽으로 향하도록 던진다. 팔꿈치가 아니라 손목을 통해 공에 사이드스핀과 역회전을 걸어주어야 한다.

예전에는 커브볼이 드롭볼이라는 이름으로 알려져 있었다. 나는 커브볼을 던질 때 12시 방향에서 6시 방향으로, 즉 위에서 아래로 회전을 주어 던진다. 가운뎃손가락으로 공을 누르면서 집게손가락 끝으로 공을 굴려 던지기 때문에 공에는 사이드스핀과 역회전이 걸리게 된다. 나는 바람이 불어오는 방향으로 커브볼을 던지기를 좋아한다. 바람 덕분에 공의 회전이 증가하여 공이 한층 더 휘어지기 때문이다. 커브볼을 잘 던지는 비결은 가능한 한 마지막 순간까지 손이 공을 따라가며 밀어주어야 한다는 것이다. 그리고 팔꿈치가 아닌 손목으로 공에 회전을 걸어주어야 한다. 마지막으로 엄지손가락에 힘이 들어가서는 안 된다. 나는 속구를 던질 때보다 커브볼을 던질 때 보폭을 약 2.5센티미터 정도 줄인다. 커브볼을 던질 때는 타자를 향해 공을 던지는 것이 아니라 마치 공을 아래로 잡아 끌어내리듯이, 공을 땅으로 집어 던지는 듯한 느낌으로 던져야 한다. 이런 투구 동작을 통해 공은 투수가 의도한 궤도를 따라 날아가게 된다.

스크루볼

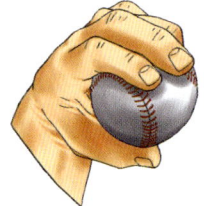

○ **스크루볼**: 공을 릴리스 할 때 손바닥이 바깥쪽을 향하도록 던진다. 공은 오른손타자의 바깥쪽으로 휘어진다. 속도가 커브볼보다 느리다.

스크루볼을 던질 때 손목을 꺾는 방향은 커브볼과 정반대다. 커브볼을 던질 때는 손바닥이 안쪽을 향하도록 공을 쥐고 던지는 반면 스크루볼을 던질 때는 손바닥이 바깥쪽을 향하도록 공을 쥐고 던진다. 마치 스크루드라이버를 돌릴 때와 비슷한 자세다.

스크루볼의 궤도는 커브볼과 비슷하지만 스크루볼은 커브볼만큼 세게 던질 수 없기 때문에 속도가 커브볼보다 느리다. 또한 스크루볼은 바깥쪽으로 휘어진다. 스크루볼은 홈플레이트 가운데로 들어

가다 바깥쪽 구석으로 휘어져 나가기 때문에 좌완투수가 우타자를 상대할 때 즐겨 던지는 공이다.

포크볼

스플리터라고도 알려진 포크볼은 매우 흥미로운 공이다. 포크볼을 던질 때는 공을 검지와 중지 사이에 단단하게 끼우고 속구를 던지는 방식과 똑같이 공을 던진다. 손목은 12시 방향에서 6시 방향으로 똑바로 꺾는다. 공은 아래로 추락하는 듯이 회전하면서 빠른 속도로 날아간다. 이 회전 덕분에 공은 홈플레이트로 들어갈 무렵 속도가 갑자기 느려지며 제대로 던진 경우 큰 낙차로 뚝 떨어지게 된다.

◯ **포크볼**: 던질 때는 속도가 빠르지만 아래로 추락하는 듯한 회전이 걸리기 때문에 홈플레이트 부근에서 큰 낙차로 뚝 떨어진다.

슬라이더

예전에 내가 숏커브볼이라 부르던 고속슬라이더는 옆으로 휘어지는 동시에 아래쪽으로도 휘어지는 투구다. 고속슬라이더는 커브볼보다 빠르지만 속구보다는 느리다. 그리고 커브볼보다는 덜 휘어진다. 빠르기로 공을 구분한다면, 어떤 투수가 속구를 시속 145킬로미터, 커브볼을 시속 129킬로미터로 던진다고 할 때 슬라이더의 속도는 시속 138~140킬로미터 정도가 될 것이다. 슬라이더는 강하게 던질수록 더 짧고 빨리 휘어진다. 공을 쥐는 방식은 커브볼과 속구의 중간쯤으로 생각하면 된다.

◯ **슬라이더**: 집게손가락으로 공을 놓는 동작으로 공에 역회전과 사이드스핀이 걸리게 된다. 이 회전으로 공은 옆으로 휘어지는 동시에 아래로도 휘어진다.

슬라이더를 던질 때 가운뎃손가락으로 공을 놓는 선수들도 있지만, 내 경우 집게손가락으로 공을 놓는다. 공에 역회전과 사이드스핀을 걸어주기 위해 나는 공에 스냅을 주면서 마치 공의 표면을 쓱 닦아주는 기분으로 던진다.

다른 변형구

요즘에는 슬러브를 던지는 투수들이 많다. 슬러브는 커브볼을 던지듯이 던지는 슬라이더로, 아래로 휘어지지 않고 옆으로 크게 휘어진다. 나는 이 슬러브가 그저 엉성한 슬라이더가 아닌가 생각한다. 슬러브는 원래 슬라이더가 휘어지는 정도보다 더 크게 휘어진다. 나는 예전보다 투수들이 홈런을 훨씬 많이 얻어맞는 이유 중 하나가 바로 이 슬러브라고 생각한다. 예전 뉴욕 메츠의 톰 시버Tom Seaver 같은 투수들은 슬라이더를 던질 수 있었다. 하지만 요즘 투수들은 이런 슬라이더를 컷 패스트볼이라 부를 것이다. 진정한 슬라이더는 늦게 휘어져 8~10센티미터 정도 움직인다. 그야말로 미끄러져 나가는 듯 보인다. 진정한 슬라이더는 좀 더 힘 있는 투구에 가깝지만, 요즘의 투수들은 슬라이더를 변화구나 체인지업에 가깝게 사용한다.

내가 던졌던 투구 중에서 가장 기분 좋은 기억으로 남아 있는 공이 바로 슬라이더이다. 1960년대 말에 벌어졌던 시합에서 나는 진정한 고속슬라이더라고 할 만한 공을 스트라이크존 바깥쪽으로 낮게 던져 레드삭스의 강타자 칼 야스트렘스키를 삼진으로 잡고 잔루 상태에서 시합을 끝냈다. 칼을 삼진으로 잡는다는 것은 상당히 어려운 일이었다. 지금도 그 공이 휘어지던 모습이 똑똑히 기억난다. 1965년 미네소타 트윈스에서 뛰고 있을 당시 나는 똑같은 공을 돈 지머Don Zimmer 에게 던져, 워싱턴 세네터스를 상대로 우승기를 차지하기 위한 마지막 아웃을 잡아냈다. 투수는 공이 손을 떠나는 순간 이 공이 제대로 휘어지게 될지 아니면 살짝 미끄러지게 될지 느낌으로 알기 마련이다. 두 번 모두 공이 아주 깔끔하게 손에서 나갔던 것으로 기억한다.

그리고 두 공 모두 같은 지점에서 휘어졌다. 나는 그 모습을 아직도 생생히 기억한다. 야스트렘스키와 짐 또한 기억할지 궁금할 뿐이다.

커브볼의 물리학
—피터 브랭카지오

수많은 과학자들은 오랫동안 커브볼이 단지 시각적인 착각에 불과하다고 생각해 왔다. 이제 곧 살펴보겠지만 그 생각은 틀렸다. 실제로 물리학자들은 아이작 뉴턴까지 거슬러 올라갈 만큼 오래전부터 회전하는 구체가 비행 중에 휘어진다는 사실을 알고 있었다. 뉴턴은 1671년 이 주제로 논문을 집필했고, 1852년 독일의 물리학자 구스타프 마그누스는 실험을 통해 유체 내에서 운동하는 물체가 회전할 때 이 물체에는 측면 방향으로 힘이 작용한다는 사실을 증명했다. 현재 마그누스 효과라고 알려진 이 힘은 회전하는 공의 비행 궤도가 휘어지는 현상을 일으키는 기본 법칙이다.

마그누스 효과
마그누스 효과의 이론은 공기역학에서 비교적 단순하게 정리된다. 공기 중에서 움직이는 물체의 표면은 경계층이라 알려진 얇은 공기층과 상호작용한다. 공기역학적으로 아주 불리한 형태인 구체의 경우 경계층의 공기는 구체의 표면에서 벗겨져 나가면서 '후류', 구체의 뒤로 생기는 저기압을 형성한다. 그 결과 공의 앞뒤 압력차에 의해 공을 뒤로 끌어당기는 힘이 발생하며 이 힘이 작용한 결과 앞으로 나아가는 공의 속도가 느려진다. 이것이 흔히 말하는 공기저항으로, 공기 중에서 움직이는 물체에 적용되는 힘이다. 이때 공기 중에 움직이는 구체가 회전하는 경우에는 경계층이 분리되는 지점이 달라진다. 기류를 거스르며 회전하는 표면에서는 경계층이 기류의 위쪽에서 분리되며, 기류를 타면서 회전하는 표면에서는 경계층이 기류의 아래쪽에서 분리된다. 그 결과 공 주위로 흐르는 기류는 살짝 옆으로 휘어지며 공 뒤로 비대칭적인 후류를 형성한다. 이런 현상에 의해 공의 양 옆으로 압력차가 발생해 그 결과 공을 옆으로 밀어내는 측면 방향의 힘이 생성된다. 이 측면 방향의 힘, 공의 궤도에 직각으로 작용하는 힘을 마그누스 힘이라 한다.

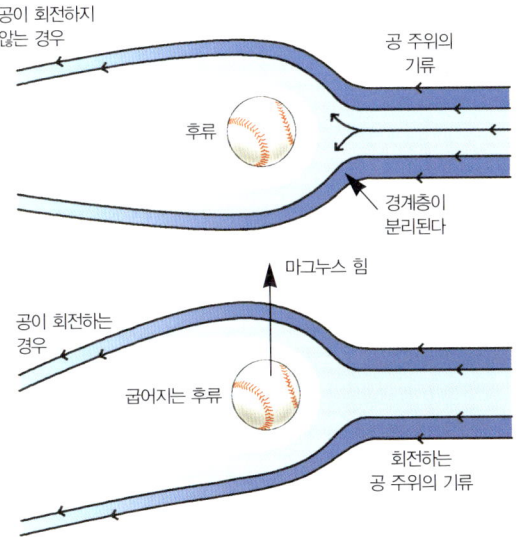

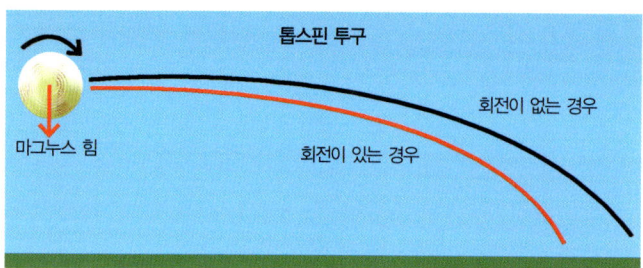

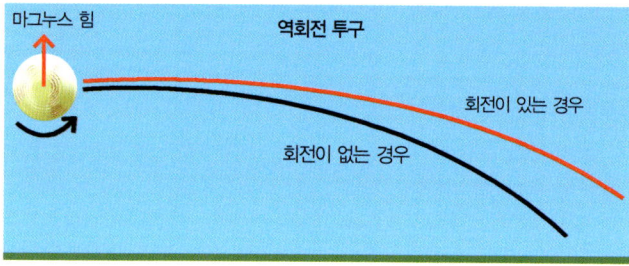

마그누스 힘

마그누스 힘의 크기는 공의 회전속도와 공이 앞으로 나아가는 속도에 정비례한다. 공이 앞으로 나아가는 속도가 빠를수록 마그누스 힘도 커진다. 또한 공기의 밀도와도 비례하기 때문에 고도가 높아 공기의 밀도가 낮은 곳에서는 공이 덜 휘어지게 된다. 그러므로 덴버처럼 고도가 높은 도시는 타자에게 유리하다. 야구공의 실밥 또한 마그누스 힘을 증대시키는 데 도움이 된다. 실밥으로 인해 경계층의 두께가 두꺼워질 뿐만 아니라 투수가 실밥에 손가락을 걸어 공에 좀 더 빠른 회전을 줄 수 있기 때문이다. 그러나 공이 휘어지기 위해서 실밥이 반드시 필요한 것은 아니다. 탁구공처럼 매끄러운 표면의 공도 회전을 충분히 걸어주기만 한다면 휘어질 수 있다.

반면 마그누스 힘이 작용하는 방향은 오직 공의 회전방향에 따라 결정된다. 그림과 같이 마그누스 힘은 항상 공의 진행 방향과 반대로 회전하고 있는 공의 표면이 가리키는 방향으로 작용한다. 즉 마그누스 힘은 공 앞면이 회전하여 움직이는 방향으로 작용한다는 뜻이다.

공의 방향

투수는 공의 회전방향을 조절하여 마그누스 힘을 왼쪽, 오른쪽, 위쪽, 아래쪽 등 어느 방향으로도 적용시킬 수 있다. 이를테면 오른손으로 공을 던지는 투수의 경우에는 오른손 손목이 자연스럽게 시계방향으로 회전하면서 공을 왼쪽으로(투수의 시점에서) 휘어지게 하는 마그누스 힘이 생성된다. 이런 공은 오른손잡이 투수의 바깥쪽으로 휘어지게 된다. 똑같은 공을 스리쿼터동작(오버핸드스로와 사이드암스로의 중간 위치에서 던지는 투구 동작—옮긴이)으로 던지면 공은 타자의 바깥쪽 아래 방향으로 휘어지게 된다. 반대로 왼손잡이 투수가 자연스럽게 손목을 회전시키며(반시계방향으로) 던지는 공은 왼쪽에서 오른쪽으로 휘어지며 우타자의 경우 몸쪽으로, 좌타자의 경우 바깥쪽으로 들어가게 된다. 오른손 투수가 스크루볼이라 알려진 이 투구 동작을 흉내내려 한다면 손목을 반시계방향으로 꺾으며 공을 던져야 한다. 이것은 오른손 투수가 하기에는 부자연스럽고 불편한 동작으로 무리해서 하다가는 팔꿈치 부상이 생길 수도 있다. 야구에서 사용되는 전략의 대다수는 오른손잡이 투수와 왼손잡이 투수가 서로 다른 투구를 한다는 사실에 기반을 두고 있다. 사람의 손목은 구조적으로 한쪽 방향으로만 꺾이도록 되어 있기 때문이다.

한편 투수는 공을 수직면 상에서 휘어지도록 만들 수도 있다. 어떤 식으로 던지는 공이든 실제로 투수의 손을 떠난 공은 중력의 작용으로 인해 자연스럽게 곡선을 그리며 아래로 떨어지게 된다. 그러나 투수는 회전의 방향을 조절하여 공이 휘어지는 정도를 증가시킬 수도, 감소시킬 수도 있다. 이를테면 공에 톱스핀을 걸어주면 마그누스 힘이 아래 방향으로 작용하여 좀 더 큰 낙차로 떨어질 것이고, 역회전을 걸어 공을 던지면 마그누스 힘이 위 방향으로 작용하여 회전이 없는 공보다 적은 낙차로 떨어질 것이다. 공에 역회전을 걸면 흔히 라이징 패스트볼이라 부르는 투구를 던질 수 있다. 그러나 공기역학의 법칙에 따르면 야구공이 타자에게 다가올 무렵 궤도상에서 실제로 떠오르기 위해서는(즉 위쪽으로 휘어지기 위해서는) 공에 작용하는 마그누스 힘이 공에 작용하는 중력(공의 무게)보다 커야 한다. 인간의 힘으로는 불가능한 라이징 패스트볼에 대해서는 80쪽의 '라이징 패스트볼의 전설'에서 과학적으로 분석하고 있다.

이만하면 커브볼이 시각적 착각이라고 주

장하는 과학자가 없을 것이라고 생각할지도 모른다. 그러나 라이징 패스트볼의 경우와 마찬가지로 과학자들은 커브볼의 날카로운 낙차가 눈의 착각이라고 주장한다. 수많은 타자들은 잘 던진 오버핸드 커브볼은 날카롭게 휘어져서 마치 탁자에서 뚝 떨어지는 것처럼 보인다고 말한다. 그러나 공기역학의 법칙에 따르면 날아가는 공에 작용하는 마그누스 힘이 갑자기 증가하는 일은 일어나지 않는다. 만일 타자들의 주장대로 공의 곡률이 갑작스럽게 변하기 위해서는 마그누스 힘이 갑자기 증가해야만 할 것이다. 하지만 마그누스 힘은 오히려 공의 속도와 회전속도가 감소함에 따라 조금씩 감소한다. 타자가 공의 궤도를 착각하는 이유는 날아오는 공을 인식하는 방법과 관련이 있다. 공의 각운동, 즉 타자의 시야에서 일어나는 공의 움직임은 처음에는 비교적 느리게 보이다가 공이 다가오면서 빨라지는 듯 보인다. 실제로 각운동이 너무나 빨리 일어나기 때문에 어떤 타자도 공을 볼 수 있을 만큼 머리를 빨리 움직일 수 없다. 제대로 회전하는 커브볼에서 각운동의 변화는 공이 타자에게 다가올수록 더 크게 나타난다. 그 결과 자연스러운 곡률이 한층 확대되어 보이고 공이 날카롭게 뚝 떨어지는 듯한 착각이 일어난다.

신비의 투구 —다빈 코번

이 신비의 구종을 둘러싼 이야기는 일본의 연구소에서 탄생한 이후 인터넷을 통해 세상에 알려지며 야구계의 새로운 전설로 떠오르고 있다. 사람들은 이 신비의 구종을 자이로볼(gyroball)이라 부른다. 일본에서의 이름을 그대로 번역한다면 아마도 마구 자이로볼이 될 것이다. 자이로볼은 거의 40년 만에 처음으로 탄생한 새로운 구종일 수도 있고 완벽한 사기일 수도 있다.

5년 전 컴퓨터학자인 류타로 히메노는 슈퍼컴퓨터를 시험하는 일환으로 야구공 주위에 흐르는 기류의 유체역학을 모형화하는 작업을 하고 있었다. 이미 존재하는 투구를 분석하는 중에 히메노는 전에 없던

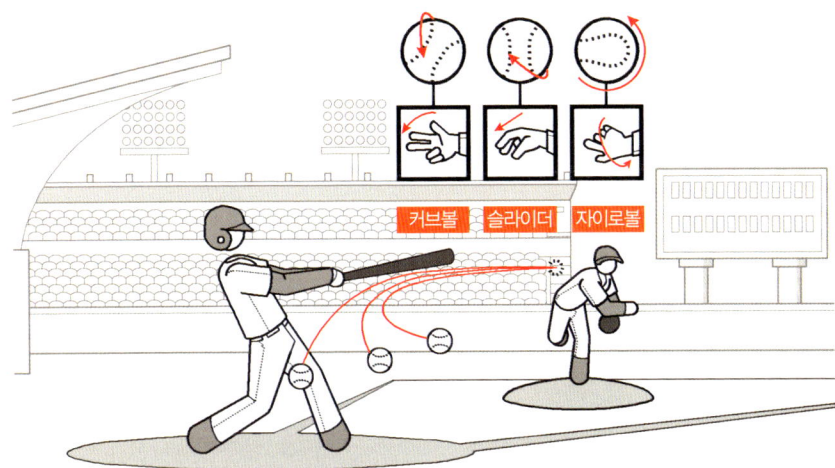

○ 이론상으로 자이로볼은 공에 반시계방향(타자 쪽에서 볼 때)의 회전을 전달하기 위해 공을 비틀면서 던져야 한다. 그 결과 공은 다른 구종에 비해 아래로 떨어지지 않고 수평으로 휘어진다.

이상한 투구를 발견했다. 앞으로 날아가면서 시계방향으로 회전하는 이 가상의 투구는 갑작스레 휘어진다는 점에서는 슬라이더와 비슷하지만 가라앉지 않는다는 점이 달랐다. 히메노는 도쿄와 오사카에서 야구 트레이닝 센터를 운영하는 데즈카 카즈에게 의견을 물었고 두 사람은 이 투구의 역학을 분석했다.

그 후 두 사람이 공동으로 집필한 책에 자세하게 설명된 것처럼 자이로볼을 던지기 위해서는 공을 릴리스할 때 손가락을 복잡하게 회전시켜야 하며 투구의 마지막 순간 엄지손가락이 아래쪽을 향하고 있어야 한다. 제대로 던진 경우 이 투구는 타자에게 다가서면서 중력을 무시하듯 수평으로 휘어진다.

새로운 투구의 이론을 세우는 것과 그 투구를 실제로 던지는 것은 별개의 문제다. 일본의 천재 투수라 불리며 2007년 3월 월드 베이스볼 클래식에서 일본팀을 이끌었던 마쓰자카 다이스케(松坂大輔)는 자이로볼을 던진 적이 있다고 말했다. 마쓰자카 선수는 야후 스포츠와의 인터뷰에서 이렇게 말했다. "시합 중에 자이로볼을 던진 적이 있다. 자주 던지지는 않는다. 이따금 뜻하지 않게 던진 적도 있다." 자이로볼 이론가들은 공을 던지는 마쓰자카의 슬로모션 비디오를 근거로 자이로볼이 실제로 존재한다고 주장한다. 또한 투구의 마무리 동작에서 엄지손가락이 아래로 향해 있는 마쓰자카 선수의 사진을 추가적인 근거로 내세운다.

일본에서 정보처리통신 응용연구소를 운영하는 히메노는 2006년 마쓰자카 선수가 자이로볼을 던지는 유일한 투수가 아니라고 말했다. "나는 일본이나 미국에서 활약하는 투수들을 잘 알지 못한다. 하지만 적어도 마쓰자카 선수(현재 클리블랜드 인디언스)와 와타나베 순스케 선수(지바의 롯데 마린스)는 자이로볼을 던진다."

그러나 자이로볼을 둘러싼 근거들은 모두 주관적이다. 한 투수 코치는 《파퓰러 메카닉스》에 비디오테이프 하나를 보냈다. 그 비디오테이프에는 인디애나주의 고등학생 선수인 조이 니저(Joey Niezer)가 《베이스볼 프로스펙터스Baseball Prospectus》의 저자 윌 캐롤(Will Carrol)의 지도를 받아 자이로볼이라 생각되는 투구를 던지는 모습이 담겨 있었다. "야구공을 미식축구공을 던지듯이 던지라고 했다. 귀 뒤쪽으로 넘겼다가 공을 놓는 순간 손가락으로 공을 밀어내듯이 던지라고." 니저는 이따금 이 투구를 던졌다. 올덴버그 아카데미에서 니저를 가르치는 투수코치 윌리엄 버크(William Burke)는 이 투구가 "실제로 수평으로 강하게 휘어지며 날아갔다. 사람들이 12-6 커브볼(낙차가 매우 크고 가로 움직임이 없어 12시 방향에서 6시 방향으로 뚝 떨어진다고 해서 12-6 커브볼이라 불린다−옮긴이)에 대해서 말하는데, 이 투구는 9-3커브볼이라 할 만하다. 게다가 이 공은 손목을 꺾으며 고속 슬라이더를 던지는 것보다 상대적으로 쉽게 던질 수 있다."고 말한다.

니저는 이제 더 이상 자이로볼을 던지지 않는다. 그리고 워배시대학에서 니저를 가르치는 코리 스티븐스(Cory Stevens) 코치는 자이로볼을 던지는 모습을 담은 비디오테이프를 여러 번 본 다음에도 자이로볼의 존재를 인정하지 않았다. 스티븐스는 말했다. "비디오에서 조이가 던진 투구는 커브볼처럼 보이고, 일본 선수가 던진 투구는 슬라이더처럼 보인다."

물론 히메노의 의견은 다르다. "일부 종류의 슬라이더나 컷 패스트볼은 자이로볼의 변형구라고 할 수 있다. 그런 의미에서는 실제로 자이로볼을 던지는 선수가 많다고 할 수 있다."

🟢 보스턴 레드삭스의 투수이자 월드 베이스볼 클래식의 MVP인 마쓰자카 다이스케 선수는 자신이 자이로볼을 던진다고 말한다.

1949년의 투구

● Aubrey O. Cookman Jr. 오브리 쿡맨 주니어

야구는 다른 스포츠와는 다르게 오랜 역사의 무게를 짊어지고 있는 스포츠다. 맨틀과 메이즈, 코펙스를 비롯한 수많은 선수의 이름은 전설이 되었다. 그러나 선수의 이름은 달라졌을지 몰라도 1940년대 투수들(세 명만 꼽으면 칼 허벨와 얼리 윈, 밥 펠러가 있다)이 사용하던 기술은 오늘날에도 친숙하게 다가온다. 이 점은 1949년 《파퓰러 메카닉스》에 게재되었던 이 기사에서 다시 한번 확인할 수 있다.

○ 메이저리그 개인통산 207승을 기록하며 1940년대와 1950년대 클리블랜드의 우완투수로 활약했던 밥 레몬

빅 리그에서 뛰는 투수가 되기 위해서는 무엇이 필요한가? 투수를 관찰하기에 가장 좋은 자리에 있는 전문가들(월드시리즈에서 우승한 클리블랜드 인디언스의 포수 짐 헤건을 비롯해)은 구속과 제구력이 가장 중요한 요소라고 말한다. 야구에서 뛰어난 투수로 인정받는 선수들은 키와 체격, 기질이 서로 다르고 자신이 특기로 하는 구종도 다르지만 모두 평균보다 빠른 구속과 뛰어난 제구력을 지닌다는 공통점이 있다.

제구력 익히기

짐 해건Jim Hegan은 이제껏 존재했던 최고의 팀이라고 불리는 클래블랜드에서 포수를 맡고 있기 때문에 스타 투수들이 어떻게 시합을 꾸려 나가는지 알고 있다. 클리블랜드의 투수인 밥 레몬Bob Lemon과 진 비어든Gene Bearden은 지난 시즌 각각 20승씩을 기록했다. 그리고 야구 역사상 최고의 투수 중 한 명인 밥 펠러Bob Feller는 메이저리그에서 통산 200승을 눈앞에 두고 있으며, 2000개가 넘는 삼진 기록을 보유하고 있다. 공인 속도계에 따르면 펠러가 던지는 속구의 속도는 시속 160킬로미터로 측정된다. 타자는 공이 마운드에서 홈플레이트까지 18.44미터 거리를 돌진해 들어오는 데 채 1초도 되지 않는 시간 안에 야구배트를 휘두를지 말지를 결정해야 한다. 그러나 이토록 천부적으로 빠른 구속에도 펠러가 스타 선수의 반열에 오른 것은 제구력을 다듬은 후의 일이다.

투수들은 제구력을 키우기 위해 어릴 때부터 움직이지 않는 표적을 정해놓고 몇 시간씩 표적에 공을 던지면서 기초를 쌓는다. 담장의 구멍에 돌이나 공을 던지며 연습하는 선수도 있고 캔버스천이나 장대를 이용하여 너비가 43센티미터이고 높이가 97~99센티미터인, 즉 평균 체격을 한 타자의 스트라이크존 크기의 모형을 만들어 훈련하는 선수도 있다.

단순하게 표현해서 투구 기술이란 타자가 가장 예측하기 어려운 곳이나 바라지 않는 곳에 일관성 있게 공을 던지는 능력이다. 여기에서는 투수의 경기력을 가장 잘 지켜볼 수 있는 자리, 즉 홈플레이트 바로 뒤 포수의 자리에 앉은 짐 해건의 눈을 따라 승리 투수를 탄생시키는 요건이 무엇인지 자세하게 살펴보려 한다.

구종을 누설하다

빅 리그에서 뛰는 뛰어난 선수들의 날카로운 눈을 속이기 위해서는 언제 어디서나 A급의 연기가 필요하다. 투수와 타자의 끝없는 머리싸움에서 투수는 타자에게 자신이 어떤 공을 던지려고 하는지 단서를 흘려서는 안 된다. 코치와 상대 타자들은 끊임없이 투수를 감시하면서 무심결에 흘러나오는 단서들을 찾는다. 신인 선수의 경우 이따금 자신이 의식하지 못하는 사이에 나오는 작은 버릇 때문에 의도가 들통나는 경우도 있다. 필라델피아 어슬레틱스의 조지 언쇼_{George Earnshaw}는 신인 시절 포수가 커브볼 사인을 보낼 때마다 마운드 주위의 흙을 발가락으로 질질 끄는 버릇이 있었다. 속구 사인을 받았을 때는 그러지 않았다. 이 버릇을 고치기 전까지 어떤 공을 던질지 타자에게 알려주는 것이나 마찬가지였다.

스핏볼로 유명한 시카고 화이트삭스의 어번 '레드' 파버_{Urban 'Red' Faber}는 자신이 가장 자신 있는 구종을 던지는 시늉을 하며 타자를 속이려 했다. 그러나 너무 과장된 몸짓으로 공에 침을 묻히는 준비동작을 하거나 일부러 과장해서 얼굴을 찌푸리는 바람에 이를 알아챈 타자들은 이번 공은 파버의 위험한 스핏볼이 아니라는 사실을 알 수 있었다. 베이브 루스는 젊은 시절 투수로 활약했던 시기에 커브볼을 던지기 위한 준비동작을 할 때마다 무심결에 혀를 내밀었다. 다른

◐ 디지 딘은 '개스하우스 갱'으로 이름을 떨쳤던 1934년 세인트루이스 카디널스의 주장으로 사람들의 기억에 가장 잘 남아 있다. 그해에 디지 딘은 30승7패를 기록했다.

투수들 역시 특정한 공을 던지기 전에 와인드업을 하는 동안 어깨를 으쓱 끌어올리거나 손목을 눈에 띄게 구부리거나 하는 등의 버릇 때문에 자신도 모르게 상대 타자에게 자신이 무슨 공을 던지려고 하는지 단서를 흘린다.

감독과 코치들은 신경을 곤두세우고 투수들을 관찰하여 이런 잘못된 버릇을 찾아내서 고치려고 한다. 이따금 연기력이 뛰어난 투수들은 자신의 '누설 버릇'을 이용하여 상대 타자를 역으로 속이기도 한다. 디지 딘Dizzy Dean은 특정한 공을 던지기 전의 준비동작을 일부러 상대 타자가 '눈치채도록' 만들었다. 몇 차례 상대 타자의 예상에 맞추어 어떤 준비동작 다음에는 특정한 공을 던진다는 사실을 보여주면서 타자의 확신을 이끌어낸 다음 시합의 결정적인 순간이 오면 막판에 전혀 다른 구종으로 바꾸어 타자를 배신하는 것이다.

코치들은 어린 선수들에게 모든 투구를 같은 동작으로 던지라고 가르친다. 보통 사이드암과 오버핸드의 중간쯤인 스리쿼터 방식이 일반적이다. 몇 가지 특정한 구종을 제외하면 핑거링, 즉 야구공을 쥐는 법은 모든 투구에 있어 기본적으로 똑같다. 영리한 투수라면 글러브를 낀 손 안에 공을 쥔 손을 감출 것이다. 모든 투구의 75퍼센트는 집게손가락과 가운뎃손가락은 공 위쪽, 엄지손가락은 공 아래쪽에 두고 나머지 손가락 두 개는 손바닥 안쪽으로 접은 상태로 공을 쥐고 던진다. 대부분의 전문가들은 제구력을 높이기 위해서는 실밥에 손가락을 겹쳐주기보다 실밥에 손가락을 가로질러 쥐는 법이 좋다고 말한다.

투구의 종류

속구는 커브볼과는 다른 방식으로 날아간다. 공을 손에서 놓는 방식이 다르기 때문이다. 속구는 손목을 아래쪽으로 꺾으면서 던지는데, 설사 타자가 투수의 공을 놓는 방식을 보고 어떤 공이 날아올지를 알아차렸다 해도 그에 대응할 시간이 없다. 야구 식으로 표현했을 때 공끝이 '살아 있는' 공은 타자에게 다가가는 순간 위로 떠오르는 것처럼 보인다. 홈플레이트에 일직선으로, 낙차 없이 수평으로 들어오는 공은 속도가 빠르다 해도 치기 쉽고 맞았을 때 변화구보다 더 멀리 날아간다.

커브볼은 공을 쥐는 방식은 속구와 똑같지만 던지는 순간 손목을 바깥쪽으로 꺾으면서 던진다는 점이 다르다. 그러므로 커브볼을 던지면 투구의 마무리 동작에서 손등이 홈플레이트 방향으로 향하게 된다. 커브볼은 집게손가락과 가운뎃손가락 끝에서 굴러나간다. 제대로 된 커브볼을 던지는 투수들은 대부분 공을 던지기 직전 가운뎃손가락으로는 공을 누르고 집게손가락은 단지 공의 길을 잡는 역할로만 사용한다. 커브볼을 휘어지게 하려면 반드시 회전을 걸어주어야 한다.

'체인지업'이라 불리는 느린 투구를 던질 때 속구나 커브볼 같은 방식으로 공을 쥐고 던지는 투수들도 있다. 다른 점이라면 공을 놓는 순간 집게손가락과 가운뎃손가락을 들어올린다는 것이다. 공을 놓는 마지막 순간 손목을 꺾는 방식을 제외하는 속구와 완전히 똑같은 방식으로 체인지업을 던지는 투수들은 타자의 타격 타이밍을 제대로 흔들어놓을 수 있다.

오늘날 야구에서 가장 날카롭게 구속이 변하는 투구는 피츠버그

○ 칼 허벨은 파괴적인 위력의 스크루볼로 1930년대의 다섯 해 동안 뉴욕 자이언츠에 세 차례 우승기를 가져다주었다.

의 립 슈웰Rip Sewell이 던지는 '블루퍼볼'이다. 블루퍼볼은 그야말로 느릿하게 홈플레이트로 들어가기 때문에 타자가 야구공의 실밥을 눈으로 볼 수 있을 정도다. 블루퍼볼은 3.7~4.6미터 정도 높이에서 크게 호를 그리면서 타자에게 떨어진다. 립은 이 구종을 아주 가끔씩만 던지기 때문에 타자들은 공을 제대로 맞추기 위한 타격 타이밍을 잡기 어려워한다.

여러 변형 구종에서 가장 효과적인 것은 너클볼이다. 클리블랜드 감독인 루 부드로Lou Boudreau는 팀의 에이스 투수인 비어든이 던지는 공 중 이 너클볼이 가장 알 수 없는 투구라고 말한다. 비어든은 너클볼을 검지와 중지, 약지의 손톱으로 쥐고 던진다. 너클볼은 실제로 회전이 전혀 걸리지 않은 채 아래로 휘어지며 홈플레이트로 들어온다. 한편 시카고 컵스의 더치 레너드Dutch Leonard처럼 두 손가락을 공 위쪽에 놓고 손가락의 첫번째 관절로 공을 누르면서 너클볼을 던지는 투수들도 있다.

전 뉴욕 자이언츠 좌완투수인 칼 허벨Carl Hubbell은 커브볼과 똑같이 쥐고 던지는 스크루볼을 완성시켰다. 스크루볼은 공을 놓는 마지막 순간 손목을 안쪽으로 꺾는다는 점이 커브볼과 다르다. 그러므로 스크루볼을 던진 투수의 손바닥은 투구의 마무리 동작에서 홈플레이트 쪽을 향하게 된다. 이 회전으로 인해 공은 마치 커브볼을 역전시킨 것처럼 날아간다.

또 다른 클리블랜드의 에이스 투수인 얼리 윈Early Wynn은 성가신 슬라이더를 던진다. 이 슬라이더는 커브볼과 쥐는 방식은 같지만 중심에서 살짝 벗어난 지점을 쥐고 공을 손에서 놓을 때 손목을 덜 꺾으면서 던진다는 점이 다르다. 윈의 슬라이더는 몇 센티미터 휘어지

○ 클리블랜드 인디언스의 밥 펠러는 현역으로 뛰는 18년 동안(1936~1956) 무려 2581명의 타자를 삼진으로 잡았다.

지만 커브볼과는 다르게 아래방향으로 휘어지지 않고 우타자의 바깥쪽으로 미끄러지듯이 빠져나간다.

자료의 분석

좀 더 체계적으로 공을 던지는 투수의 경우 노트를 가지고 다니면서 상대할 타자가 지닌 타격의 장점과 약점을 기록한다. 루디 요크 Rudy York(1934~1948년까지 13년이 넘게 디트로이트 타이거즈, 보스턴 레드삭스, 시카고 화이트삭스, 필라델피아 어슬레틱스에서 현역으로 활약하면서 277개의 홈런을 기록했다) 같은 타자가 홈플레이트 바깥쪽으로 꽉 차게 들어오는 투구를 좋아한다는 티를 낸다면 시합이 접전일 때 그 쪽으로 들어오는 공을 하나도 받지 못할 것이다. 투수는 타자의 약점에 대해서도 기억한다. 10년 동안 조 디마지오를 상대해 온 펠러는 이 양키스 에이스 선수를 상대로 피해를 최소화하려면 바깥쪽으로 휘어져 들어가는 낮은 공이 최선이라고 생각한다.

포수 또한 타자의 자세나 타격 자료를 분석하는 데 있어 투수의 중요한 조력자 역할을 한다. 신인 타자가 타석에 선 경우 포수의 역할은 한층 중요해진다. 타자가 홈플레이트에 바짝 붙어 선다면 포수는 배트 손잡이 쪽으로 가깝게 휘어져 들어오는 공을 주문할 것이고, 타자가 홈플레이트에서 떨어져 선다면 포수는 그 빈 자리를 공략하는 커브볼이나 속구를 주문할 것이다.

파울볼!
반칙투구와 부정 배트

이 글은 2003년 《파퓰러 메카닉스》에 게재되었다.

● 2003년 6월 3일 시카고 컵스의 새미 소사(Sammy Sosa)는 1회 때 땅볼을 치면서 부러진 배트에서 코르크가 발견되어 퇴장당했다.

● Jim Kaat 짐 카트

1987년은 야구 역사에서 부도덕한 사건으로 얼룩진 해로 기억된다. 이해에 부정한 방법으로 경기력을 높였다는 이유로 선수 세 명이 처벌을 받았다. 야구공 훼손과 부정 배트 사용을 금지하는 규칙을 어겼다는 이유였다. 공의 표면에 흠집이나 윤을 내거나 공을 적시는 등 공에 손을 대는 행위를 규제하는 규칙이 처음 규정집에 올라간 것은 1920년의 일이다.

1920년에서 1980년대까지 60년 동안 시합에서 징계를 받은 투수는 단 두 명뿐이었다. 이 숫자는 1987년 한 해 동안 징계를 받은 투수의 수와 맞먹는다. 1987년 미네소타 트윈스의 조 니크로 Joe Niekro와 필라델피아 필리스의 케빈 그로스 Kevin Gross는 야구공에 흠집을 낼 수 있는 연마제를 지닌 채 마운드에 올랐다는 이유로 각각 10일 동안의 출장정지 처분을 받았다. 그로스가 갖고 있던 것은 사포였고, 니크로의 경우는 손톱줄이었다. 그리고 1987년 9월 1일 휴스턴의 빌리 해처 Billy Hatcher는 야구배트가 부서지면서 배트에 코르크를 채워넣었다는 사실이 밝혀졌다. 해처는 강제 유급 휴가를 받았고, 휴스턴 감독은 벌금을 물었다.

1987년은 이른바 반발력이 높아졌다고들 하는 야구공을 둘러싼 논란과 함께 반칙 투구와 부정 배트 사용에 대해 그 어느 시즌보다 큰 관심이 쏟아진 해였다.

중계석에서 시합을 중계하는 입장에서, 그리고 카메라가 없는 곳에서 선수들과 이야기를 나눈 경험과 예전에 시합을 뛰어본 경험에 비추어 말하면 꾸준히 규칙을 어기는 투수나 타자의 비율은 실제로 얼마 되지 않는다고 생각한다. 한편 지난 20여 년간 야구경기에서 일어난 변화 때문에 선수들이 유리한 고지를 차지하기 위한 방법을 좀 더 열심히 찾고 있는 것은 사실이며, 그런 유혹의 기회도 많아졌다. 그 방법은 스플릿핑거 패스트볼처럼 합법적으로 인정받는 것일 수도 있고, 스플리터의 움직임을 한층 강조하기 위해 공에 무엇인가를 채워넣는 부정행위일 수도 있다.

타자에게 유리하다

체격이 갈수록 좋아지고 휘두르는 배트가 점점 가벼워지면서 타자들은 배트를 점점 공격적으로 휘두르고 있다. 또한 유효한 스트라이크존의 크기가 작아지면서 투수는 공을 배트의 두꺼운 부분에서 멀리 떼어놓기 위해 그 어느 때보다 힘겨운 시간을 보내고 있다.

아마추어 선수에서 프로 메이저리그 선수에 이르기까지 요즘 투수들이 던지는 공에는 속도가 느린 공과 변화구가 높은 비율을 차지한다. 스플릿핑거 패스트볼도 이런 구종에 속한다. 자연스럽고 공 끝이 살아 있는, 쳐볼 테면 쳐보라는 식의 속구로 타자와 승부하는 투수는 점점 줄어들고 있다. 팽팽한 접전을 이루는 7회에서 9회 사이에는 더욱 그렇다. 요즘 들어 7회에서 9회 사이에 변화구를 맞고 날아간 홈런이 시합의 승패를 결정짓는 경우가 많아졌다는 사실을 혹시 눈치채지 못했는가? 투수의 팔에 피로가 쌓일 무렵이 되면 투구의 날카로움이 사라지면서 공끝이 무뎌지기 마련이다. 스플릿핑거 패스트볼이나 스커프볼(공의 표면에 흠집을 낸 반칙구—옮긴이), 심지어 슬라이더도 마찬가지다. 물론 이런 투구가 타자의 헛스윙을 유도해 세번째 스트라이크를 잡아내는 데 큰 역할을 하는 것은 사실이다. 특히 요즘처럼 배트로 공을 맞추는 데 급급하지 않고 힘껏 배트를 휘두르려 하는 타자들이 많아질 때는 더욱 그렇다.

구장의 크기도 날이 갈수록 줄어들고 있다. 여기에 한층 높아진 기온과 습도 요소가 더해진다면, 원래는 뜬공이 될 타구가 홈런이 될 가능성은 높아진다. 툴레인대학의 기계공학자 로버트 와츠Robert Watts 박사는 시원하고 건조한 날씨와 비교하여 덥고 습한 날씨에서 공이 6.1미터 정도 더 멀리 나아간다고 말한다. 공기 밀도가 낮아진 결과 공에 작용하는 공기저항이 줄어들기 때문이다.

달라진 공

1987년 반칙 투구와 코르크를 넣은 부정 배트. 여기에 더해 좀 더 반발력이 높다는 야구공에 대한 논란이 일면서 과학연구소에서는 이에 대한 많은 가설을 세우고 연구에 착수했다. 1987년 시즌의 야구공이 1986년 시즌의 야구공보다 반발력이 높다는 것은 이미 여러 야구전문가들 사이에서 기정사실처럼 여겨졌고, 나 또한 그렇게 생각했다. 결코 타자에게 유리하다고 할 수 없는 구장에서 공이 구장 밖으로 날아가는 기적을 몇 차례 목격했기 때문이다.

그러나 시즌 중반 즈음 메이저리그는 야구공의 반발계수(공이 단단한 표면에 충돌할 때 얼마나 많이, 혹은 얼마나 적게 튀어오르는지를 나타내는 지수)가 1986년 시즌과 다르지 않다는 실험 결과를 발표했다. 공을 기계로 쏘아 초기 속도 초속 25.9미터(시속 93.3km)로 충돌시켰을 때 메이저리그 기준을 만족시키기 위해서는 반발계수가 51.5~57.8퍼센트 사이에 들어와야 한다. 공의 반발계수가 이보다 높으면 너무 잘 튀어오르는 것이고, 이보다 낮다면 투수만 좋아하게 될 공인 셈이다. 당시 실험 결과에 따르면 반발계수뿐만 아니라 야구공의 크기와 무게 또한 허용 오차범위에서 벗어나지 않았다.

1987년 시즌에 사용된 야구공의 반발력이 전과 다르지 않다면 왜 그토록 많은 공이 구장 밖으로 날아갔는지에 대한 답은 야구공과 관련된 다른 요소에서 찾을 수 있을지도 모른다. 뉴욕 쿠퍼유니언대학의 조엘 홀렌버그Joel Hollenberg 박사는 공의 실밥이 주행거리를 늘이는 데 일조했다는 가설을 세웠다. 홀렌버그 박사는 1980년대 초부터 너클볼을 불규칙하게 움직이게 만드는 공기역학적인 힘에 대해 연구해 왔다. 그의 연구에 따르면 너클볼이 옆으로 쏠리는 움직임은 공이 홈플레이트로 들어가는 동안 기류에 저항하는 공의 실밥 방향에 따라 결정된다.

1987년 홀렌버그 박사는 그 시즌에 사용된 야구공으로 1983년에 했던 실험을 재실행했고, 그 결과 공기저항력의 크기는 다르게 산출되었다. 박사는 유일한 변수가 야구공을 꿰매는 실밥일 수 있다는 가능성에 주목했다. 여러 차례 실험을 반복한 끝에 박사는 1983년 시즌에 사용된 야구공의 실밥이 좀 더 거칠게 튀어나와 있다고 설명했다. 이런 사실을 알아차린 사람은 그만이 아니었다. 이런 공은 대개 투수가 좋아하는 공이다.

메이저리그는 야구공 실밥에 대해서 그 수와 종류 외에는 달리 구체적으로 규정하고 있지 않다. 실밥이 예전보다 튀어나와 있다는 것은 야구공의 형태가 고르지 않다는 뜻이다. 즉 균일하게 둥글지도 않고, 균일하게 매끄럽지도 않다는 것이다. 전혀 뜻밖의 소리처럼 들리겠지만 홀렌버그 박사를 비롯한 과학자들은 표면이 거친 구체가 매끄러운 구체보다 공기역학적으로 한층 유리하다고 이야기한다. 이것이 바로 골프공에 336개의 옴폭 들어간 구멍이 있는 이유다. 공의 표면이 거친 경우 공 주위로 난류가 더 많이 생성되고, 이 난류는 공의 후류를 무너뜨리거나 줄이는 효과가 있다. 공 뒤로 생기는 보이지 않는 후류는 공에 공기저항력을 더하는 역할을 하기 때문에 후류가 줄어들면 공은 더 멀리 날아가게 된다.

이런 사실과 관련하여 브룩클린대학의 물리학과 교수인 피터 브랭카지오 박사는 공에 난 흠집이 공에 작용하는 공기저항을 감소시키는 효과를 일으킨다고 주장했다. 브랭카지오를 비롯한 물리학자들은 공기저항이 얼마나 감소하는지는 공의 회전속도와 흠집의 정도, 공의 회전방향에 따른 흠집의 위치에 따라 결정된다고 말한다.

현역선수로 활동하는 중에 상습적으로 규칙을 어긴다는 사실을 인정하는 선수는 찾아보기 어렵다. 게일로드 페리Gaylord Perry와 빌 '스페이스맨' 리Bill Lee는 예외적인 경우에 속하는 선수다. 현역에서 물러난 후 자백한 선수로는 화이티 포드Whitey Ford, 짐 브로스넌Jim Brosnan, 조지 밤버거George Bamberger를 비롯하여 이름만으로는 결백하게 들리는 스쿨보이 로우Schoolboy Rowe와 프리쳐 로Preacher Roe의 이름도 찾아볼 수 있다. 심지어 전직 투수로 아메리칸리그에서 현역 심판으로 활동하는 빌 쿤켈Bill Kunkel은 자신이 직접 해봤던 경험 덕분에 스핏볼을 잡아낼 수 있었다고 말하기도 했다.

스핏볼

스핏볼을 제대로 던지기 위해서 투수는 공을 쥐는 부분의 표면을 최대한 매끄럽게 만들어야 한다. 이때 투수는 실밥이 있는 부분을 쥐지 않고 가죽으로 덮인 부분을 쥐어야 한다. 스핏볼의 목표는 공을 쥐는 부분의 마찰력을 최소화하여 손에서 공이 나가는 순간 회전하지 않고 튀어나가게 만드는 것이다.

공의 표면을 매끄럽게 하는 방법에는 습식법과 건식법이 있다. 투수는 공에 침을 묻혀 적실 수 있으며 공을 조작하는 선수가 미끈거리는 느릅나무 껍질로 만든 약용 사탕을 우물거리고 있다면 침은 더 미끈거리게 된다. 좀 더 최신의 방식으로는 K-Y 젤이나 바셀린 같은 윤활제가 있으며, 비누로도 같은 효과를 얻을 수 있다. 투수들은 이런 물질을 피부나 머리카락, 유니폼에 발라두기 때문에 심판이 이런 반칙 물질을 잡아내기는 쉽지 않다.

건식 스핏볼을 준비하기 위해서는 가루로 된 물질이 필요하다. 탤컴 파우더로도 건식 스핏볼을 만들 수 있다. 나는 클리블랜드 마운드의 가늘고 고운 흙이 건식 스핏볼을 만드는 데 완벽한 재료였다는 사실을 기억한다. 투수가 마운드의 흙을 살짝 손에 묻히는 일은 신발 끈을 묶는 것만큼이나 손쉬운 일이다.

공이 젖어 있든 말라 있든 스핏볼은 속구와 같은 속도와 동작으로 던진다. 스핏볼이 다른 점은 단 하나, 공을 손에서 놓는 순간 공이 마치 꽉 쥐면 튕겨 나오는 탁구공처럼 손가락 사이에서 튕겨 나온다는 점이다. 스핏볼에는 투수가 공에 거는 회전이 없기 때문에 공기저항과 맞닥뜨린 공은 급격하게 속도를 잃고 큰 낙차로 떨어지게 된다.

스커프볼

스커프볼은 옆쪽으로, 즉 왼쪽이나 오른쪽으로 휘어진다. 방향이 어느 쪽이든 공이 휘어지는 것은 타자가 공이 어디쯤으로 들어오게 될지 판단한 다음의 일이다. 이런 공을 던지려는 투수는 공의 마찰력을 높이고 싶어 한다. 공에 난 흠집은 바로 이 마찰력을 높이는 역할을 한다.

이 투구는 속구와 같은 방식으로 쥐고, 같은 방식으로 던진다. 던지는 속도 또한 속구와 비슷하다. 투수가 속구를 쥐는 방식에 따라 공의 어느 부분에 흠집을 내야 할지가 결정된다. 공이 옆으로 휘어지기 위해서는 역회전하며 홈플레이트로 들어가는 동안 흠집이 반드시 공의 궤도와 직각 방향에 있어야만 한다.

공의 한쪽 면이 다른 쪽 면보다 거친 스커프볼이 홈플레이트로 날아가는 동안 거칠게 흠집이 난 표면 위를 흐르는 기류에서는 난류가 형성된다. 와츠를 비롯한 과학자들의 설명에 따르면 이 난류는 표면이 거친 지점에서 벗겨져 나가면서 공의 후류 방향을 표면이 매끄러운 부분으로 틀어지게 만든다. 이렇게 공 주위에 흐르는 기류의 균형이 무너지면서 기류의 방향이 틀어져 공은 흠집이 난 쪽으로 휘어진다.

흠집이 난 공이 왜 휘어지는지의 문제는 과학으로 설명할 수 있지만 공에 어떻게 흠집이 생기는지의 문제는 심판의 추궁을 받는 투수에게 영원히 풀리지 않는 수수께끼로 남아 있다. 물론 경기 중에 야구공에 흠집이 나거나 긁힌 상처가 생기는 일은 흔하다. 파울볼이 홈플레이트 뒤편 벽에 부딪치거나 땅볼이 인조 잔디 위로 구르는 경우 공에 상처가 생기기 쉽다. 이 같은 상처가 생기는 일은 투수에게 운이 좋은 일이다. 하지만 공에 인공적인 변형을 가하기 위해서는 좀 더 기발한 재주가 필요하다.

야구 유니폼에 허리띠가 있던 시절, 일부 투수들은 허리띠의 버클을 날카롭게 갈아 포수가 사인을 고심하는 동안 버클로 공에 흠집을 냈다. 신축성이 좋은 더블 니트 유니폼의 등장으로 버클이 자취를 감춘 이후에는 글러브를 낀 손의 붕대 아래에 바늘이나 압정 같은 날카로운 물건을 숨겨두는 선수도 있었다. 그리고 공을 문질러 닦는 척하면서 공에 흠집을 내는 것이다.

공에 흠집을 내는 일은 어떤 종류의 연마제로도 할 수 있다. 뉴욕 양키스의 투수 화이티 포드는 나무 깎는 줄을 만드는 재질의 반지를 끼고 시합에 나갔다고 말한 적이 있다. 사포나 은사포, 손톱줄 등 철물점이나 손톱 관리 전문점에서 볼 법한 물건들이 마운드에 올랐다. 스커프볼을 만들려면 공 표면을 25센트 동전 크기만큼만 거칠게 갈아주면 된다.

덧붙여 말하자면 공의 방향을 휘어지게 하기 위해 꼭 야구공에 상처나 흠집을 낼 필요는 없다. 공 한쪽 면에 진흙 얼룩을 묻히기만 해도 흠집을 낸 공과 같은 공기역학적 효과를 일으킬 수 있다. 그리고 공을 조작하는 선수가 꼭 투수라는 법도 없다. 포드 선수의 유명한 진흙공은 실제로는 포수인 엘스턴 하워드 Elston Howard 의 도움으로 만들어졌고, 포수들은 자신의 정강이 보호대에 공을 긁어 상처를 내기도 한다. 1960년대 다저스의 한 내야수는 내야에서 공을 주고받는 사이에 투수를 위해 공에 흠집을 냈다는 혐의를 받기도 했다.

코르크를 채워넣은 야구배트

투수의 무기에 합법적인 투구는 물론 반칙 투구가 있다는 것을 알았으니 타자들이 이른바 코르크를 채워넣은 배트를 사용하는 것은 정당방위라고 생각할지도 모른다.

나는 타자들이 투수가 공을 조작할 가능성에 대비해 일부러 코르크를 채워넣는다고 생각하지는 않는다. 타자가 배트에 코르크를 넣는 것은 경기력을 높이거나 기록을 달성하기 위한, 혹은 자신의 문제를 해결하기 위한 방도일 뿐이다. 트랙 파워라고도 하는 TP(track power: 펜스 근처까지 타구를 날릴 수 있지만 정작 펜스를 넘겨 홈런을 치기에는 역부족인 능력—옮긴이)를 지닌 선수, 다시 말해 워닝 트랙(warning track: 외야수가 공을 쫓다가 펜스에 부딪치는 사고를 막기 위해 펜스 앞 외야 바닥을 다르게 표시한 구역—옮긴이)으로 뜬공을 날려보낼 수 있는 선수들이 코르크를 넣은 배트를 사용하면 홈런 기록을 몇 개 더 추가할 수 있기 때문이다.

이것이 코르크를 넣은 배트를 사용하는 이유다. 나는 코르크를 넣은 배트를 사용하는 일이 널리 퍼져 있다고 생각하지 않는다. 내가 아는 메이저리그 선수 중에 코르크를 넣은 배트를 사용했다고 솔직하게 털어놓은 선수는 지금은 고인이 된 놈 캐시Norm Cash가 유일하다. 캐시는 1961년 디트로이트 타이거즈에서 활약할 당시 코르크를 넣은 배트를 사용했다고 했다. 그해 캐시는 타율 3할6푼1리와 홈런 41개로 아메리칸리그의 타격왕 자리를 차지했다.

부정 배트를 만드는 데는 수많은 방식이 존재한다. 만드는 방법은 배트를 어떻게 채워넣는가와 어떤 목적으로 만드는가에 따라 달라진다. 목공예적 관점에서 부정 배트를 만드는 방법은 여러 가지이지만 기본적인 방법은 다음과 같다.

배트의 불룩한 원통 끝부분에 배트 지름보다 2.5~3.8센티미터 작은 원을 그리고 그 부분을 30센티미터 정도 깊이로 파낸다. 나무를 파낸 구멍 안에 코르크(목공에서 사용하는 장부촉, 비드, 둘둘 만 천)를 채워넣는다. 혹은 구멍에 딱 맞게 들어가는, 우리가 흔히 얌체공이라 부르는 탄성이 좋은 고무공을 채워넣을 수도 있다. 마지막으로 나뭇결을 맞추어 구멍의 입구를 막고 배트 끝에 색을 칠해 구멍이 보이지 않도록 마무리한다.

그렇다면 왜 타자들은 배트에 다른 물질을 채워넣는 것인가? 그 이유 중 하나는 배트를 가볍게 만들어 타격 속도, 즉 배트가 공을 때리는 힘을 증가시키기 위해서다. 또 다른 이유는 배트를 더 쉽게 조절하기 위해서다. 힘을 들이지 않고도 자유자재로 휘두를 수 있다면 스윙을 하기 전에 투구를 판단할 몇 분의 1초를 벌 수 있기 때문이다.

어떤 선수들은 코르크나 고무 채움재를 넣으면 배트의 탄성이 한층 커지게 되어 배트를 맞은 공이 더 잘 튕겨나가게 된다고 생각한다. 하지만 과학적인 관점에서 살펴보면 그렇지도 않다.

부정 배트가 공을 더 멀리 쳐내는 이유는 배트의 탄성 때문이 아니라 가벼운 무게 때문이다. 브랭카지오를 비롯한 물리학자들의 설명에 따르면 배트와 공이 충돌할 때 배트는 형태가 거의 변형되지 않거나 설사 변형되어도 100분의 몇 센티미터 정도에 불과하다. 한편 배트와 충돌한 공은 3~5센티미터 정도가 변형되어 거의 반구가 될 만큼 찌그러든다. 그러므로 배트에 넣은 채움재가 무엇이든 간에 나무보다 가볍기만 하면 상관없다. 브랭카지오의 설명에 따르면 코르크는 밀도가 나무의 3분의 1밖에 되지 않는다. 반면 고무공은 거의 무게를 줄여주지 않는다. 무언가 스티로폼처럼 가벼운 물질이기만 하면 효과가 있을 것이다. 실제로 가장 효과가 있는 것은 속이 비어 있는 배트이다. 속이 빈 배트로 공을 쳐도 배트를 부러뜨리지 않을 수 있고, 바로 옆의 포수와 심판의 귀를 속일 수 있는 자신이 있다면 속이 빈 배트가 가장 좋다. 실제로 브랭카지오는 요즘 새로 나온, 배트 끝부분이 2.5센티미터 정도 움푹 패여 들어간 찻종 모양의 배트가 배트 몸통 깊숙이 몇 세제곱센티미터를 파낸 배트와 타격 속도를 끌어올리는 관점에서는 똑같은 효과를 보인다고 말한다. 찻종 모양 배트의 경우 배트 손잡이의 회전점에서 가장 멀리 떨어진 지점에서 무게가 줄어들기 때문에 타자가 배트를 휘두르기 시작하는 순간의 관성모멘트가 낮아진다.

이런 부정 배트의 사용으로 최종 점수판의 결과는 어떻게 달라지는가? 툴레인대학 연구소의 와츠 박사는 907그램 무게의 배트를 사용하는 경우 시속 113킬로미터의 타격 속도를 낼 수 있다고 계산한다. 배트의 무게가 170그램 줄어든다면 타격 속도는 2.5퍼센트 증가하여 시속 116킬로미터까지 올라간다. 와츠의 분석에 따르면 타격 속도가 이만큼 증가하게 되면 배트와 충돌한 공의 주행 거리는 4.6~6.1미터만큼 늘어나게 된다.

타구의 역회전

한편 와츠의 연구소에서는 배트에 코르크를 넣는 것이 무색해질 정도로 중요한 사실을 밝혀냈다. 공을 멀리 쳐내는 데 있어 역회전의 역할에 대한 사실이다.

공의 실밥이 아래에서 위로 올라오면서 기류를 타거나 거스르도록 공이 회전하는 경우 공에 역회전이 걸렸다고 말한다. 역회전이 걸린 공은 양력(유체 속의 물체가 수직 방향으로 받는 힘. 비행기가 뜨는 힘이기도 하다―옮긴이)을 받는다. 공의 회전속도가 빨라질수록 공에 작용하는 양력도 커진다.

타구에 역회전을 걸기 위해서는 배트로 공의 아래쪽을 깎아 치면 된다. 그러나 공을 아래로 너무 많이 깎아 치면 뜬공이 될 수 있다. 와츠의 말에 따르면 공에 역회전을 걸기 위한 최적의 타격 지점은 공의 중심에서 1.5~2.5센티미터 정도 내려온 지점이다. 이렇게 공을 치면 공의 정중앙을 치는 타격(이 경우 공은 거의 회전하지 않는다)과 비교하여 공을 치는 타격 각도에 따라 달라지겠지만 공에 분당 몇천 회의 회전을 걸 수 있다. 이 정도의 회전이 걸린 공은 76미터 정도 더 멀리 날아가게 된다. 공에 걸린 역회전의 회전속도가 조금만 증가해도 공은 9미터 정도 더 멀리 날아간다.

현명한 타자들은 언제나 이 점을 염두에 두고 공을 쳐왔다. 그리고 와츠 박사는 앞으로 더 많은 타자들이 이 사실에 익숙해지게 될 것이라고 말한다. 와츠 박사의 지적에 따르면 공에 걸리는 역회전의 회전속도는 배트가 공을 때리는 순간 발생하는 마찰력이 클수록 빨라진다. 배트의 타격 지점에 송진 같은 물질을 발라 마찰을 증대시킬 수도 있지만 이 방법은 불법이다. 과거의 타자들은 배트의 나뭇결이 어두운 부분을 골라 표면을 긁어내 배트 표면을 골프 클럽의 페이스와 비슷하게 만들기도 했다. 알다시피 골프 클럽의 페이스에는 골프공에 역회전을 걸기 위한 홈이 새겨져 있다.

합법적인 방법

관례적으로 홈팀은 자신의 팀에 유리하거나 원정팀에게 불리하도록 구장의 풀을 다듬고, 번트가 안타가 되거나 파울이 되도록 베이스라인을 비스듬히 그린다. 홈플레이트 앞쪽 구역은 싱커볼 투수에게 유리하도록 물을 뿌려 낮게 고르거나 볼티모어 춉(Baltimore chop: 배트를 도끼처럼 내리쳐 공이 홈플레이트 근처에 높이 튀어오르게 하는 타법—옮긴이) 유의 내야 안타가 나올 수 있도록 단단하게 다진다. 홈팀은 베이스라인을 계속 적셔두기도 하고 도루 주자의 발을 느리게 만들기 위해 1루 근처에 모래를 뿌려두기도 한다. 규정집에서는 이런 행동이 엄하게 금지되어 있지 않다. 내가 미네소타 트윈스에서 선수로 뛸 무렵 시카고 화이트삭스에서는 공의 탄력을 없애기 위해 야구공을 냉동고에 보관하기도 했다. 우리 팀 강타자들이 공을 아무리 세게 때려도 공은 마치 돌덩이처럼 날아가지 않았다. 사인을 훔치는 것에 대해서도 잊어서는 안 된다. 타자들이 투구를 좀 더 오래 보기 위해 타석 경계선 뒤쪽으로 서는 행동은 또 어떠한가? 또한 1루수는 견제구를 기다리는 동안 파울 영역에 한 발을 들여놓고 있는 경우가 많다. 그리고 뉴욕팀(양키스)이 자기 팀 타자들에게 유리하게 구장의 담장을 옮긴 일을 생각해 보자.

이 모든 행동은 시합에서 조금이라도 유리한 고지를 차지하기 위한 행동의 범주 안으로 들어간다. 이런 행동을 범죄행위라고는 할 수 없다. 그리고 규정집에서 무엇이 합법이고 무엇이 불법이라고 규정하든 간에 나는 앞으로 다가올 시즌에 이런 행동이 줄어들 것이라고 생각하지 않는다.

야구배트에 코르크를 넣은 선수 10명

새미 소사
시카고 컵스 소속. 2003년 6월 3일 적발되었다. 이 사건으로 통산 600개가 넘는 홈런 기록에 그늘이 드리워졌다.

놈 캐시
디트로이트 타이거즈 소속. 은퇴 후 1961년 당시 코르크를 채워넣은 배트를 사용했다는 사실을 털어놓았다. 1961년은 캐시가 홈런 41개와 132타점, 타율 3할6푼1리의 기록으로 아메리칸리그 타격왕 자리에 오른 해였다.

아모스 오티스
캔자스시티 로열스 소속. 다섯 차례 올스타전에 출전했던 아모스 오티스(Amos Otis)는 은퇴 이후 현역 당시 수많은 경기에서 부정 배트를 사용했다고 인정했다.

그레이그 네틀즈
뉴욕 양키스 소속. 1984년 9월 7일 그레이그 네틀즈(Graig Nettles)의 부러진 배트에서 고무공들이 튀어나왔다. 네틀즈는 처벌을 받지 않았고 그날 시합에서 친 홈런 또한 점수를 인정받았다. 양키스가 디트로이트 타이거즈를 1대0으로 이기고 있던 상황이었다.

알버트 벨
클리블랜드 인디언스 소속. 1994년 7월 15일 부정 배트를 의심한 심판이 알버트 벨(Albert Belle)의 배트를 압수했다. 시합 이후 벨의 동료가 압수된 배트를 다른 배트와 바꾸어놓았지만 이 속임수가 들통나는 바람에 벨은 일곱 경기 출장정지 처분을 받았다.

크리스 사보
신시내티 레즈 소속. 1996년 7월 29일 크리스 사보(Chris Sabo)는 코르크를 채워넣은 배트를 갖고 있다 심판에게 덜미를 잡혔다. 사보는 그 배트가 자신의 것이 아니라고 부인했지만 일곱 경기 출장정지 처분을 받았다.

빌리 해처
휴스턴 애스트로스 소속. 1987년 8월 31일 적발되었다. 해처는 투수에게 배트를 빌렸다고 주장했으며, 열흘간의 출장정지 처분을 받았다.

윌튼 게레로
로스앤젤레스 다저스 소속. 1997년 6월 1일 적발되었다. 게레로는 자신의 혐의를 인정했고 여덟 경기 출장정지 처분을 받았다.

미구엘 올리비오
시카고 화이트삭스 마이너리그 더블A의 포수로 2001년 여섯 경기 출장정지 처분을 받았다.

호세 기엔
데빌레이스 마이너리그의 트리플A 소속. 2001년 기엔은 자신의 잘못을 인정했고 열 경기 출장정지 처분을 받았다.

Basketball 농구

3

3점슛의 미학
슬램덩크!
마이클 조던의 공중전

3점슛의 미학

이 글은 1994년 《파퓰러 메카닉스》에 게재되었다.

클리블랜드 캐벌리어스의 마크 프라이스(Mark Price)는 NBA의 가장 훌륭한 3점 슈터 중 한 사람이다. 프라이스 선수는 1993년과 1994년 올스타전에 앞서 열린 3점 슛 대회에서 우승을 차지했다.

Buzz Braman 버즈 브래먼

농구선수에게 있어 자신이 쏜 슛이 골대 그물 속으로 들어가는 순간보다 더 짜릿한 순간은 없다. 아직 시합 초반이든, 종료 버저가 울리는 순간이든, 3점슛 라인 바깥에서든 상관없이 농구경기의 진수는 골대 그물 안으로 공을 집어넣는 것이다.

최고의 공격수가 되고 싶다면 어느 때고 흔들리지 않는 점프슛을 쏠 수 있는 능력을 갖추어야 한다. 슈팅의 기복이 심하다는 것은 곧 슛을 하는 자세에 기술적인 결함이 있다는 뜻이다. 여러 측면에서 볼 때 3점슛은 프리드로우와 다를 바가 없다. 기술적인 차원에서만 본다면 모든 슛은 다 똑같기 때문이다. 프리드로우와 3점슛의 차이점은 슛을 쏘는 속도에 있다. 프리드로우는 내가 쏘고 싶은 속도로 슛을 쏘지만 3점슛을 쏘는 속도는 시합에서 결정된다.

슈팅은 잃어버린 기술이 되어버렸다. 지난 20년 동안 농구경기는 신체 능력에 중점을 두는 방향으로 변화해 왔다. 미국프로농구협회 NBA와 운동화 제조회사에서는 덩크슛을 적극적으로 홍보하고 있고, 어린 선수들은 슈팅 연습을 하는 대신 그 시간에 '슬램덩크'를 연습한다. 하지만 시합에서 3점슛, 즉 NBA 기준으로 골대에서 '6.7미터'(NBA의 1996~1997년 시즌부터 3점슛 라인은 7.24미터로 늘어났다―옮긴이) 떨어진 라인 바깥에서 쏘는 슛의 중요성은 날로 높아져 가고 있으며 그 결과 뛰어난 슈터의 가치도 함께 높아지고 있다.

NBA 경기는 슈퍼스타 선수에게 수비수가 두 명 따라붙어 수비하는 경기로 진화했다. 이를테면 샤킬 오닐 Shaquille O'Neal 같은 선수가 그 예다. 이런 선수가 골대 바로 아래에서 수비수 두 명을 제치고 공을 바깥으로 패스하여 빼낸 경우 공을 잡은 선수는 수비수 없이 자유롭게 점프슛을 하거나, 3점슛을 던질 수 있다. 3점슛을 쏠 수 있는 선수들이 더 많아진다면 더블팀(double-team: 공을 가지고 있는 선수를 수비수 2명이 수비하는 전략—옮긴이) 전술이 설 자리가 사라지게 될 것이며, 지역방어는 과거의 유물이 될 것이다.

3점슛의 난제

그렇다면 3점슛을 쏘는 일은 왜 그렇게 어려운 것일까?

슈팅에 서툰 선수들이 가장 많이 늘어놓는 변명으로는 자신감과 집중력 부족이다. 그러나 이들이 알지 못하는 것은 자신감과 집중력 부족은 서투른 슈팅의 결과이지 그 원인이 아니라는 것이다. 공이 링 안으로 들어가지 않으면 자신감과 집중력은 떨어지기 마련이다.

공이 계속해서 골대 안으로 들어가지 않는 원인은 슛을 쏘는 기술이 형편없기 때문이다. 슈팅 기술을 제대로 교정한 후 공이 골대 안으로 들어가기 시작한다면 선수의 자신감과 집중력이 과연 어떻게 될지 한번 생각해 보자.

어린 선수들은 누구나 슈팅에 있어 몇 가지 아주 중요한 사항들을 배운다. 선수는 '자세를 바르게' 해야 한다. 즉 어깨와 발이 골대를 향하게 서야 한다는 뜻이다. 또한 슛을 쏘는 힘을 얻기 위해 무릎을 구부려야 하며 목표에 정신을 집중해야 한다. 이런 요소들도 물론 중요하지만 솔직히 이런 기본적인 사항을 자연스럽게 해내지 못하는 선수는 없다.

슛이 제대로 들어가지 않는 가장 큰 이유 두 가지는 공을 똑바로 던지지 못하는 것과 거리를 올바르게 판단하지 못하는 것이다. 이게 무슨 뜻인가? 실제로 아주 간단하다.

빗나간 슛은 네 가지가 있을 뿐이다. 왼쪽으로 빗나가거나 오른쪽으로 빗나가거나 짧거나 길거나. 우리가 컴퓨터를 이용하여 3점슛을 쏜다고 가정한다면 해야 할 일은 슛을 쏘는 자세의 중심, 즉 손가락 끝에서 골대 중심까지 일직선을 긋고 이 직선을 이용하여 공이 정확한 거리만큼 날아가도록 호의 길이와 추진력의 크기를 산출하면 된다.

언제든 흔들리지 않고 정확한 슛을 쏘는 슈터가 되기 위해서는 똑바로 슛을 하는 방법과 골대까지의 거리를 바르게 판단하는 방법을 반드시 이해해야 한다. 그렇지 않으면 슛을 할 때 본능에 의지하게 되고 이는 불안정한 슈팅으로 이어진다.

올바른 손의 자세

단순하게 설명하기 위해 모든 사람이 오른손잡이라고 가정했을 때, 손가락을 편 채로 팔을 앞으로 쭉 뻗어 자신의 팔을 내려다보자. 팔에서 손가락 끝까지 직선을 그어본다면 오직 검지와 중지, 두 손가락만이 팔이 그리는 직선 위에 있다는 사실을 알게 될 것이다.

이제 슛을 쏘는 자세로 오른손에 농구공을 들어본다. 이때 손목에서 팔꿈치로 이어지는 선과 팔꿈치에서 어깨에 이르는 선이 알파벳 L자처럼 보여야 한다. 자신의 팔을 L자로 만들었으면 공을 위로 밀어올린다. 이때 팔뚝이 그리는 선, 팔꿈치에서 검지와 중지로 이어지는 선은 골대 중심을 향하고 있어야 한다.

슈팅 동작은 아주 단순하다. L자 자세를 취한 다음 무릎을 구부리면 팔이 그리는 L자도 함께 낮아지게 된다. 그 다음은 밀어올리기만 하면 된다. 그렇다면 공이 손가락에서 나가는 순간 가장 마지막까지 공과 닿아 있는 손가락은 어느 손가락인가?

검지와 중지다. 그중에서도 공에 닿는 마지막 손가락은 검지이다. 공을 똑바로 던지는 기적은 바로 여기에 있다. 손에서 공을 놓고 공을 따라가듯 팔을 뻗을 때 검지가 가리키고 있는 방향이 바로 공이 날아가는 방향이다. L자 팔을 위로 밀어 올리면 팔꿈치가 완전히 펴지고 손목은 꺾인다. 검지가 골대의 중심을 향하고 있다면 공은 절대 오른쪽이나 왼쪽으로 빗나가지 않는다. 농구 링은 원형이기 때문에 코트 어느 각도에서 슛을 쏜다고 해도 선수는 언제나 골대의 중심을 찾아낼 수 있다.

한편 슛이 그리는 호의 정확한 길이는 세 가지 요소에 의해 결정된다. L자로 만든 팔을 자연스럽게 위로 밀어올리는 동작, 선수의 본능, 농구링에서 15~20센티미터 가량 위쪽을 향해 공에서 손을 놓는 시점(팔이 완전히 펴지고 손목이 꺾이는 순간)에서 공을 따라가듯 팔을 쭉 뻗는 마무리 자세의 유지이다.

그렇다면 다른 손(이 경우에는 왼손)은 무엇을 해야 하는가? 왼손이 해야 하는 일은 아주 단순하다. 공을 슛할 때는 반드시 한 손으로만 슛해야 한다. 왼손은 그저 거들 뿐이다.

오른손잡이 슈터의 경우 왼손은 공 옆쪽, 아홉시 방향쯤에 놓여 있어야 한다. L자로 구부린 오른팔을 밀어 올리면서 농구공이 이마 정도 높이에 왔을 무렵 왼손은 공에서 떨어져야 한다. 왼손의 다섯 손가락은 모두 수직으로 곧게 펴져 있어야 하며, 왼팔은 구부러진 상태를 유지해야 하고 왼손바닥은 오른쪽을 향하고 있어야 한다.

왼손은 공을 밀거나 튀겨내거나 돌려서는 안 된다. 왼손바닥이 골대 쪽으로 향해서도 안 된다. 왼손이 농구공에 관여한다면 두 손으로 슛을 하는 셈이다.

○ **슈팅 동작과 마무리 동작:** 슛을 쏘기 위해 L자로 구부린 팔을 들어올린다. 이때 팔꿈치에서 검지와 중지로 이어지는 직선이 골대 중심을 향하고 있어야 한다. 공이 골대에 들어가는 순간까지 마무리 자세를 유지한다.
1. 슛을 쏘는 손의 검지와 중지가 골대를 향해야 한다.
2. 몸을 위로 밀어올릴 때 공이 손가락에서 떨어지기 시작한다.
3. 손가락을 위로 세운 왼손이 공에서 떨어진다.
4. 검지로 링 앞부분의 위쪽을 조준하며 슛을 쏜다.
5. 공을 따라가듯 팔을 쭉 뻗는다. 손목이 꺾이고 손가락이 아래로 늘어진 자세를 그대로 유지한다.

그렇다면 두 손으로 슛을 하는 것이 왜 그리 나쁘단 말인가? 왼손 바닥이 골대 방향을 향해 돌아간다면 왼손은 공을 오른쪽으로 밀어내게 된다. 그 결과 공은 검지와 중지가 가리키는 방향에서 벗어나게 된다. 잊지 말아야 할 것은 공은 검지가 가리키는 방향으로 나아간다는 것이다. 공이 왼쪽이나 오른쪽으로 빗나가는 것은 왼손이 공을 밀어냈기 때문이다. 이것은 선수들이 흔히 저지르는 실수다.

올바른 마무리 동작

농구선수들은 대부분 슛을 하는 거리를 판단하는 데 있어 오로지 자신의 본능과 '느낌'에만 의존한다. 본능이나 느낌 또한 슛을 하는 데 있어 염두에 두어야 할 중요한 요소이지만 유일한 요소라고는 할 수 없다. 마무리 동작 역시 슛을 하는 데 있어 매우 중요한 요소다. 농구선수라면 슛의 마무리 동작이라는 말을 들어보았을 것이다. 하지만 슛의 마무리 동작이 무엇인지 제대로 설명할 수 있는 선수는 그리 많지 않다.

슛의 마무리 동작은 L자로 만든 팔을 들어올려 끝까지 쭉 뻗는 자세다. 손에서 공을 놓는 순간 손목이 꺾이며 손가락 끝이 밑으로 향하게 된다. 농구선수는 슛을 쏘고 난 다음에는 그 자세 그대로 공이 골대에 도달하는 순간까지 움직여서는 안 된다. 이것이 올바른 마무리 동작이다. 매번 슛을 쏠 때마다 똑같은 동작으로 공을 놓을 수 있게 된 이후에야 선수는 자신의 본능과 느낌을 좀 더 폭넓게 활용할 수 있다. 완벽한 마무리 동작의 요령은 슛을 쏘고 나서 그대로 멈추는 것이다.

슛의 마무리 동작이 왜 중요한지 이해하기 위해 다음과 같은 실험을 해보자. 파울 라인에 선 다음 L자로 만든 팔을 밀어올리며 공을 던진다. 슛을 하는 순간에 재빨리 팔을 뒤로 젖히는 경우 공은 전혀 내 뜻대로 움직이지 않는다. 반면에 슛을 한 다음 그대로 멈추고 자세를 유지해보자. 공이 날아가는 방향을 최대한 내 뜻대로 조절할 수 있다. '실 당기기 pulling the string'는 마무리 동작을 채 마치기도 전에 팔을 홱 젖혀버리는 동작을 표현하는 말이다. 자신의 검지가 실로 공과 연결되어 있다고 상상해 보면 마무리 동작의 중요성을 이해할 수 있다.

연습, 연습, 연습

고등학교와 대학교 경기에서 골대에서 3점슛 라인까지의 거리는 6미터이다. 나는 빌라노바대학에서 필라델피아 세븐티식서스의 코치들과 약 20명 정도의 신인 선수들 앞에서 슈팅 시범을 선보인 적이 있다. 그때 3점슛 라인에서 3점슛을 250차례 던져 246개를 성공시켰고, 처음 92개는 연달아 성공했다. 슛을 쏠 때 선수들이 감탄하는 소리를 들을 수 있었다.

그 선수들이 알지 못했던 사실은 내 기술이 완벽했다는 것이다. 팔의 L자 형태도 완벽했고 슛하고 그대로 멈추는 마무리 동작도 완벽했으며, 왼손 역시 완벽했다. 내가 슛한 공은 모두 일직선으로 날아갔다.

선수들은 그렇게 3점슛을 쏘고 싶었을 것이다. 그러나 그 선수들이 알지 못했던 사실은 내가 완벽한 시범을 보이기 위해 6개월 동안 하루에 300개씩 3점슛을 던지는 연습을 반복했다는 것이다. 하루에 슛 몇 번을 던지면서 3점슛을 연습한다고 할 수 없다. 이것은 다른

○ 골든 스테이트 워리어스의 스테판 커리(Stephen Curry)의 3점슛.

어떤 슛도 마찬가지다.

물론 연습만 많이 한다고 완벽해지지 않는다. 완벽한 연습을 해야만 완벽한 슛을 던질 수 있다. 3점슛을 비롯하여 다른 어떤 슛이든 완벽하게 숙달하기 위해서는 슛을 하는 것이 제2의 천성이 될 만큼 수도 없이 연습해 슛을 하는 동작이 머릿속에 뚜렷하게 새겨져야 한다. 뛰어난 슈터가 되는 핵심은 '근육기억'이다. 팀이 2점 차로 뒤진 상태에서 경기 시간은 1.5초밖에 남아 있지 않다. 그리고 당신은 3점슛을 쏘기 위해 멈춘다. 오랜 시간에 걸친 연습을 통해 완벽한 슛을 던질 준비가 되어 있다고 가정해 보자. 관중이 열광적으로 환호하기 전, 귀에 들려오는 유일한 소리는 농구공이 골대 그물 안으로 철썩하고 들어가는 소리일 것이다.

슬램덩크!

● Peter Brancazio 피터 브랭카지오

● LA 레이커스의 점수 사냥꾼 코비 브라이언트(Kobe Bryant)는 외곽슛으로 잘 알려져 있지만 덩크 슛 솜씨 또한 다른 선수 못지않았다.

선수가 슬램덩크를 성공시키면 언제나 관중들은 자리를 박차고 일어나 환호를 보낸다. 그리고 슬램덩크를 성공시킨 선수는 공중으로 주먹을 번쩍 들어 올리는 등의 자축 세레모니로 환호에 답하기 마련이다. 그러나 실제 공격 무기로서 슬램덩크는 얼마나 중요한 역할을 하고 있는가? 슬램덩크는 뛰어난 농구 기술인가 아니면 그저 쇼맨십에 불과한가? 덩크슛을 성공시키기 위해서는 얼마나 많은 기술이 필요한가?

덩크슛의 종류

덩크슛에 대한 연구에서 슬램덩크는 비교적 단순한 분류 체계로 나눌 수 있다. 기본적인 슬램덩크는 슈터가 골대의 0.9미터 반경 안에서 공을 패스받거나 리바운드하면서 시작된다. 링까지는 한 발짝 거리다. 덩크는 한 손으로 할 수도 있고 양손으로 할 수도 있다. 덩크를 하는 힘의 강도 또한 부드럽게 툭 떨어뜨리는 덩크에서 머리 위에서부터 양손으로 내리꽂는 슬램덩크까지 다양하다.

덩크슛의 다음 단계는 앨리우프 덩크이다. 앨리우프 덩크는 다른 선수가 패스한 공을 링 위의 공중에서 붙잡아 그대로 링 안으로 집어넣는 덩크슛이다. 앨리우프 덩크를 하기 위해서는 패스를 해주는 선수와 받는 선수 사이에 무언의 소통이 필요하다. 공을 정확하게 패스해야 하는 것은 물론 덩크를 하는 선수도 정확한 타이밍에 점프해 공을 잡아 링 안에 넣어야 한다. 완벽하게 실행되는 앨리우프 덩크는 농구에서 가장 멋진 플레이 중 하나다.

'테이크 잇 투 더 후프take-it-to-the-hoop'라고도 하는 플라잉 슬램덩크는 이보다 높은 수준의 기술을 선보인다. 선수는 수직으로 뛰어오르면서 수평으로도 움직여야 한다. 그리고 드리블을 하던 공을 잡아 덩크슛을 해야 한다(농구경기에서 선수는 드리블을 하고 나서 슛을 쏘기 전에 두 걸음을 떼는 것이 허용된다). 이 슬램덩크에는 아주 뛰어난 점프 능력에 더해 빠른 가속력, 신속하고 본능적인 몸의 움직임이 필요하다.

마지막으로 가장 멋진 장면을 연출할 수 있는 프리스타일 슬램덩크가 있다. 프리스타일 덩크에서 선수는 공을 드리블하거나 수비수를 제쳐야 할 필요가 없다. 어떤 덩크슛을 선보이는가에 대한 제약사항은 오직 선수의 신체적 기량과 상상력뿐이다. 선수는 시합 중에 사용하기에는 너무 튀거나 어려운 동작, 혹은 시합에서는 허용되지 않는 동작을 뽐낼 수 있다. 멋진 프리스타일 덩크슛에는 윈드밀덩크, 더블펌프덩크, 360도덩크, 토마호크덩크 등이 있으며 이따금 이름을 붙일 수 없는 덩크 종류도 있다.

슬램덩크의 역사

농구 역사의 초창기에 슬램덩크는 그 존재가 알려져 있지 않았다. 1940년대와 1950년대에 활동하던 선수들이 덩크슛을 넣을 만한 기량을 갖추지 못했던 것은 아니다. 하지만 당시에는 덩크슛을 넣는 것이 상대편 팀을 도발하는 일이었다. 덩크슛을 한 선수는 수비할 때 상대선수가 발을 걸거나, 나중에 심판이 보지 않을 때 팔꿈치나 팔뚝으로 얻어맞는 등의 앙갚음을 당했다. 그 시절 슬램덩크는 보복을 해야 하는 모욕적인 행동으로 여겨졌다.

1959년 NBA에 월트 체임벌린Wilt Chamberlain이 들어오면서 덩크의 역사는 중대한 진화의 전환점을 맞았다. 키가 216센티미터인 월트는 덩크슛을 손쉽게 성공시킬 수 있었으며, 이후 덩크슛의 대명사로 알려지게 되었다. 뛰어난 체력과 그 체격의 선수에게 찾아보기 힘들 정도의 민첩성을 갖춘 체임벌린을 막을 수 있는 선수는 아무도 없었다. 가장 뛰어난 수비수조차도 한번쯤은 체임벌린에 맞서 골대 아래 자리를 빼앗아 보는 것이 소원일 정도였다.

◯ 키가 216센티미터에 달했던 체임벌린은 그 민첩성과 아무도 막을 수 없는 덩크슛으로 NBA 명예의 전당에 오를 수 있었다.

슬램덩크는 1967년 NBA의 라이벌 프로리그인 미국농구협회ABA가 설립된 이후 점점 더 큰 인기를 얻기 시작했다. 새 프로리그에서는 관중을 끌어들이려는 노력의 일환으로 좀 더 자유분방하고 공격적인 시합을 강조했다. ABA에서 가장 위대한 스타 선수는 줄리어스 어빙Julius Erving이었다. 손이 아주 컸던 어빙은 농구공을 마치 그레이프프루트 하나를 집어 올리듯이 한 손으로 쉽사리 잡을 수 있었다. 코트에 수비가 없든, 속공을 하든, 하프코트에서 한 명 이상의 수비수와 마주하고 있든 닥터 제이(Dr. J, 줄리어스 어빙의 별명)는 농구링을 향해 우아하게 날아올랐다. 닥터 제이의 우아한 공중 동작으로 슬램덩크의 표준이 재정의되었다. 어빙이 주로 선보이는 덩크는 토마호크덩크였다. 어빙은 공을 머리 위에서 휘두르면서(팔을 쭉 편 채로) 농구링으로 돌진했다. 1976년 ABA와 NBA가 하나로 합병된 이후 닥터 제이는 전국적인 관중 앞에서 자신의 시합을 선보일 수 있었다.

오늘날 NBA에서 뛰고 있는 프로 농구선수들은 대부분 슬램덩크를 구사할 수 있으며, 덩크슛은 어느 시합에서고 흔히 볼 수 있는 플레이가 되었다. 실제로 거의 모든 팀에는 체공시간이 긴 덩크슛 전문 선수들이 한 명씩 있다. 포틀랜드 트레일 블레이저스의 클라이드 드렉슬러Clyde Drexler, 유타 재즈의 칼 말론Karl Malone을 비롯한 선수들은 믿기 어려운 덩크슛을 구사하며 이름을 떨쳤다. 뛰어난 덩크슛을 선보이는 선수들은 매우 많다. 그러나 오늘날에도 시카고 불스의 마이클 조던Michael Jordan과 애틀랜타 호크스의 도미니크 윌킨스

Dominique Wilkins 급의 선수들만이 어빙을 능가한다고 인정받고 있다.

덩크슛의 신체조건

골대에 농구공을 덩크하기 위해서 갖추어야 할 신체조건에는 무엇이 있는가? 당연한 이야기지만 덩크슛을 하기 위해서는 3.05미터 높이의 농구링으로 공을 가져갈 수 있어야 한다. 이 말은 덩크를 하기 위해서는 큰 키와 뛰어난 점프 능력이 필요하다는 뜻이다. 또한 한 손으로 농구공을 안정적으로 잡을 수 있는 능력도 크게 도움이 된다. 한 손으로 농구공을 잡지 못한다고 해서 덩크슛을 못하는 것은 아니지만 구사하는 덩크슛의 종류와 독창성에는 한계가 있다.

덩크슛을 하기 위한 가장 최소한의 필요조건은 자신의 손목을 농구 골대 높이까지 올릴 수 있는 능력이다. 이 말은 곧 선 자세에서 닿을 수 있는 높이와 수직으로 도약할 수 있는 높이의 합이 3.20미터 이상이 되어야 한다는 뜻이다. 선 자세에서 닿을 수 있는 높이란 기본적으로 일어선 자세에서 팔을 쭉 뻗어 올렸을 때 발바닥에서 손가락 끝까지의 거리다. 인간의 신체 구조에 대한 기본적인 관찰을 통해 우리는 선 자세에서 닿을 수 있는 높이를 키를 이용해 계산하는 공식을 만들어냈다. 사람의 팔 길이는 바닥에서 어깨에 이르는 높이의 약 절반 정도다. 그러므로 선 자세에서 닿을 수 있는 높이를 계산하기 위해서는 키를 측정한 값(H)에서 머리끝부터 어깨까지의 거리(평균 약 30센티미터)를 뺀 다음 빼고 남은 값의 절반(즉 사람의 팔 길이)을 다시 더해주면 된다. 이를 정리하면 $R = 1.5(H - 0.3)$ 미터라는 공식을 산출할 수 있다. 여기에서 R은 선 자세에서 닿을 수 있는 높이(단위: 미터)다.

선 자세에서 닿을 수 있는 높이에서 3.20미터(덩크슛을 성공시키기 위해서 도달해야 할 최소한의 높이)에 모자라는 거리는 점프 능력으로 메워야 한다. 예를 들어 키가 1.83미터인 선수의 선 자세에서 닿을 수 있는 높이는 2.29미터가 될 것이다. 이 선수가 덩크슛을 할 수 있는 지점에 도달하기 위해서는 수직으로 적어도 91센티미터를 뛰어올라야 한다.

그렇다면 점프 능력이 뛰어나다는 소리를 듣기 위해서는 어느 정도 높이까지 뛰어오를 수 있어야 하는가? 농구 선수들의 평균 도약 높이는 약 46~61센티미터이고, 61~91센티미터 정도 뛰어오를 수 있는 선수는 점프력을 인정받을 수 있다. 그리고 61센티미터 이상 높이 날아오르는 선수들의 점프력은 매우 뛰어나다고 할 수 있다. 농구선수 중 가장 높은 점프 기록은 1976년 대럴 그리피스Darrell Griffith가 세운 122센티미터이다(1991년 기준). NBA 역사에서도 107센티미터를 넘는 점프 기록을 세운 선수는 손에 꼽을 정도다. 조던이나 윌킨스처럼 뛰어난 곡예를 뽐내는 덩크슛을 하는 선수들의 점프 높이가 대부분 97~102센티미터 범위 안에 든다.

누구나 자신의 수직 도약 능력을 쉽사리 측정해볼 수 있다. 우선 벽을 마주하고 선 다음 팔을 위로 쭉 뻗어올려 손끝이 닿는 부분을 표시해둔다. 이 높이가 선 자세에서 닿을 수 있는 높이다. 그 다음 할 수 있는 만큼 높이 뛰어올라 벽에 두번째 표시를 남긴다. 이 두 표시 사이의 거리가 바로 자신의 수직 도약 높이이다.

NBA나 디비전1의 명문 대학팀 선수의 경우 갖추고 있는 체력과 기량을 바탕으로 생각하면 키가 198센티미터인 선수가 덩크슛을 하는 것은 당연한 일이다. 이런 선수가 덩크슛을 하기 위해서는 기본적인 점프 능력만 있으면 되기 때문이다. 오히려 감탄할 일은 키가 191센티미터 되는 선수들이 73~84센티미터 정도 뛰어오르며 덩크 슛을 하는 광경이다.

이런 기준으로 볼 때 근래 들어 가장 놀라운 덩크슈터는 조던이나 윌킨스가 아니라 애틀랜타 호크스의 스퍼드 웹Spud Webb이라고 할 수 있다. 웹은 170센티미터의 키로 107~114센티미터의 점프 능력을 보인다. 또한 1970년대와 1980년대에 덴버 너기츠에서 활약했던 데이비드 톰슨David Thompson은 193센티미터의 키로 수직 도약 능력이 107센티미터에 달했으며, 농구 골대에서 46센티미터 위까지 농구공을 들어올릴 수 있었다.

경기를 지켜보는 사람의 입장에서는 훌륭한 슬램덩크를 구사하는 선수들은 덩크를 할 때 마치 공중에 떠올라 자유자재로 체공시간을 조절할 수 있는 것처럼 보인다. 그러나 실제로 선수의 체공시간은 뜻밖일 정도로 짧다. 물리학 법칙에 따르면 선수의 체공시간은 선수가 땅에서 위로 뛰어오르는 속도에 따라 결정되며 한번 공중으로 떠오른 다음에는 연장될 수 없다.

실제로 체공시간과 수직 도약 높이는 수학적으로 관계가 있다. 수직 도약 높이를 V(미터), 체공시간을 S(초)라고 할 때 두 값 사이의 관계는 $v=1.22s^2$(미터)이다. 이 공식에 따르면 122센티미터 높이를 도약했을 때의 체공시간은 1초이고, 91센티미터 높이를 도약했을 때는 0.87초이다. 도저히 믿기 어려운 일이지만 공중전에 뛰어난 선수들은 그 멋들어진 동작을 0.8~0.9초 안에 해낸다. 마이클 조던이 공중에서 상당한 거리를 움직이는 듯 보인다는 것은 이 선수의 뛰어난 점 중 하나다. 게다가 조던은 도약의 정점에서 덩크를 하는 것이 아니라 공중에서 내려오는 중에 덩크를 하기 때문에 더 큰 착각을 일으킨다.

덩크슛에 사람들이 열광하는 이유

실제로 NBA선수 대부분이 덩크를 할 수 있다는 점을 고려한다면 덩크슛을 별 것 아니라고도 생각할 수 있다. 그런데도 키가 213센티미터인 선수가 덩크슛을 성공시키는 광경에 관중들이 그토록 열광하는 까닭은 무엇인가? 실제로 선수들에게 덩크슛이 그리 어려운 일도 아닌데, 덩크슛을 성공시킨 선수 자신도 도취감에 흥분하는 까닭은 무엇인가?

○ 스퍼드 웹: 도약에서 키가 항상 중요한 것은 아니다. 얼마나 높이 도약할 수 있는가가 중요할 때도 있다. 애틀랜타 호크스의 스퍼드 웹은 키가 170센티미터밖에 되지 않지만 107~114센티미터의 높이를 뛰어오를 수 있었다. 마찬가지로 덴버 너기츠의 선수로 활약한 데이비드 톰슨도 키가 193센티미터였지만 107센티미터의 높이를 도약할 수 있었기 때문에 농구 골대에서 46센티미터 위로 공을 올릴 수 있었다.

관중이 열광하는 까닭은 단순하다. 아무리 선수들에게는 어렵지 않다지만 골대에 공을 덩크시킨다는 것은 관중의 평균적인 신체 능력으로는 불가능한 일이기 때문이다. 평범한 관중이 덩크슛을 성공시킬 확률은 일반인이 달에 발을 디뎌볼 확률과 비슷할 것이다.

그렇다면 선수 자신이 덩크슛에 흥분하는 까닭은 무엇인가? 농구선수들은 전부 덩치가 크고 체격이 좋은, 엄청난 힘을 발휘할 수 있는 사람들이다. 하지만 실제 농구경기에서 슛을 하는 동작에는 부드러운 솜씨가 필요하다. 농구선수는 힘을 폭발시키기보다는 자신의 힘을 주의 깊게 조절하고 부드럽게 사용해야만 한다. 그런 상황에서 골대에 공을 슬램덩크 시키는 일은 아마도 선수들이 시합 중에 힘을 마음껏 발휘할 수 있는 유일한 기회일 것이다. 몸을 가까이 붙여오

◯ 마이애미 히트의 르브론 제임스(Lebron James)가 슬램덩크를 하는 모습

는 수비수의 밀착 수비를 뚫고 골대에 충분히 가깝게 다가선 다음 공을 손에 든 채 거친 수비수 위로 힘껏 뛰어올라 마음껏 골대 안으로 공을 내리꽂는 일은 정말 기분 좋은 일이다. 그리고 훌륭한 선수가 이렇게 힘을 폭발시키는 장면은 지켜보는 사람에게는 위협적이면서도 고무적인 광경이기도 하다.

마이클 조던의 공중전

시카고 불스의 마이클 조던은 최고의 슬램덩크를 선보이는 선수이자 NBA에서 활약한 가장 뛰어난 선수 중 한 명이다. 조던이 자신의 뜻대로 구사할 수 있는 덩크슛은 네 가지 유형으로 들 수 있다. 선 자세에서 시작하는 기본적인 슬램덩크, 패스를 받아 하는 앨리우프 덩크, 수비수를 제친 다음의 플라잉 슬램덩크, 마지막으로 프리스타일 슬램덩크가 있다.

그중에서도 프리스타일 덩크는 가장 본능에 충실하고 창의력이 돋보이는 덩크슛이다. 프리스타일 덩크를 할 때는 조던 자신도 땅에서 점프해 오르기 전까지는 어떤 동작을 하게 될지 알지 못한다. 뛰어난 점프 능력에 더해 도약의 정점을 찍고 떨어지는 중에 덩크슛을 하는 능력 덕분에 조던은 마치 중력의 법칙을 거스르는 것처럼 보인다.

가장 화려해 보이는 덩크는 프리스타일 덩크일지 모르지만 가장 파괴적인 덩크는 강력한 플라잉 슬램덩크일 것이다. 조던이 플라잉 슬램덩크를 한다는 것은 곧 상대방의 수비가 완전히 무너졌다는 뜻이기 때문이다.

Bowling 볼링

4

스트라이크를 넣는 힘

스트라이크를 넣는 힘

◯ 프로볼러협회(PBA)의 볼링 챔피언인 패트릭 힐리 주니어(Patrick Healey Jr.)는 교과서적인 스트로크를 구사하는 선수로 중간 정도의 회전과 훅을 걸어 투구한다.

◯ John G. Falcioni 존 팔치오니

프로미식축구 같은 스포츠에서 체격과 힘, 속도는 선수의 성공과 직결된다. 이런 스포츠에서는 부상을 방지하기 위한 안전장치로 어깨 패드나 헬멧을 사용할 수 있지만, 신체적 자질이라는 관점에서 장비는 선천적 능력 이상의 것을 주지는 못한다. 한편 볼링은 좋은 경기를 하기 위해 힘이 필수조건은 아니지만 중요한 역할을 하는 스포츠다. 미식축구와는 다르게 볼링에서는 여러 장비가 발달한 덕분에 모든 선수들이 체격과 상관없이 경쟁할 수 있다.

오늘날에는 몸무게가 50킬로그램인 선수라도 새로 나온 레진 볼링공을 이용하여 제대로 공을 던지기만 하면 몸무게가 90.7킬로그램인 선수 못지않은 강한 힘으로 핀을 때릴 수 있다. 또한 혁명적으로 새로워진 볼링공 덕분에 볼링은 랠프 크램든과 아치 벙커(미국 시트콤인 〈신혼여행자들The Honeymooner〉과 〈올 인 더 패밀리All in the Family〉의 등장인물로 극 중에서 볼링을 즐겨 친다—옮긴이) 같은 사람들이 만들어놓은 평판을 벗어던질 수 있는 기회를 맞이했다. 볼링이 한층 정교한 스포츠가 되었기 때문에 스트라이크를 치기 위해서는 덤벨로 팔을 구부리며 힘을 키우기보다는 공학과 물리학을 공부하는 편이 더 나을지도 모른다.

볼링공의 발달

볼링은 볼링공의 고무 부분에 폴리에스테르를 더하는 정도의 개선에도 수십 년이 걸렸을 만큼 전통을 중시하는 스포츠다. 이런 스포츠에서 갑작스럽게 볼링공의 심을 복잡한 형태로 바꾸고 외피를 새로운 물질로 대체하는 개혁이 일어나자 비판의 목소리가 높아졌고 큰 혼란이 일어났다.

실력이 뛰어난 볼링선수들 대다수는 이런 공(종종 '반칙구'라고 불리는) 때문에 힘과 실력이 부족한 선수들이 프로볼러협회PBA 상금순위의 최상위에 올라 있다고 비판한다. 이런 주장은 과장되었을 수도 있지만 새로운 공은 실제로 아마추어 선수 사이에서도 충격적인 효과를 보이고 있다. 미국볼링협회ABC에서는 퍼펙트 게임(잇달아 스트라이크를 열두 번 성공시켜 300점을 얻는 게임)의 횟수가 레진공이 소개된 이후 첫 시즌인 1992~1993년 시즌에 1만7654건으로 치솟았다고 보고했다. 그 이전 시즌의 1만4889건과 비교하면 높은 수치다.

레진공이 등장한 이후 미국볼링협회에는 볼링공 제조회사들이 공의 마찰계수와 반발계수, 관성모멘트, 회전반경 같은 사양을 불법적으로 조작하지 못하도록 규제하자는 압력이 가해지기도 했다.

레진공에는 기본적으로 스트라이크의 확률을 높이는 두 가지 특징이 있다. 포켓으로의 진입각이 더 크다는 점과 에너지 전환이 한층 효율적이라는 점이다. 잘 닦아서 던지는 경우 레진공은 '헤즈', 즉 레인에서 오일을 바른 처음 13.7미터 구간에서는 곧장 미끄러져 나아가고 '백앤드', 마지막 4.6미터 구간에서는 강하게 휘어진다.

미국볼링협회에서 장비 사양을 관할하는 부서의 부서장이자 기계공학자인 다니엘 스페란자Daniel Speranza는 레인의 오일을 바른 부분에서 마찰저항이 높은 기존의 우레탄공에 비해 레진공의 마찰저항이 현저하게 낮다고 말한다. 그러나 핀 근처의 건조한 레인에서 레진공의 마찰저항은 기존의 우레탄공보다 높게 나타난다. 이런 특징 덕분에 레진공은 '포켓'이라 알려진 곳(오른손잡이에게는 헤드핀과 3번 핀 사이의 공간, 왼손잡이에게는 헤드핀과 2번핀 사이의 공간)으로의 진입각이 한층 커지게 된다. 일반적으로 이 진입각이 클수록 스트라이크를 칠 확률도 높아진다.

레진공이 건조한 레인에서 급격하게 휘어지는 비결은 특허가 붙어 엄중하게 관리되는 화학적 조합 덕분이다. 볼링공 제조회사에서는 레진공이 기존의 우레탄공과 똑같은 방식으로 제조되며, 단지 레진 첨가물을 섞는 점만 다르다고 말한다.

볼링공 심의 형태

비슷한 외피를 가진 볼링공이 달라지는 것은 공 내부심의 형태 때문이다. 세계적인 볼링장비 제조회사인 브런즈윅은 공의 일관성 있는 반응을 예측하기 위해 공의 내부심을 심도 있게 연구한 최초의 회사로 알려져 있다. 공이 일관성 있게 반응한다는 것은 볼링을 잘 치기 위한 핵심 요소라고 할 수 있다. 브런즈윅에서는 1991년 새로운 우레탄공 시리즈인 팬텀공을 소개하면서 볼링공 내부심의 크기와 형태, 위치에 따라 공이 레인의 오일을 바른 부분을 통과할 때 공의 회전과 반응이 어떻게 달라지는지를 밝혀냈다.

정확하게 공을 투구했을 때 공이 어떻게 반응하는지를 아는 일은 중요하다. 골프 코스별로 그린이 달라지는 것과 마찬가지로 볼링을 하는 레인의 상태 또한 계속해서 달라지기 때문이다. 사실상 한 레인에서 경기를 하더라도 오일을 칠한 부분의 상태는 시합을 하는 도중 몇 차례나 달라지기 마련이다. 그 결과 공은 처음 프레임과 경기가 끝날 무렵의 프레임에서 각각 다르게 반응한다. 이런 현상이 나타나는 원인은 레인을 관리하는 데 사용되는 오일이 시합 중에 이리저리 옮겨다니기 때문이다. 볼링공이 떨어질 때 나무가 상하지 않도록 보호하기 위해 볼링 레인에는 하루에 한 번 미네랄 오일을 바른다. 일반적으로 레인의 처음 7.6~12.2미터 구간에만 오일을 바른다. 오일을 바를 때는 레인의 중심에는 두껍게, 가장자리에는 중간 정도의 두께로 바른다.

레인의 상태는 공이 레인 위를 구를 때마다 바뀌게 될 뿐 아니라 볼링장 내부와 외부 기온에도 영향을 받는다. 레인의 상태는 그 레인에서 아무도 볼링을 치지 않았다 하더라도 계속 변화한다. 레인에 칠한 오일이 증발하며 건조되기 때문이다. 그러므로 일관성 측면에서 공이 어떻게 반응해야 하는지를 예측하는 일은 아주 중요하다.

공학자이자 전 프로 볼링선수로 브런즈윅에서 연구개발 전문가로 일하고 있는 레이 에드워즈Ray Edwards는 말한다. "볼링공 내부심의 형태는 공의 반응을 예측하는 데 있어 아주 중요하다. 내부심은 손잡이 구멍을 뚫은 이후 볼링공의 회전하는 우선축이 유지되도록 역학적 안정을 제공하는 역할을 하기 때문이다."

볼링공은 어떤 효과를 원하는지에 따라 두 조각으로 붙이거나 세 조각으로 붙여 생산된다. 전통적인 방식인 세 조각으로 만들어지는 볼링공으로는 섬세하게 조절할 수 있는 진정한 구름을 실현할 수 있다. 세 조각으로 만드는 볼링공은 제작하는 중에 57~113그램 정도의 중량 블럭을 심에 더해 만드는 것이 특징이다. 이 중량 블럭은 손잡이 구멍을 뚫기 위해 제거되는 부분의 무게를 보상하기 위한 것이다. 두 조각으로 만드는 볼링공은 일체 성형으로 만들어진 심과 외피로 이루어진다. 이 공은 세 조각 방식으로 만들어진 공보다 레인에서 더 일찍 구르기 시작한다. 미주리 주에 본사를 둔 제조회사인 파볼에서는 두 조각 제작 방식의 공을 개발한 공로를 인정받고 있다. 요즘의 볼링공은 대부분 두 조각 제작 방식으로 만들어진다.

볼링공의 심 자체는 레진 제제와 고밀도, 저밀도의 충전제로 만들어진다. 새로운 유형의 볼링공의 좋은 예는 트랙사에서 제작한 '크리티컬 매스Critical Mass'라는 삼중밀도 볼링공으로 이 공은 독특하게 전구 모양 심 안에 무거운 세라믹으로 된 원형심이 들어 있다. 크리티컬 매스는 같은 회사에서 제조된 누크볼과 마찬가지로 버사탄 외피로 표면을 씌워 마무리한다.

"이 공은 적은 손동작으로도 공에 최대한의 회전을 주기 위한 최소한의 회전반경이 생성될 수 있도록 만들어졌다."고 트랙사의 필 카디널Phil Cardinale 사장이 이야기한다. 공의 단단한 세라믹 심 부분은 우레탄공처럼 레인의 기름칠한 부분에서 구르기 시작하도록 설계되었고, 레진 외피 덕분에 공은 레인의 백엔드 부분에서 날카롭게 반응하게 된다. 레인의 오일을 칠한 부분을 미끄러져 지나치지 않게 만들어진 이 공은 우레탄공처럼 구르는 장점에 레진공의 힘을 더하도록 설계되었다. (회전반경은 공의 질량과 밀도가 어떻게 분포되어 있는지를 나타낸다. 공의 회전반경이 클수록 일직선으로 곧장 미끄러지는 구간이 길어지게 된다.)

크리티컬 매스는 무거운 세라믹 심을 최초로 사용했다는 점에서 혁신적이라 불릴 만한 공이었다. 한편 브런즈윅사는 퀀텀 BTV Brunswick Technology Venture라는 새로운 회사를 만들었고, 이 퀀텀 BTV사에서는 세 가지 새로운 볼링공을 소개했다. 퀀텀 BTV사의 연구개발 부서에서 일하는 공학자인 빌 와서버거Bill Wasserberger의 말에 따르면 이 공은 가벼운 무게(10, 12, 14파운드)의 공에서도 15파운드(6.8kg)나 16파운드(7.3kg) 공과 같은 회전 역학적 특징이 나타나도록 설계되었다. 각 공은 공의 무게와 상관없이 표준 구름에 대한 최대 회전반경과 최소 회전반경이 같게 만들어진다. 퀀텀 BTV사에서는 같은 시리즈에 있는 공의 회전반경을 똑같이 만들기 위해서 각 공의 무게에 따라 심의 형태를 다양하게 변화시켰다.

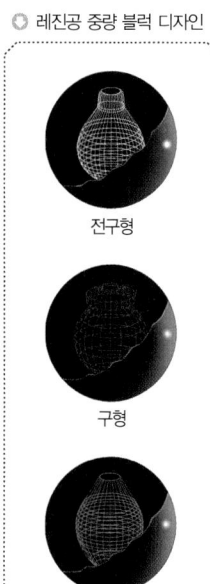

● 레진공 중량 블럭 디자인

전구형

구형

타원형

일반적으로 공의 무게는 공이 레인에서 나아가는 반응에 영향을 미친다. 심의 형태가 똑같은 16파운드 공과 12파운드 공을 레인으로 굴리면 12파운드(5.4kg) 공은 16파운드 공보다 길게 휘어진다. 즉 일직선으로 나아가는 구간이 길어서 더 늦게 나중에야 핀으로 휘어져 들어가게 된다. 반면 퀀텀사의 공은 무게와 상관없이 똑같은 방식으로 휘어지도록 설계되었다.

크랭커와 스트로커

볼링의 투구 방식에는 볼링을 치는 사람 수만큼 다양한 방식이 존재한다. 그러나 프로 선수들은 기본적으로 두 가지 방식으로 투구를 한다. 파워 스윙과 전통 스윙이다. 대부분의 아마추어 선수들이 이 두 가지 방법을 이리저리 섞어 사용하는 한편 프로 선수들은 한 가지 방식을 고수한다.

스트로커들, 즉 강력한 스트라이크 공을 던지기보다 정확하게 공을 투구하는 선수들은 레진공을 사용한 이후 가장 뛰어난 크랭커들에게 뒤지지 않을 정도로 강력하게 공을 때릴 수 있게 되었다. 1993년 가장 인기 있는 볼링선수이자 상금 순위 1위에 오른 월터 레이 윌리엄스Walter Ray Williams는 키가 188센티미터나 되었지만 스트로커였다. 당시 서른세 살이던 이 선수는 그해 대부분의 볼링 대회에서 첫 투구에 에보나이트 사의 크러시/R 레진공을 사용했다. 레진공은 윌리엄스가 던지는 공의 반응을 크랭커가 던지는 듯한 반응으로 바꾸어놓았다. 레진공이 아니었다면 핀이 남아 있었을 투구였지만 윌리엄스는 포켓을 가볍게 맞추어 연달아 스트라이크를 잡아냈다. 크랭커, 즉 훅을 크게 주는 선수들에게는 레진공의 도입이 점수에 큰 영향을 미치지 않았다.

파워 스윙을 하는 선수인 크리스 워런Chris Warren을 예로 들어보자. 텍사스 주 출신의 워런은 키가 164센티미터에 몸무게가 52.2킬로그램으로 매우 왜소한 선수지만 대회에서 누구보다도 강하게 공을 던진다. 워런 선수가 던지는 공의 속도는 무려 시속 190킬로미터에 이른다.

워런은 자신이 항상 크랭커였다고 말한다. 그가 볼링선수로 성공하게 된 핵심은 발의 속도와 팔의 스윙에서 나오는 가속도의 힘이다. 체격이 작은 선수에게는 흔하지 않은 일이지만 워런은 빠른 발의 움직임을 통해 오른팔을 빠른 속도로 백스윙할 수 있다. 워런은 스윙의 정점에서 신속한 마무리 동작에 필요한 힘을 얻는다.

게다가 워런처럼 파워 스윙을 하는 선수들은 투구하는 순간 손목을 컵 모양으로 구부린다. 그 결과 공에 회전이 더 크게 걸리고 핀에 부딪치는 순간 충격이 더욱 커지게 된다. 마지막 걸음을 떼면서 투구하는 순간 팔꿈치를 재빨리 위로 구부리게 되면 공에 리프트를 걸 수 있게 된다. 이 리프팅(lifting: 투구

○ 스트로커(위쪽, 왼쪽에서 오른쪽으로)는 두 걸음째에 공을 몸 앞으로 밀어내고 네 걸음째에 공을 수평으로 백스윙한 다음 다섯 걸음째 슬라이드하면서 공을 부드럽게 투구힌다.
크랭커(이래쪽, 왼쪽에서 오른쪽으로)는 지렛대 효과를 이용하여 힘을 더하기 위해서 세 걸음째에 옆으로 크게 휘두르며 펀치를 날리듯이 오른쪽 어깨를 연다. 네 걸음째에는 공을 어깨 위로 높이 들어올려 빠른 스윙을 할 준비를 한다. 투구하는 순간 팔을 머리 쪽으로 빠르게 꺾어야 한다. 크랭커는 팔을 휘두르는 동안 손목을 내내 굽히고 있어야 한다.

스트라이크를 넣는 힘

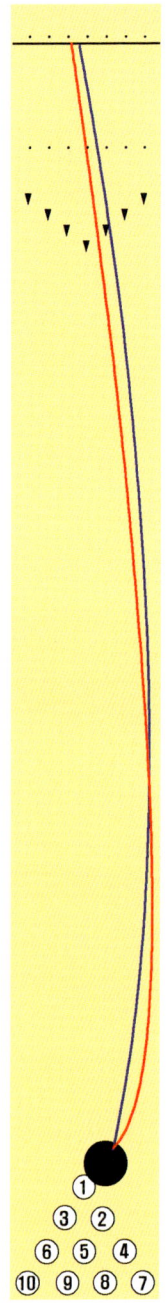

에서 공에 손을 뗄 때 손가락으로 공을 위로 밀어올리는 동작—옮긴이) 동작이 커핑(cupping: 손목을 구부린 상태로 투구하는 동작—옮긴이) 동작에 더해지면서 공에는 한층 큰 회전이 걸리게 된다.

프로선수 생활을 한 12년 동안 미국프로볼링PBA에서 13차례 넘게 우승을 차지하고 120만 달러가 넘는 상금을 획득한 브라이언 보스Brian Voss의 성공 비결은 정확성과 일관성이다. 보스는 크랭커와 스트로커 사이의 공을 던진다. 키가 178센티미터인 보스는 교과서처럼 정확한 자세를 일관성 있게 유지하여 여러 해 동안 1위를 차지할 수 있었다. 보스 또한 레진공을 사용한다.

"레진공을 사용하지 않을 수가 없다. 레진공을 쓰지 않는다면 한 경기당 10점 정도는 손해를 본다고 생각한다. 상대선수들이 레진공으로 포켓을 때리는 상황에서 치명적인 손해이다."

좋은 방향이든 나쁜 방향이든 레진공의 등장으로 볼링이라는 스포츠는 그 모습이 완전히 바뀌어버렸다. 1992년에 레진공은 일시적인 유행으로 생각되었지만 오늘날에는 볼링의 중심을 차지하고 있다. 볼링장비 제조회사 챔피언스의 회장인 짐 메일랜더Jim Mailander는 이렇게 말한다. "사람들은 레진공의 인기가 곧 죽을 것이라 생각했다. 그 말이 맞다면 이건 역사상 가장 오래 지속되는 장례식일 것이다."

○ 레진공의 궤도
레진공(붉은 선)은 레인의 '헤즈' 부분을 미끄러져 지나간 다음 포켓으로 날카롭게 휘어지기 때문에 레진공을 던질 때는 좀 더 레인 안쪽으로 던져야 한다. 그 결과 공이 '포켓'으로 휘어져 들어가는 충돌각이 레진공이 아닌 공(파란 선)과 비교하여 한층 커지게 된다.

Boxing 권투

5

KO 펀치

KO 펀치

◉ **William J. Hochswender** 윌리엄 호츠웬더

◉ 녹아웃 펀치를 날리는 핵주먹으로 유명한 마이크 타이슨. 스물한 살에 WBA 타이틀과 IBF타이틀을 획득해 가장 권위 있는 3개 복싱단체 타이틀 통합을 이룩한 기록을 갖고 있다.

로마가 그리스를 정복하고 권투를 군사 훈련에서 특권층을 위한 피비린내 나는 구경거리로 전락시킨 이래 녹아웃은 권투라는 스포츠의 목표가 되었다. 권투에서 녹아웃은 다른 어떤 스포츠에서도 찾아보기 어려운, 상징으로서의 승리와 현실에서의 승리가 일치하는 희귀한 순간이다. 녹아웃은 현실로 이어지지 않는 일종의 죽음이라고도 볼 수 있다. 녹아웃의 순간은 아무 예고 없이 갑작스레 찾아오며, 패배자가 10초 동안 정신을 잃는 동안 승자는 완벽한 승리를 거머쥔다.

녹아웃은 지켜보는 사람의 심기를 불편하게 하기도 한다.

어떤 사람은 마이크 타이슨 Mike Tyson이 마비스 프레이저 Marvis Frazier에게 맹공격을 퍼부은 1986년 시합의 1회전을 떠올릴 것이다. 타이슨의 속사포 같은 연속 어퍼컷 공격으로 머리가 돌아간 프레이저가 의식을 잃은 채 비틀거리는 모습은 지켜보기가 무시무시할 정도였다. 또 1988년 타이슨이 래리 홈즈 Larry Holmes와 맞붙은 시합을 떠올리는 사람도 있을 것이다. 한때 권투계를 지배했던 전 챔피언은 정신을 잃을 지경까지 얻어맞은 끝에, 머리가 뒤로 젖혀질 정도의 펀치를 한 대 맞고는 마치 인형처럼 링 바닥에 털썩 쓰러지고 말았다.

시합의 절정을 장식한 이 두 순간에서 우리는 녹아웃의 속성을 둘러싼 중대한 생체역학 및 의학적 의문에 대한 답을 찾을 수 있다. 선수는 어떻게 의식을 잃게 되는 것인가? 더 강한 펀치를 날릴 수 있는 까닭은 무엇인가? 흔히 말하는 유리턱이란 무엇인가? 그러나 녹아웃 펀치를 둘러싼 문제는 야만적인 힘을 다루는 문제치고는 너무도 미묘하고 복잡하여 우리의 이해 수준을 벗어날 뿐만 아니라 과학자들조차 벽에 부딪치게 만든다. 이른바 달콤한 과학(sweet science: 1800년대 초반 스포츠 기자인 피어스 이건이 자신의 글에서 권투를 '타박상의 달콤한 과학'이라고 부른 이후 권투의 별칭으로 불린다—옮긴이)은 아직도 자신의 비밀을 숨기고 있다.

권투의 신비

다른 스포츠와 마찬가지로 권투 또한 누가 보는가에 따라 어떻게 시합을 보게 되는지가 달라지는 스포츠다. 처음으로 링 옆자리에서 시합을 지켜보는 관중이 이해하는 시합과 전문적인 열성팬이 이해하는 시합은 다를 것이다. 또한 전 권투선수나 코치가 보는 시합은 또 다를 것이다.

바니 로스Barney Ross에서 토니 제일Tony Zale, 로베르토 듀란Roberto Duran, 래리 홈즈에 이르기까지 세계 챔피언을 12명이나 배출한 레이 아셀Ray Arcel 코치는 누구도 녹아웃을 분석해내지 못할 것이라고 생각한다. "나는 가볍게 치기만 했는데도 쓰러져 움직이지 않는 선수를 많이 보았다. 펀치에는 어느 정도 힘이 실리기 마련이다. 그렇지만 녹아웃은 얼마나 세게 맞는가의 문제가 아니라 그보다는 어디를, 언제 맞았는가의 문제이다. 누구도 그 부분을 제대로 설명할 수 없을 것이다."

아셀은 1937년 자신이 코치를 맡았던 짐 브래독Jim Braddock의 사례를 이야기한다. 당시 브래독은 헤비급 챔피언 타이틀 방어전에서 조 루이스Joe Louis와 승부를 펼쳤다. "브래독은 1회전에서 루이스의 턱을 때려 루이스를 바닥에 눕혀버렸다. 아무도 눈앞에서 벌어진 일을 믿을 수가 없었다. 브래독은 펀치보다는 펀치를 잘 맞아주는 선수였고, 루이스보다 훨씬 힘이 센 선수들에게 더 세게 얻어맞아도 아무렇지 않게 버텨낼 수 있었다. 하지만 이 시합에서는 8회에 루이스에게 한 대 얻어맞고는 그대로 녹아웃되고 말았다."

아셀은 1940년대와 1950년대 당시 헤비급 챔피언이던 이자드 찰스Ezzard Charles의 사건에 대해서도 회고했다. 찰스는 뛰어난 권투선수였고 어느 누구도 찰스를 녹아웃시키지 못했다. 혈투를 벌인 끝에 판정승을 거둔 로키 마르시아노Rocky Marciano조차 찰스를 녹아웃시키지 못했다. 찰스는 저지 조 월코트Jersey Joe Walcott와 총 네 번의 시합을 벌였는데, 그중 한 시합의 마지막 라운드에서 월코트에게 강한 펀치를 얻어맞았다. "그 펀치는 벽이라도 녹아웃시킬 만한 펀치였지만 찰스는 녹아웃 당하지 않고 끝까지 버텨냈다. 하지만 레프트 훅이었던 그 펀치는 강한 인상을 남겼다." 그리고 다음 번에 두 선수가 다시 맞붙었을 때, 그때까지 아무도 쓰러뜨리지 못한 찰스는 7회에서 녹아웃되고 말았다. 난데없이 튀어나온 월코트의 펀치를 맞고 바닥에 쭉 뻗어버린 것이다. 아셀은 찰스를 녹아웃시킨 펀치가 월코트와의 이전 시합에서 찰스가 맞았던 펀치와 마치 쌍둥이처럼 똑같았다고 생각한다. "찰스는 무의식적으로 그 펀치를 맞았을 때 녹아웃되어야 한다고 생각했던 것이다."

녹아웃 펀치의 이면

의학적인 측면에서 볼 때 녹아웃은 일종의 뇌진탕이다. 시합 중에 이런 뇌진탕이 일어나면 선수는 의식을 잃을 수도 있고 몸을 제대로 가누지 못해 링 바닥에서 몸을 일으키지 못한 채 시합을 끝낼 수도 있다. 아이오와대학 의과대에서 스포츠의학을 연구하는 킹 리우King Liu 박사의 설명을 들어보자. "뇌진탕은 뇌간에 있는 그물체(뇌간부내 그물눈 모양의 신경섬유와 신경세포로 이루어진 조직으로 의식 활동과 관계가 깊다—옮긴이)에서 신경세포가 두절되면서 일어나는 갑작스러운 의식의 손실이라 정의할 수 있다."

이 말은 곧 머리에 타격이 가해지면 뇌와 척수 사이에 리우 박사가 압력구배라 부르는 압력차가 발생하고 조절세포(신경세포)가 비틀리고 찢긴 결과 의식을 잃게 된다는 뜻이다. 즉 턱뼈가 뇌에게 '잠들라'는 신호를 보내는 것이다.

뉴욕 주 운동위원회의 의료 부문 이사인 배리 조던 Barry D. Jordan은 녹아웃을 심각한 정도에 따라 네 가지로 분류했다. 유형 1은 선수가 정신이 아찔해져 자신을 방어하지는 못하지만 쓰러지지 않는 경우다. 이런 경우 흔히 테크니컬 녹아웃이 선언된다. 유형 2는 선수가 의식은 있지만 링 바닥에 쓰러진 다음 카운트를 열까지 세는 동안 다시 일어서지 못하는 경우다. 유형 3은 선수가 의식을 잃고 쓰러지지만 재빨리 의식을 회복하는 경우다. 유형 4는 선수가 오랫동안 의식을 잃고 깨어나지 못하는 경우다.

녹아웃을 일으키는 원인

권투시합의 신경학적 측면에 대한 연구를 발표하기도 한 녹아웃 전문가 조던의 설명을 들어보자. "기본적으로 녹아웃을 일으키는 원인은 뇌의 회전 운동으로 생기는 회전가속도 때문이다. 예를 들어 우리 뇌가 버섯이나 콜리플라워라고 생각해보면, 녹아웃이 일어나는 동안 줄기는 움직이지 않으면서 머리 부분만 회전하게 된다. 그 결과 의식을 잃게 되는 것이다. 헤드기어가 녹아웃을 막아주지 못하는 이유도 머리의 회전 운동을 막아내지 못하기 때문이다."

움직이는 머리에 프로 권투선수의 강타를 얻어맞게 되면 뇌가 두개골에 부딪치면서 뇌와 혈관을 지탱하는 수막낭과 신경섬유가 찢길 수도 있다. 머리에 가해진 타격의 힘과 방향에 따라 신경섬유와 수막낭의 손상 정도가 결정된다.

여기에는 두 가지 기본적인 가속도가 존재한다. 회전가속도(각가속도)와 선가속도(병진가속도)이다. 회전가속도는 주로 옆으로 크게 휘둘러 치는 펀치나 훅에서 발생하며, 선가속도는 스트레이트에서 발생한다. 조던은 머리가 돌아가지 않고 뒤로만 젖혀지는 펀치에서 발생하는 선가속도에 의해서는 녹아웃이 일어날 가능성이 높지 않다고 말한다. 하지만 "물론 스트레이트라도 힘의 세기와 맞는 위치가 잘 맞아 떨어지면 녹아웃을 일으킬 수 있다."고 덧붙인다.

조던은 타이슨과 홈즈의 시합을 예로 들면서 홈즈가 녹아웃 당했을 당시 관자놀이에 명중한 라이트 스트레이트(선가속도를 일으키는 움직임의 좋은 예)가 홈즈의 머리에 가속을 일으켰다고 지적한다. 전 챔피언인 홈즈는 이 스트레이트를 맞고 다리가 풀려 몸을 제대로 가누지 못했다. 유형 1의 녹아웃이다.

이 시합에서 홈즈가 그랬듯이 몸을 가누지 못하면서 목 근육을 통제하지 못하게 된 선수는 불시에 닥치는 회전가속도에 더 취약해질 수밖에 없다. 그 결과 처음 펀치만큼은 세지 않았을 레프트 어퍼컷이 턱에 명중하자 홈즈는 머리가 돌아가면서 유형 3의 녹아웃을 일으켰다. 여기 타이슨 대 홈즈의 시합에서 펀치의 강도는 중요한 문제가 아니었다는 점이 중요하다. 홈즈를 바닥에 눕힌 펀치는 실제로 상대방을 녹아웃시킬 만한 펀치가 아니었다. 시합 영상을 살펴보면 홈즈의 턱에 번개처럼 빠른 찌르기가 들어간 다음 홈즈의 머리가 꺾이더니 다음 순간 홈즈는 맥없이 바닥에 쓰러지고 만다. 마치 거대한 나무가 쓰러지는 듯한 모습이다.

여기에서 스트레이트 펀치도 어느 정도의 회전가속도를 일으킨다는 사실을 짚고 넘어갈 필요가 있다. 조던은 "순수하게 회전가속도

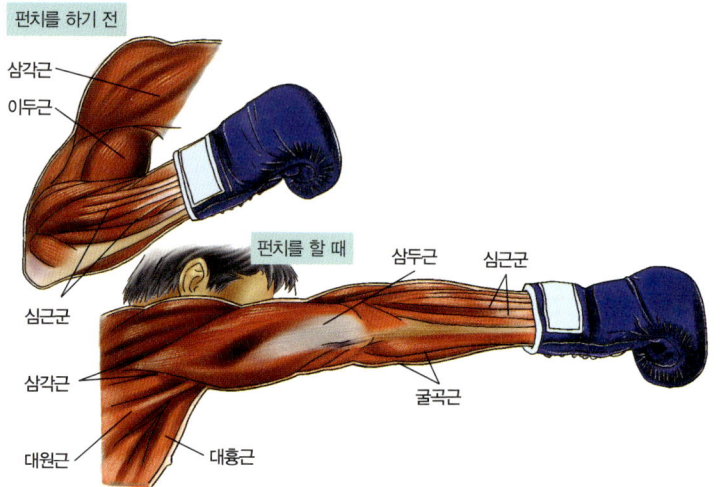

○ 녹아웃 펀치의 힘은 발에서부터 시작된다. 몸통을 타고 전달된 힘은 팔의 여러 근육의 복합적인 상호작용을 통해 최고조에 이른다.

만을 일으키는 펀치나 선가속도만을 일으키는 펀치는 이론상으로만 존재한다. 현실에서 펀치로 발생하는 힘은 대개 선가속도와 회전가속도가 어느 정도 가변적으로 조합되어 나타나기 마련이다."

선가속도와 회전가속도야말로 녹아웃을 일으키는 근본 원인이라 할 수 있다. 그리고 이 두 가지 역학적 요소가 함께 섞여 작용할 때 녹아웃의 신비는 한층 깊어진다.

녹아웃을 일으키는 그 밖의 요소

마지막으로 살펴보아야 할 유형의 가속도가 있다. 바로 감속도이다. 감속도는 펀치 자체를 맞았을 때 발생하는 것이 아니라 선수가 쓰러지면서 바닥에 머리를 부딪칠 때 발생한다. 머리가 급격하게 감속하면서 뇌와 두개골이 충돌하게 되면 두개골 내부에서 회전하고 있던 뇌의 상태가 악화되고, 이는 뇌엽의 부상으로 이어질 수 있다.

녹아웃은 경동맥을 다쳤을 때에도 일어난다. 경동맥은 목과 뇌를 연결하는 주요 동맥으로 목을 강하게 얻어맞으면 경동맥동이 압박을 받아 뇌로 산소를 운반하는 혈액을 공급하지 못하게 된다. 그 결과 쇼크가 일어나 뇌에 손상이 일어날 수 있다.

몸통에 맞은 펀치로 녹아웃이 일어날 수도 있다. 아셀은 "아무리 얻어맞아도 끄떡하지 않는 선수들이 명치를 한 대 맞고 맥없이 쓰러지는 모습을 많이 보았다."고 말한다.

펀치의 힘

그렇다면 루이스와 타이슨이 그토록 파괴적인 펀치를 날리는 선수가 될 수 있었던 요인은 무엇인가? 또한 체력이 좋지 않은 선수가 녹아웃의 대가가 될 수 있는 요인은 무엇인가? 그리고 어떤 선수가 다른 선수에 비해 강타를 맞고도 잘 버텨내는 까닭은 무엇인가? 유리 턱이라는 것은 실제로 존재하는 것인가?

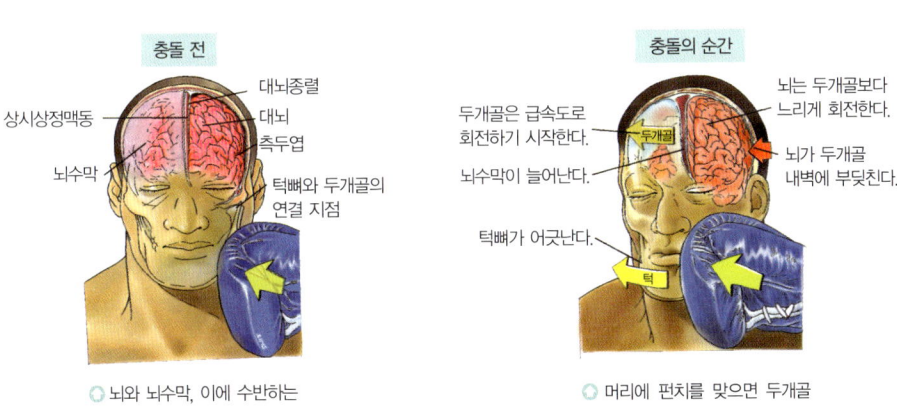

○ 뇌와 뇌수막, 이에 수반하는 혈관들은 두개골의 단단한 껍질 안에서 보호를 받는다.

○ 머리에 펀치를 맞으면 두개골이 먼저 빠르게 회전하면서 뇌와 뇌수막에 타박상이 일어난다.

아놀드 슈워제네거처럼 몸이 좋아도 민들레 한 송이조차 KO시키지 못하는 사람이 있는 반면 뼈만 앙상한 몸을 하고도 주먹 한 방으로 트럭도 납작하게 할 수 있는 사람이 있다. 펀치의 힘을 둘러싼 신비는 도무지 종잡을 수 없다.

뉴욕 주 운동위원회의 부위원장이었던 재키 그레이엄Jackie Graham이 지적하는 대로 조지 포먼George Foreman과 게리 쿠니Gerry Cooney는 팔로 펀치를 날리는 선수로 알려져 있다. 즉 몸통을 지렛대처럼 이용하여 펀치의 힘을 최대로 끌어올리는 선수가 아니라는 뜻이다. 하지만 두 선수 모두 자신의 적수 대부분을, 그것도 아주 빠른 속도로 녹아웃시켰다. 포먼과 쿠니는 상대를 녹아웃시키기 위해서는 강력한 펀치가 있어야 한다는 상식을 뒤집는다. 조 프레이저Joe Frazier나 마이크 타이슨 같은 선수가 한 발을 바닥에 고정시키고 몸 전체를 회전시키면서 펀치에 힘을 실어 상대방을 녹아웃시킨다면 팔로 펀치를 날리는 선수들은 마치 깃털처럼 빠른 속도로 상대를 녹아웃시키는 듯 보인다.

재키 그레이엄은 1930년대 위대한 라이트급 챔피언이던 루 젠킨스Lew Jenkins를 기억한다. "젠킨스의 주먹은 작은 소녀의 주먹 같았다. 팔도 막대기처럼 가늘었다. 하지만 젠킨스는 노새처럼 펀치를 날릴 줄 알았다. 정확성과 방향, 지렛대 효과와 그 밖의 알 수 없는 여러 요소들이 더해진 결과였다. 펀치를 견디는 능력에 대해서는 우리 형인 빌리 그레이엄을 예로 들어보자. 형은 120차례 시합에서 슈거 레이 로빈슨Sugar Ray Robinson, 카르멘 바실리오Carmen Basilio, 조이 자르델

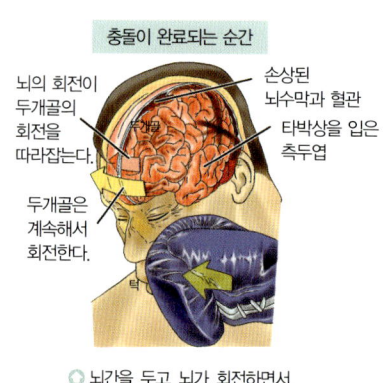

충돌이 완료되는 순간

뇌의 회전이 두개골의 회전을 따라잡는다.

손상된 뇌수막과 혈관 타박상을 입은 측두엽

두개골은 계속해서 회전한다.

탁

● 뇌간을 두고 뇌가 회전하면서, 두개골에 뇌가 충돌하여 녹아웃이 일어난다.

로Joey Giardello 같은 선수들과 싸웠지만 단 한번도 녹아웃 당한 적이 없었다."

힘의 원칙

그렇지만 고전적인 법칙도 적용된다. 조던이 《신경학 회보Archives of Neurology》에 발표한 논문에 따르면 "권투에서 펀치에 맞고 일어나는 뇌진탕의 속성은 펀치를 맞는 방식, 즉 두개강 내부로 역학적 힘이 전달되고 흡수되는 방식과 관련이 있다. ……펀치에 의해 전달되는 힘은 글러브의 질량과 팔을 휘두르는 속도와 비례하며 펀치에 저항하는 대상의 총질량에 반비례한다."

근본적으로 이는 뉴턴의 제2법칙(가속도의 법칙)과 제3법칙(작용반작용의 법칙)이다. 가장 원칙적으로 따져볼 때 펀치의 힘은 글러브를 낀 주먹의 질량과 주먹을 휘두르는 속도의 곱한 값이다(힘=질량×가속도). 여기에서 우리는 움직이는 두 사람의 몸을 논의하고 있으므로, 머리에 작용하는 글러브의 힘과 크기는 같고 방향이 반대인 힘이 머리에서 글러브로도 작용한다는 사실을 반드시 고려해야 한다. 펀치를 흡수하는 선수의 능력을 파악하는 데 있어 머리를 회전시키는 힘에 대한 머리와 목의 반발력은 중요한 요소다.

뉴턴의 제3법칙은 펀치를 따라 고개를 돌리는 펀치 회피 기술에서 흥미로운 방식으로 적용된다. 유명한 무하마드 알리Muhammad Ali를 비롯하여 재치 있는 권투선수들은 펀치가 머리에 맞는 순간 고개를 뒤로 빼면서 타격의 충격을 감소시킨다. 말하자면 맞는 방향으로 고개를 돌리는 것이다. 이런 방식으로 두개골과 뇌가 함께 가속을 받게 되며 타격으로 일어난 손상이 분산된다.

무방비 상태로 턱에 갑작스런 펀치를 맞는 경우 머리는 엄청난 속도의 가속을 받게 된다. 두개골만큼 단단하지 않은 뇌는 두개골만큼 빠르게 회전하지 못하기 때문에 가속을 받으면 그 형태가 변형되며 그 결과 뇌를 감싸고 있는 뇌막의 신경과 혈관이 압박을 받거나 심한 경우 찢어지기도 한다.

녹아웃을 좌우하는 생체역학적 요소가 하나 더 있다. 바로 충돌의 지속시간이다. 리우의 설명을 들어보자. "상대적으로 강도는 낮지만 충돌시간이 긴 펀치는 그보다 강도가 센 펀치만큼의 효과를 낼 수 있다. 가라데에서도 비슷한 예를 찾아볼 수 있다. 주먹으로 벽돌을 격파할 때 보통 사람들은 벽돌을 때리는 주먹의 힘이 일정 수준을 넘어가는 순간 주먹에 엄청난 통증을 느끼기 때문에 손을 빼어버리고 만다. 반면 가라데 고수들은 벽돌이 깨질 때까지 충돌을 지속시킨다. 같은 의미에서 뛰어난 권투선수는 마무리 동작을 확실하게 한다."

왜 어떤 선수들은 다른 선수에 비해 타격을 좀 더 잘 견딜 수 있는지에 대해서는 이렇게 설명한다. "개개인마다 뇌가 구성되는 방식이 조금씩 다르기 때문에 어떤 사람들은 다른 사람보다 뇌에 가해지는 높은 압력구배, 즉 회전가속도를 견뎌낼 수 있도록 타고난다. 이는 자연에 존재하기 마련인 개체 간의 차이일 뿐이다."

소위 말하는 '유리턱' 때문에 불리한 선수들이 있는가? 아셀은 이 용어가 '신문에서 사용하는 표현'에 불과하다고 주장한다. "우리는 그런 말을 사용하지 않는다. 물론 개인에 따라서 특정 부위, 특정 신경중추가 펀치에 좀 더 민감하게 반응하는 선수가 있는 한편 다른 사람보다 몸이 단단한 선수들도 있다. 하지만 솔직히 이야기해서 인간의 몸은 애초에 펀치를 맞도록 만들어지지 않았다."

그러나 태곳적 이 스포츠가 출현한 이래 인간의 몸은 셀 수 없이 많은 주먹을 휘두르고 또 맞아 왔다. 권투를 형언할 수 없는 내면의 불꽃이라 말하는 것은 기술과 강인함으로 녹여내는 스포츠이기 때문이다. 권투에서 상대를 녹아웃시키는 펀치를 완벽하게 갈고 다듬는 일은 지금까지 그래왔듯이 앞으로도 궁극적인 목표가 될 것이다.

Cycling 사이클링

6

가장 빠른 시간
랜스 암스트롱의 신체
타임트라이얼 자전거

가장 빠른 시간

- Dean Golich 딘 골리츠
- Craig Griffin 크레이그 그리핀

- 투르 드 프랑스에서 사상 최초로 7연패 기록을 달성한 사이클의 황제 랜스 암스트롱

3주 동안 3000~4000 킬로미터를 달리며 프랑스를 일주하는 투르 드 프랑스는 세계에서 가장 널리 알려진 사이클링 대회이다. 또 다른 사이클링 대회인 아우어 레코드는 투르 드 프랑스만큼 사람들의 환호를 받지는 못하지만 그 명성만큼은 뒤지지 않는다. 역사적으로 투르 드 프랑스에 출전하는 선수들은 자신이 세계에서 가장 뛰어난 사이클링 선수라는 사실을 증명하기 위해 아우어 레코드에 도전한다.

아우어 레코드Hour Record는 1시간 안에 얼마나 먼 거리를 달릴 수 있는지를 겨루는 경기다. 이 경기는 트랙 사이클링을 위해 특별히 설계된 경기장인 벨로드롬에서 치러진다.

아우어 레코드의 역사

투르 드 프랑스와 아우어 레코드는 그 시초부터 밀접한 관계를 유지해 오고 있다. 1883년 투르 드 프랑스의 창시자 앙리 데그랑주Henry Desgrange는 1시간에 35.325킬로미터라는 아우어 레코드를 기록했다. 그 이후 아우어 레코드는 셀 수 없이 많은 선수들의 도전을 받아 왔다. 그리고 2005년 7월 체코의 온드레이 소센코Ondrej Sosenko가 아우어 레코드를 49.7킬로미터까지 끌어올렸다.

아우어 레코드에서 가장 중요한 해는 1972년으로, 사이클링의 전설이라 불리던 벨기에의 에디 먹스Eddy Merckx는 49.422킬로미터의 아우어 레코드를 기록하며 당시로는 신기록을 세웠다. 그 이후 여러 선수들이 먹스의 기록을 뛰어넘었지만 전부 기술 발전에 의존하는 개조 자전거를 이용한 결과였다. 사이클링 종목을 주관하는 국제사이클연맹에서는 기술 발전이 아닌 운동능력에 중점을 두기 위해 2000년 아우어 레코드에서의 기술 동결 규정을 도입했다. 아우어 레코드에 사용되는 자전거는 연맹에서 제시하는 조건에 부합해야 하며, 그 무게가 12.68파운드(5.75kg)보다 가벼워서는 안 된다. 이 무게는 1972년 먹스가 아우어 레코드를 기록할 당시 사용했던 자전거의 무게였다. 소센코가 아우어 레코드를 경신할 수 있었던 것은 사람들이 전혀 생각지 못한 허점을 이용했기 때문이다. 그가 사용한 자전거는 먹스의 자전거보다 무거웠다. 규정에는 아우어 레코드에 사용할 수 있는 자전거의 최대 무게는 명시되어 있지 않았다. 소센코는 자전거가 무거울수록 속도가 붙고 난 다음에는 그 속도를 유지하기가 더 쉽다는 사실에 주목했다.

아우어 레코드와 랜스 암스트롱

랜스 암스트롱Lance Armstrong은 시대를 풍미했던 뛰어난 사이클링 선수로, 투르 드 프랑스에서 무려 일곱 차례나 우승했다. 만일 암스트롱이 아우어 레코드에 도전했다면 어떤 결과가 나왔을까? 2005년 에프원 그룹F-One Group이라는 이름의 연구팀이 이 가상의 의문에 해답을 찾기 위해 모였다. 이 팀은 암스트롱의 훈련을 감독했던 카마이클 훈련팀과 공기역학 전문가인 렌 브라운라이Len Brownlie를 비롯해 트렉, 나이키, 지로, 헤드사이클링, AMD 등 여러 사이클 장비 공급회사와 스폰서에서 파견된 연구원들로 구성되어 있었다.

첫번째 질문은 바로 장소였다. 암스트롱은 벨로드롬에서 경주를 치러본 적이 없었기 때문에 환경 적응 기간이 필요하리라는 점은 분명했다. 벨로드롬은 250~330미터로 이루어져 있고, 경사로에서 자전거를 달려야 한다. 250미터 트랙의 경우 회전 구간은 45도 각도로 기울어져 있고, 직선 구간에서는 15~20도 정도로 기울어져 있다.

벨로드롬에서는 적절한 시기에 맞추어 힘을 배분하는 능력이 중요하다. 직선 구간에서는 힘을 더해야 하고 회전 구간에서는 힘을 빼야 한다. 또한 페달을 밟는 데 쓸데없이 힘을 낭비하지 않도록 힘을 보존하는 방식으로 페달을 밟아야 한다. 한편 투르 드 프랑스와는 달리 아우어 레코드는 하나의 고정 기어로 치러진다.

페달을 밟는 힘

힘은 훈련의 기준이 된다. 파워미터를 이용하면 페달을 밟는 힘을 토크로 측정한 다음 와트로 변환시킬 수 있다. 파워미터를 달고 훈련을 하면 일정 거리를 달리는 동안 자신이 힘을 어떻게 쓰고 있는지 실시간으로 관찰할 수 있다.

아우어 레코드에 필요한 힘은 투르 드 프랑스 코스에 있는 언덕이나 계곡을 달리기 위해 필요한 힘과는 다르다. 투르 드 프랑스에서는 중력을 이겨내기 위해 많은 힘을 사용한다. 오르막길을 자전거로 오르는 데 중요한 요소는 힘 대 무게의 비율이다. 오르막을 오르는 선수에게 가장 이상적인 몸무게는 키 1센티미터에 몸무게 357.2그램 미만이다. 몸무게가 가벼운 선수는 무거운 선수에 비해 오르막을 끌고 올라갈 무게가 적다. 반면 아우어 레코드에서 중요한 것은 힘 대 표면적의 비율이다. 어떤 선수에 대한 정확한 표면적과 몸무게, 공기역학적 자료가 있다면 그 선수가 정해진 시간 내에 특정 거리를 달리기 위해 얼마나 빨리 달려야 하는지를 계산할 수 있다.

예를 들어 목표가 1시간에 50킬로미터 이상을 달리는 것이라면, 이때 필요한 랩 타임(lap time: 트랙을 한 바퀴 도는 데 걸리는 시간—옮긴이)과 힘을 계산할 수 있다. 이렇게 계산된 힘의 양은 훈련 목표가 된다. 하지만 아우어 레코드에 필요한 힘을 계산하는 작업은 겉으로 보는 것처럼 단순하지 않다. 아우어 레코드에서는 직선 구간만 달리는 것이 아니기 때문이다. 회전 구간에서는 속도를 줄이고 직선 구간에서는 속도를 내야 한다. 벨로드롬에서는 한 바퀴를 돌 때마다 네 개의 구간을 거치게 된다. 또한 긴 트랙에서보다 짧은 트랙에서는 구간에 따라 필요한 힘이 훨씬 더 자주 변한다.

우리는 새로운 의문과 마주한다. 선수는 과연 얼마만큼의 힘을 낼 수 있는가? 또한 아우어 레코드를 깨기 위해서는 얼마만큼의 힘이 필요한가? 그리고 마지막으로 선수가 내는 힘은 고도나 다른 환경 조건에 따라 얼마만큼 달라지는가?

환경에 대한 고려 사항

랜스 암스트롱이 아우어 레코드에 도전하려 했다면 분명히 고도가 높은 지역, 멕시코시티 같은 곳에서 시도했을 것이 분명하다. 고도가 높은 지역에서는 산소 농도가 낮기 때문에 경기력이 6~8퍼센트 정도 감소하지만, 이 단점은 낮은 기압 덕분에 공기저항이 16퍼센트 감소하는 것으로 상쇄될 수 있다. 모든 요소를 고려하여 계산하면 결과적으로 고도가 높은 지역에서는 경기력을 8퍼센트 이상 끌어올릴 수 있다. 까다로운 부분은 훈련이다. 선수는 고도가 높은 지역에서 훈련을 너무 많이 해서는 안 된다. 힘을 최대로 발휘하는 능력이 떨어질 수 있기 때문이다. 그러나 경기를 잘 해내기 위해서는 높은 고도에 맞추어 훈련을 하는 것도 필요하다. 이 두 가지 요소 사이에서 균형을 잡는 일이 어렵다. 또한 이 부분에서는 선수의 몸 상태가 큰 변수로 작용한다.

여러 측면에서 생각할 때 아우어 레코드에서는 공기저항을 최소화하는 것이 전부라 해도 과언이 아니다. 공기저항은 사이클 선수에게 작용하는 저항력의 90퍼센트를 차지한다. 사이클 경주에 사용되는 여러 장비(옷과 신발, 헬멧, 자전거 바퀴, 타이어, 자전거 프레임)는 풍동실험을 거쳐 최대한 저항을 줄일 수 있도록 온갖 노력을 들여 만들어진다. 그러나 트랙 경주의 경우에는 바람각이 여러 각도로 변화하기 때문에 공기저항을 줄이는 일은 한층 어려워진다. 그렇기 때문에 트랙에서는 자전거를 타는 선수의 자세가 아주 중요하다. 선수는 공기역학적으로 유리한 자세와 힘을 낼 수 있는 자세 사이에서 균형 지점을 찾아야 한다. 선수가 저항을 최소화하기 위해 몸을 낮춰 공기역학적으로 유리한 자세를 취한 상태에서도 여전히 최대한의 힘을 발휘할 수 있을 만큼 유연한지가 중요한 문제이다. 공기역학적으로 유리한 측면만 생각하여 자세를 교정하면 선수가 받는 정면 저항은 줄일 수 있지만 그 선수는 공기역학적으로 한층 불리한 자세에서 힘을 더 잘 낼 수 있을지도 모른다(자전거 자체는 정면 표면적에서 20~25퍼센트를 차지한다). 이를테면 자세를 바로잡아 공기역학을 1퍼센트 향상시키는 일이 힘을 10퍼센트 줄이는 결과가 될 것인가? 이 문제에서 선수의 신체 상태는 중요한 요인이 된다. 공기역학적으로 이상적인 자세를 10~15분 정도 유지할 수 있는 선수는 많지만 1시간이라면 선수의 패기를 가늠하는 진정한 시험이 될 것이다.

신체조건

체형 또한 고려해야 할 사항이다. 투르 드 프랑스에 참가하는 사이클 선수는 몸집이 작아 몸무게에 대한 힘의 비율이 높은 경우가 많다. 투르 드 프랑스에서 이기기 위해서는 오르막을 잘 오를 수 있어야 하는 반면 아우어 레코드에서 몸무게는 표면적에 비해 그리 중요하지 않다. 키가 크고 마른 체형의 선수라도 공기역학적으로 유리한 자세를 취할 수 있을 만큼 유연하기만 하면 상관없다. 그러나 반대로 오르막으로 자신의 무게를 끌고 올라가는 것이 중요한 투르 드 프랑스에서는 키가 크고 마른 선수는 좋은 성적을 내기 힘들다.

투르 드 프랑스와 아우어 레코드의 또 다른 차이점은 심부체온과 관련된 규정이다. 아우어 레코드에서는 음료수를 지참할 수 없기 때문에 체온을 빨리 식히는 선수가 유리하다. 아우어 레코드에 도전하는 선수들은 경주를 시작하기 전 여러 방식의 예비 냉각을 통해 심부체온을 낮추기 위해 노력한다. 몸에서 열이 나면 선수가 낼 수 있는 힘이 줄어들기 때문이다.

랜스의 훈련

자전거를 즐기는 사람 중 정해진 훈련 기간 동안 거리를 향상시키고 싶다면 랜스의 훈련 계획이 도움이 될 것이다. 우리는 기본적으로 구간훈련법(높은 강도의 훈련 사이에 불완전 휴식을 넣어 반복하여 시행하는 훈련 방법—옮긴이)을 채용했다. 일정한 거리를 달리기 위해 암스트롱이 1시간 동안 400와트의 힘을 생성해야 한다고 가정해 보자. 우리는 45~50분 동안 총 430와트의 힘을 생성한다는 목표를 잡고 훈련을 시작한다. 그 다음 훈련시간을 10분 구간으로 나누고 그 사이 5~8분의 회복 시간을 두었다. 암스트롱이 아우어 레코드의 기록을 경신하는 데 필요한 힘에서 10퍼센트 이상을 내는지 계속해서 확인하는 한편 자전거를 타는 시간을 늘리고 회복 시간을 줄이는 식으로 훈련을 진행하였다. 45분 동안 430와트의 힘을 내는 훈련을 통해 우리는 암스트롱이 실제로 아우어 레코드에 도전할 때에는 1시간 동안

420와트의 힘을 낼 수 있기를 기대했다. 여기에서 문제를 복잡하게 만드는 요소는 분당 회전수이다. 암스트롱은 아무 문제없이 1분에 페달을 100회 밟을 수 있다. 이 말은 암스트롱이 1분에 페달을 90회 밟는 선수보다 더 큰 힘을 유지할 수 있다는 뜻이다. 페달을 적게 밟는 선수가 달리는 데 필요한 힘을 유지하기 위해서는 페달을 좀 더 세게 밟을 수밖에 없다. 속도를 올리기 위한 방법은 페달을 세게 밟거나 혹은 페달을 빨리 밟는 것뿐이기 때문이다.

기록을 무너뜨리다?

랜스 암스트롱이 아우어 레코드를 깰 수 있었을까? 이 기록을 깬다는 것은 아우어 레코드를 5~10미터 가량 끌어올린다는 뜻이다. 암스트롱이 실제로 도전하겠다고 결심하지 않는 이상 이 질문에 대한 답을 확실히 알 수 없다. 하지만 우리는 암스트롱이 충분히 아우어 레코드의 기록을 깰 수 있었으리라 생각한다. 몬타나대학에서 스포츠 생리학을 연구하는 댄 하일Dan Heil 또한 우리와 같은 생각이다. 하일은《유럽 응용생리학 저널European Journal of Applied Physiology》에 게재한 글을 통해 암스트롱이 아우어 레코드의 기록을 깨트렸을 것이라고 예측했다. 그는 자전거와 선수에 작용하는 외부적인 힘과 선수의 신체적 조건을 고려하여 수학적 모델을 세웠고, 이 모델을 통해 암스트롱이 아우어 레코드를 거의 2킬로미터 정도 끌어올렸을 것이라고 예측했다. 만일 실현되었다면 이 기록은 수십 년 동안 어느 누구도 도전조차 힘들 만큼의 대단한 기록이 되었을 것이다.

하지만 지금은 어떤 결과가 있었을지 오직 상상할 수 있을 뿐이다.

랜스 암스트롱의 신체

랜스 암스트롱이 뛰어난 사이클 선수가 될 수 있었던 핵심 요인은 일반인과 다른 몸인지도 모른다. 이는 타고난 유전자에 훈련이 더해진 결과이다. 《더 사이언스 채널The Science Channel》에 게재된 기사에 따르면 암스트롱의 근육과 심장, 폐의 능력은 일반인의 평균 수준을 뛰어넘는 것으로 나타났다. 그는 암을 이겨낸 후 체중이 9킬로그램 정도 줄었지만 여전히 이전과 같은 수준의 힘을 발휘할 수 있었다. 그 결과 암스트롱의 몸무게에 대한 힘의 비율은 10퍼센트나 증가했다. 1퍼센트의 차이로 승리를 차지할 수 있는 스포츠에서 엄청나게 유리한 능력이 아닐 수 없다. 여기에서 암스트롱의 신체적인 특징을 소개한다.

근육

암스트롱의 근육에서는 이유는 알 수 없지만 젖산이 평균치보다 적게 생산된다. 또한 암스트롱은 보통 사람보다 젖산을 한층 효율적으로 제거할 수 있다. 오스틴의 텍사스대학에 위치한 인간능력연구소의 연구에 따르면 암스트롱은 오랜 시간에 걸쳐 자신의 몸에 있는 지근의 양을 20퍼센트 증가시켰다. 지근은 서기나 걷기에 사용되는 근육으로 속근처럼 열량을 빨리 연소시키지 않는다. 지근이 늘어났다는 것은 암스트롱이 경쟁 상대보다 좀 더 오랜 시간 동안 전력을 내어 달릴 수 있다는 뜻이다.

심장

암스트롱의 심장은 일반인의 평균보다 약 30퍼센트 이상 효율적으로 작동하며 빨리 뛸 때는 1분에 34리터의 피를 내보낸다. 보통 사람의 심장이 내보내는 혈액의 양은 1분에 19리터 정도다. 1분 동안 암스트롱의 심장은 200번 박동한다.

폐

젊은 사람의 경우 평균적으로 한 번 숨을 들이마실 때마다 공기에서 45밀리미터의 산소를 추출한다. 반면 암스트롱은 숨을 한번 들이마실 때마다 83밀리그램의 산소를 추출할 수 있다. 남들보다 많은 산소를 흡입할 수 있는 암스트롱은 평균 250와트의 두 배인 500와트의 힘을 생성할 수 있다.

○ 랜스 암스트롱의 신체는 일반인의 평균적인 신체와 다르다. 폐는 일반인의 두 배 정도 큰 용적을 지니고 있으며 허벅다리의 넙다리뼈는 평균치보다 길어 페달을 밟을 때 남들보다 더 큰 회전력을 낼 수 있다. 시합에 참가할 때 암스트롱의 평균 체지방은 일반인의 평균 체지방인 16퍼센트보다 4~5퍼센트 정도 낮다.

타임트라이얼 자전거

1시간 동안 가장 먼 거리를 질주하기 위해서 팀 디스커버리(Team Discovery: 한때 랜스 암스트롱이 이끌었던 미국 프로 로드자전거 경주팀—옮긴이)에서는 최고로 가볍고 공기역학적으로 유리한 자전거를 개발했다. 여기에 그 주요 사양을 소개한다.

안장: 안장 기둥은 공기저항을 줄이기 위해 익형을 띠고 있다.
프레임: 프레임은 익형으로 되어 있다.
핸들바: 낮게 자리 잡은 핸들바는 바람의 저항을 줄이는 데 도움이 된다. 또한 선수가 저항을 감소시키기 위해 몸을 쭉 뻗는 자세를 취하는 데에도 도움이 된다.
타이어: 관으로 된 타이어에는 내부의 관을 고정시켜주는 특수한 외피가 붙어 있다. 타이어는 특수 접착제로 바퀴 테에 고정된다. 시합 때마다 타이어에는 8.85~9.53기압 정도로 공기가 주입된다.
앞바퀴: 바퀴살이 익형으로 만들어진다.
뒷바퀴: 평평한 원반식 바퀴는 자전거를 안정감 있게 달리게 해주며 자전거 프레임 주위로 공기가 공기역학적으로 유리하게 흐를 수 있도록 해준다.
무게: 국제사이클연맹에서는 자전거의 최소 무게를 14.96파운드(6.79kg)로 규정하고 있다.

Football 미식축구 7

폭탄의 역학
필드골의 미학
필요한 것은 오직 단 한 번의 킥
전투 헬멧
충돌의 해부학

폭탄의 역학

● John Bakke 존 바크

● 제41회 슈퍼볼에서 MVP로 선정된 인디애나폴리스 콜츠의 쿼터백인 페이튼 매닝

미식축구는 인치를 다투는 시합일지도 모르지만 일명 폭탄이라 불리는 롱패스는 단 한 번의 장거리 공격으로 상대로부터 수천 센티미터를 빼앗으면서 이 스포츠에 존재하는 지상 공격 양식의 기반을 무너뜨린다. 롱패스는 미식축구에서의 슬램덩크나 홈런이라 할 만하다. 이렇게 빠른 속도로, 한 번에 많은 것을 얻고 이토록 크나큰 환호를 받는 플레이도 없다.

롱패스 플레이가 극적인 효과를 일으키는 이유는 모 아니면 도라는 형태의 공격이기 때문이다. 그러나 미식축구를 잘 아는 사람은 이러한 폭탄 공격이 도박보다는 술책에 가깝다고 주장한다. 실제로 롱패스의 성공 여부는 선수들 사이에 타이밍을 맞추는 조직력이 얼마나 뛰어난지, 그리고 먼 거리를 날아가기에 적합하지 않게 생긴 공을 얼마나 부드럽고 정확하게 던지는지에 달려 있다.

롱패스 플레이의 복잡한 사항

미식축구 전략가들은 롱패스를 성공하기 위한 열쇠가 정확한 타이밍이라고 말한다. 명예의 전당에 코치로 이름을 올린 돈 슐라Don Shula는 북아메리카 프로미식축구리그NFL에서 마이애미 돌핀스를 이끌고 1972년 퍼펙트 시즌(정규 시즌 전 경기에서 승리를 거둔 시즌—옮긴이)을 달성하고 1963년부터 1996년까지 347승을 거둔 명장이다. 돈 슐라의 말에 따르면 "팔의 힘보다 훨씬 더 중요한 것은 타이밍이다."

롱패스 플레이는 짧은 거리에서 일어나는 패싱 플레이보다 한층 빠르게 전개된다. 신속함이 중요하기 때문에 쿼터백은 일곱 걸음 대신 다섯 걸음만 뒤로 물러선다. 쿼터백이 물러나는 3~4초 정도의 시간 안에 리시버는 자신을 수비하는 선수를 꼬리에 붙인 채 다운필드 방향으로 10~15야드(9.1~13.7m) 정도 이동해야 한다.

이 순간은 두 가지 의미에서 롱패스 플레이의 성공을 좌우하는 결정적인 순간이다.

첫번째로 리시버는 자신을 수비하는 수비수를 지나 앞으로 나와야 하며 공을 받는 위치로 이동하는 동안 계속 수비수를 앞질러 있어야만 한다. 그렇지 못하면 결정적인 타이밍에서 무너지고 만다. 리시버가 수비수를 앞질러 나왔다면 이제 남은 일은 30~35야드(27.4~32m) 정도를 전력질주하는 것뿐이다.

두번째는 패스다. 쿼터백은 수비수들이 가까이 다가오고 있는 상황에서 완벽에 가까운 패스를 해야만 한다. 쿼터백은 공을 받을 리시버가 4~5초 후에야 도착할 50야드(45.72m) 이상 떨어진 지점을 향해 공을 던져야 한다. 허용되는 오차는 양 옆으로 약 1야드(0.9m) 정도뿐이다.

슐라가 이끄는 돌핀스가 1987~1988년 시즌 한 시합당 평균 260야드(237.7m)에 가까운 패싱야드를 기록할 수 있었던 데는 쿼터백인 댄 마리노Dan Marino의 공이 컸다.

"다른 패스 플레이와 마찬가지로 타이밍이 가장 중요하다." 수십 년 동안 무너지지 않은 통산 최다 터치다운 패스(420회), 통산 최장 패싱야드(61,361야드), 통산 최다 패싱 성공(4967회) 기록을 보유한 마리노의 말이다.

롱패스를 정확하게 던지는 일은 경기장에서도 아주 어려워 보이지만 역학적 관점에서 살펴보면 한층 더 놀랍다. 쿼터백은 공의 회전과 받음각, 궤도, 속도를 적절하게 결합하여 공을 기다리는 리시버의 손 안으로 정확하게 던져야 한다.

미식축구공

미식축구공을 던질 때 가장 중요하게 고려해야 할 사항은 미식축구공에서 가장 큰 특징, 바로 공의 형태이다. 그 생김새 때문에 비행 중인 미식축구공에는 비행에 영향을 미치는 여러 가지 힘들이 각기 작용함에 따라 공기를 맞는 단면이 여러 형태로 달라진다.

뉴욕대학교 폴리테크닉대학의 항공우주학과 학과장인 파스쿠알 스포르자Pasqual Sforza 교수는 "공기역학적으로 미식축구공은 아주 불안정한 물체이다. 미식축구공과 비교할 때 야구공이나 다른 구체는 아주 안정적인 편이다."라고 말한다.

미식축구공이 타원형으로 길쭉한 형태를 띠고 있기 때문에 나타나는 중요한 특징은 안정성의 결여다. 그 결과 미식축구공을 안정적으로 던지기 위해서는 공에 회전을 주어야 한다. 공의 회전은 자이로 효과(gyro effect: 고속으로 회전하는 물체가 그 회전축을 일정하게 유지하려는 성질―옮긴이)를 일으켜 공을 안정적으로 날아가게 한다.

스파이럴(spiral: 공의 장축을 회전축으로 회전시켜 펀트를 하거나 패스를 하는 것―옮긴이)을 잘 던지기 위해서 쿼터백은 반드시 공의 중심을 지나는 장축을 회전축으로 회전을 걸어 공을 던져야 한다. 회전축이

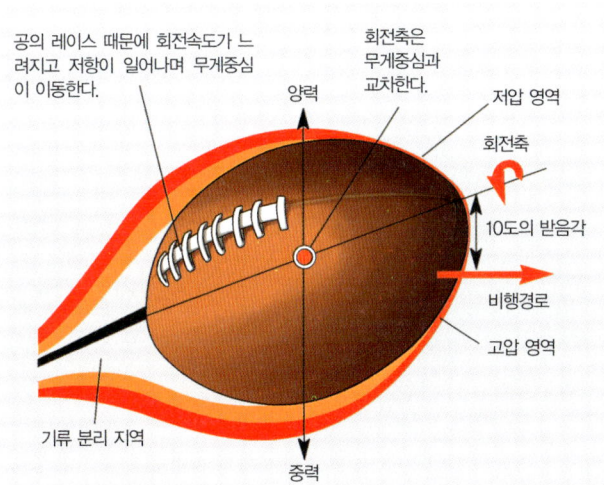

미식축구공에 작용하는 공기역학 법칙

공의 레이스 때문에 회전속도가 느려지고 저항이 일어나며 무게중심이 이동한다.

회전축은 무게중심과 교차한다.

양력
저압 영역
회전축
10도의 받음각
비행경로
고압 영역
기류 분리 지역
중력

○ 회전을 통해 안정적으로 날아가는 미식축구공은 그 타원형 모양 덕분에 공기저항을 덜 받는다. 공의 위쪽으로 흐르는 저압의 기류가 양력을 생성하는 경우 공은 한층 먼 거리를 날아갈 수 있다. 이는 비행기 날개가 떠오르는 것과 같은 원리다. 공이 날아가는 동안 계속해서 회전축이 비행 궤도와 10도의 받음각을 유지할 때 완벽한 패스가 탄생한다.

어긋나 버리면 공은 뒤뚱거리며 날아가 저항을 유발하게 된다.

완벽하게 회전을 걸어 던졌다고 해도 공의 받음각은 달라질 수 있다. 받음각은 공의 뾰족한 끝부분과 공의 궤도, 즉 공의 무게 중심이 움직이는 길과 이루는 각을 말한다. 공의 받음각이 0보다 크면 미식축구공의 뾰족한 끝부분이 공이 날아가는 방향에서 위로 들리게 되며, 그 결과 공은 공의 위와 아래로 흐르는 기류에 의해 발생하는 양력을 받아 떠오르게 된다. 비행기 날개가 떠오르는 것과 같은 원리다.

공기 중에서 운동하는 물체는 공기저항을 받는다. 미식축구공의 경우 저항계수는 상황에 따라 달라진다. 일부 과학자들은 축류(축 방향으로 흐르는 유체—옮긴이)에서 회전하는 발사체(미식축구공과 같은 방식으로 회전하는)에 대한 연구 결과를 바탕으로 스파이럴에 걸어주는 회전속도를 높이면 저항계수를 감소시킬 수도 있다는 주장을 한다. 그러나 공의 저항계수를 감소시키기 위해서는 공에 걸어주는 회전속도가 분당 1000회를 뛰어넘어야 한다. 일반적으로 잘 던진 패스의 회전속도는 분당 600회 안팎이다.

속도

공을 던지는 속도는 또 다른 문제다. 공이 빠르게 날아갈수록 저항계수는 작아진다. 신기하게도 구체의 경우 속도가 약간만 높아져도 저항계수가 급격하게 감소하는 구간이 존재한다. 다시 말해 공을 조금 세게 던지기만 해도 저항에 의한 감속을 크게 줄일 수 있다는 뜻이다. 미식축구공의 경우에도 비슷한 효과가 나타나는지는 알 수 없다. 하지만 공기역학 전문가들은 시속 64.4~72.4킬로미터의 범위 안에서 이런 현상이 일어날 것이라고 추측한다.

여기에서도 공의 회전에 의한 자이로 효과가 작용한다. 자이로 효과는 회전축을 일정하게 유지하는 역할 외에 공의 방향을 유지하고 자체적으로 수정하는 역할을 한다. 패스를 할 때 공이 떠오르는 구간을 생각해 보자. 공의 뾰족한 코 부분은 위쪽으로 들려 있고 공의 회전축은 공의 궤도와 일직선을 이룬다. 공이 떠오른 다음 정점에 이르고 하강하는 동안 공의 뾰족한 코 부분은 서서히 앞쪽으로 기울다 결국 아래쪽을 향하게 된다. 돌아가는 팽이가 회전축을 일정하게 유지하려는 것과 마찬가지의 원리에 의해 미식축구공에 걸린 회전이 회전축을 계속해서 공의 궤도와 일직선으로 유지하려고 하기 때문이다. 그 결과 공은 최대의 양력과 최소의 공기저항을 받게 된다.

받음각

쿼터백이 던진 패스가 모두 우아하게 날아가는 것은 아니다. 패스가 제대로 되지 않는 것은 궤도각과 받음각을 너무 크게 하여 던졌기 때문일 가능성이 높다. 자이로 효과에 의해 회전축이 계속해서 궤도의 경사각과 일직선을 유지하려 하는 동안 하강 궤도에서 공의 받음각은 한층 커지게 되고, 이상적인 궤도로 던진 공에 비해 더 큰 양력과 회전력을 받는 공이 세차운동을 일으키게 된다. 즉 공의 회전축이 이리저리 흔들리게 된다는 뜻이다. 뛰어난 쿼터백이라면 공의 비행경로를 조절하기 위해 받음각 같은 요소를 본능적으로 활용할 줄 알아야 한다.

스포르자 교수는 "어떤 요소들은 쿼터백이 시행착오를 거쳐 자신만의 특별한 기술을 개발한 다음에야 평가되기도 한다. 뛰어난 쿼터백은 제2의 천성, 무의식적인 본능에 따라 맞바람과 뒷바람, 옆바람

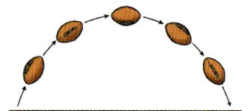

◯ **받음각**: 공기저항은 총알이나 회전하는 미식축구공처럼 발사체가 갈수록 감소한다.

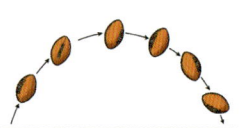

◯ **잘못 던진 패스**: 회전축과 궤도가 이루는 각이 비행의 후반 구간에서 크게 벌어진다. 그 결과 공은 뒤뚱거리며 떨어지게 된다.

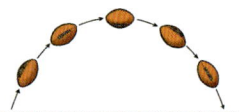

◯ **완벽한 궤도**: 정확하게 던진 롱패스는 쿼터백이 의도한 곳으로 공이 떨어지는 마지막 순간까지 받음각을 10도로 유지한다.

에 따라 공의 궤도를 미묘하게 조정하기도 하고 받음각을 조금 크게 주어 공의 체공시간을 더 오래 늘이기도 한다."고 말한다.

투구의 조정

좋은 패스를 던지려면 정확하게 던져야 한다. 그 점을 고려할 때 미식축구공은 던지는 일을 방해하기 위한 모양으로 만들어진 듯 보인다. 공에 걸어주는 회전과 공의 방향을 조절하기 위해서는 손을 공의 무게 중심 가까이, 즉 공의 중심 근처에 두어야 한다. 반면 공을 빠르게 던지기 위해서는 손의 힘을 공의 뒤쪽에 가해야 한다. 즉 가능한 공의 뒷부분을 잡고 던져야 한다는 뜻이다.

결과적으로 쿼터백은 이 두 가지 요소를 절충하여 공을 쥐는 부분을 결정한다. 쿼터백은 공의 방향과 회전을 조절할 수 있는 한도 내에서 가능한 한 뒤쪽으로 공을 잡고 던질 것이다.

미식축구공을 던지기 위해서 선수는 제대로 잡기도 힘들게 생긴 공을 여러 방식으로 움직이게 만들어야 한다. 공을 던지는 방향과 속도의 적절한 균형을 찾아낸 다음에도 쿼터백은 공의 회전과 공 자체가 가리키는 방향을 조절해야 한다.

대학리그에서 27시즌, 프로리그에서 25시즌을 보낸 베테랑 코치 시드 길먼Sid Gillman은 "롱패스는 쿼터백이 던져야 하는 패스에서도 가장 교묘한 패스이다. 쿼터백은 공을 단순히 거리에만 맞추는 것이 아니라 궤도에도 맞추어 던져야만 한다. 공은 정확한 장소에, 완벽하게 시간을 맞추어 떨어져야 한다."고 말한다.

길먼은 NFL의 다섯 팀에서 활약했고 그중 샌디에이고 차저스에서는 12년 동안 수석 코치로 있었다. 그는 NFL에 패스 시합을 도입한 선구자로 불리며 그 공로로 1983년 명예의 전당에 이름을 올렸다.

길먼은 롱패스가 전략과 심리의 두 가지 측면에서 무기가 될 수 있다고 생각한다. "제대로 된 롱패스를 성공시켜 점수를 얻는다는 것은 경기장을 한층 넓게 활용하게 된다는 뜻이다. 즉 패스를 성공시켜 점수를 얻어야 한다는 말이다. 그럴 경우 수비수들은 깊은 패스에 당하게 될까 신경 쓰기 시작한다."

길먼과 슐라는 진정한 롱패스와 운에 의존하는 플레이를 엄격하게 구분한다. 일례로 '헤일 메리' 패스라고 알려진 자포자기식의 무모한 긴 패스는 깊숙이 날아가기 때문에 롱패스로 오인받기 쉽다. 하지만 기본적으로 헤일 메리 패스는 패스라고 보기 어렵다.

"제대로 된 롱패스를 완성하는 것은 어렵지만 그 보상은 크다. 퀵 인이나 퀵 아웃처럼 짧은 패스는 실행하기 쉽지만 성공한다 해도 채 10야드(9.1m)밖에 나아갈 수 없다. 공을 전진시키기 위해서는 이런 패스를 사용할 수 있다. 한편 롱패스를 성공시키면 50~60야드(45.7~54.8m)를 얻게 되고 터치다운을 할 수 있게 된다." 슐라 코치의 말에 그의 쿼터백도 동의한다.

"롱패스를 성공시켰을 때 쿼터백은 성취감을 맛본다."고 마리노는 덧붙인다.

미식축구의 아름다움은 그 조직적인 움직임에 있다. 그리고 롱패스는 바로 그 점을 유감없이 보여준다. 서로 멀리 떨어져 있는 두 선수가 한 몸처럼 움직여 멋진 솜씨로 공을 던지고 정확하게 받아낸다. 상대팀 선수에게는 마치 폭탄이나 다를 바 없다.

필드골의 미학

이 글은 1992년 《파퓰러 메카닉스》에 게재되었다.　　● Matt Bahr 매트 바르

미식축구를 지배하는 역설 중 하나는 경기장에서 가장 적은 시간을 보낸 선수가 팀의 승패를 결정 짓는 일이 자주 일어난다는 것이다.

논란의 여지는 있지만 키커는 의도치 않게도 시합에서 가장 두각을 나타내는 선수다. 시합의 결과를 좌우하는 키커의 영향력 때문에 미식축구라는 스포츠의 본래 취지가 일부 사라져버리게 되었는지도 모른다. 그러나 현재 미식축구를 보면 시즌 중 시합을 지켜보는 눈들이 키커에게만 쏠리는 순간이 수도 없이 존재한다.

센터와 홀더

키커는 능률적으로 돌아가는 기계 안에 들어 있는 하나의 톱니바퀴일 뿐으로 1.2초 만에 자신의 임무를 수행한다. 킥을 성공시키는 또 다른 요소에는 센터의 스냅(snap: 플레이를 시작할 때 쿼터백에게 공을 전달하는 것—옮긴이)과 홀드, 그리고 수비가 있다. 이런 요소 없이는 킥이 존재할 수 없다.

  센터는 마치 거꾸로 선 쿼터백처럼 쿼터백과 반대 방향으로 공을 패스할 수 있는 공격 라인맨이다. 센터는 공을 패스하자마자 순식간에 수비수의 공격을 받게 된다. 필드골 플레이를 위해 센터는 7~8야드(6.4~7.3m) 뒤로 공을 스냅한다. 스냅하는 거리는 키커의 취향과 키커가 얼마나 빨리 공을 찰 수 있는가에 따라 달라진다. 공은 홀더에게 도착하는 순간까지 떠 있어야 한다. 스냅은 속도감 있게 이루어져야 하지만 너무 갑자기 솟아올라 홀더가 공을 잡기 위해 허둥대게 만들어서는 안 된다. NFL에서 뛰는 센터들은 홀더가 공을 잡았을 때 공의 레이스가 앞쪽을 향하도록 공을 스냅해줄 수 있다.

센터가 공을 스냅하면 홀더는 공을 잡아 킥을 준비해야 한다. 공을 잡기 좋은 자세는 뒷무릎은 위로 세우고 앞무릎은 아래로 내린 자세다. 이 자세에서 홀더는 자세를 풀지 않고도 스냅된 공을 향해 움직일 수 있다. 뒷무릎은 후방 방어벽 역할을 하는 동시에 공을 놓기 위한 기준 역할을 한다. 홀더는 왼손으로 공을 잡고 있어야(오른발로 차는 키커를 기준으로 할 때) 한다. 필요한 경우 오른손으로 공의 레이스가 앞쪽을

○ 페테 고고락은 마치 축구 스타일로 공을 차는 킥 양식을 보급한 선수로 알려져 있다. 고고락(1964~1965년 버펄로, 1966~1974년 뉴욕 자이언츠)은 1965년 필드골 부문에서 미국풋볼리그(AFL)의 선두를 차지했다.

향하게 공을 돌려주어야 하기 때문이다. 공의 레이스는 항상 앞쪽을 향하고 있어야 한다. 레이스가 옆쪽으로 돌아 있게 되면 공은 날아가는 동안 그 방향으로 휘어진다. 공의 레이스를 앞쪽으로 놓게 되면 키커가 공을 잘 볼 수 있다는 장점도 있다. 쿼터백은 홀더 역할을 가장 잘 해내는 선수다. 시합 중에 공을 가장 많이 다루는 한편 어떤 상황에서도 차분함을 유지할 수 있기 때문이다. 홀더가 차분해야 키커 또한 마음을 가라앉힐 수 있다.

킥을 차는 양식

NFL 키커들은 축구에서 공을 차는 것처럼 45도 각도로 비스듬히 공을 찬다. 비스듬히 차는 키커들은 일직선으로 공을 차는 키커들에 비해 한층 정확하게 공을 찰 수 있다. 공에 닿는 발의 표면적이 넓을수록 정확도는 증가한다. 축구 스타일로 공을 차는 키커들은 공의 한 점을 맞추는 대신 발의 넓은 사각형 부분을 이용하여 공을 맞춘

다. 축구 스타일로 공을 차게 되면 공을 정확하게 맞추기 위해 발을 심하게 구부릴 필요가 없다는 장점도 있다.

물론 단 한 명의 위대한 예외가 있다. 뉴올리언스 세인츠에서 활약했던 톰 뎀시Tom Dempsey는 63야드(57.6m)의 최장거리 필드골의 기록 보유자이기도 하다. 뎀시는 일직선으로 공을 찼지만 발이 내반족(발의 바깥쪽이 바닥에 닿고 발의 안쪽이 세워져 발바닥이 몸의 중앙을 향해 들려진 상태—옮긴이)이어서 마치 전투용 망치처럼 생겼기 때문에 발이 공과 접촉할 면적이 넓었다. 1998년 축구 스타일로 공을 차는 덴버 브롱코스의 키커 제이슨 엘람Jason Elam은 뎀시와 같은 거리의 필드골을 기록했다. 오늘날 NFL에서 일직선으로 공을 차는 키커는 예비 키커뿐이다.

필드골 플레이

홀더는 스크리미지 라인(scrimmage line: 공을 사이에 두고 마주한 공격수

○ 1970년 11월 8일 뉴올리언스 세인츠의 톰 뎀시가 디트로이트 라이온스와의 시합에서 기록적인 63야드(57.6m)의 필드골을 차고 있다.

필드골의 미학

와 수비수가 그리는 가상의 라인―옮긴이)에서 7야드(6.4m) 떨어진 곳에 위치시켜야 한다. 그러나 키커는 공격 라인이 2야드(1.8m) 정도 뒤로 밀리게 될 것을 가정해야 한다. 이 말은 공이 5야드(4.57m)를 나아가기 전에 3.05미터(라인맨이 팔을 위로 쭉 뻗을 때의 높이) 이상 떠올라야 한다는 뜻이다. 만약 공을 이보다 더 뒤쪽에 놓게 되면 수비라인 끝에 있는 발 빠른 수비 코너백이 킥을 막기 위해 일직선으로 달려올 것이다. 달려오는 속도를 늦추기 위해서 코너백이 일직선이 아닌 휘어진 경로로 뛰게 만들어야 한다. 목표는 수비 코너백이 일직선으로 뛰어올 공간을 주지 않으면서 스크리미지 라인에서 할 수 있는 한 멀리 떨어지는 것이다. 발이 빠른 수비 코너백이라면 1.4초 만에 수비 지점에 도달할 수 있다. 그렇기 때문에 키커는 1.2초 내에 킥을 찰 수 있도록 해야 한다. 1.3초가 되면 키커는 위태로운 상황에 몰리고, 1.4초가 되면 태클을 당하고 말 것이다.

나는 홀더의 손에 공이 닿는 순간 공을 찰 준비를 시작한다. 공을 차기 위해 두 발짝 도움닫기를 한 다음 살짝 뛰어오른다. 공에 다가서면서 버팀발을 공에서 발 하나 길이 정도 떨어진 곳에 고정시킨다. 이때 버팀발의 오목한 부분과 뒤꿈치 사이의 중간 지점에서 공까지

◯ 축구 스타일로 공을 차는 키커는 45도 각도로 비스듬히 공에 다가선다. 발이 공을 차는 순간 버팀발은 발끝이 목표 지점을 향하도록 하여 공에서 발 하나 길이 정도 떨어진 곳에 놓여 있어야 한다. 차는 발은 발끝을 아래로 하고 신발 끈의 윗부분으로 공을 찬다. 공을 차는 순간 살짝 뛰어오르는 동작으로 골반이 돌아가는 것을 막을 수 있다. 그 결과 몸의 운동량은 목표 지점을 향한 채 남아 있게 된다. 마무리 동작을 할 때까지 골반과 어깨는 목표 지점을 향한 채로 고정시킨다.

가 일직선이어야 하며, 버팀발의 발끝은 목표 지점을 향해야 한다. 목표 지점은 골포스트를 어느 정도 지나친 지점이어야 한다. 마무리 동작을 제대로 하기 위해서는 엄지발가락 아랫부분에 몸무게를 실어야 한다.

킥의 역학

공을 차기에 가장 좋은 지점은 공의 중심에서 살짝 아래에 위치한 스위트 스폿이다. 공을 찰 때 발끝을 아래로 내리고 발의 윗부분(신발끈이 있는 부분)으로 공의 스위트 스폿을 맞추면, 공은 위로 튀어오른다. 공이 튀어오르는 것은 위로 찼기 때문이 아니라 공의 중심축 바로 아래를 맞추어 찼기 때문이다.

키커가 공의 스위트 스폿을 제대로 찰 수 있도록 홀더는 공을 땅에 수직으로 들고 있기보다는 자신의 몸쪽으로 5도 정도 기울여 들고 있는 편이 좋다. 발로 공을 차는 각도를 고려할 때 이렇게 공을 비스듬히 기울이고 있어야 실제로 발이 공에 맞는 각도가 직각에 가까워지기 때문이다. 또한 공을 비스듬히 기울이는 일은 공이 날아가는 동안 휘어져 목표 지점에서 벗어나지 않도록 하는 데에도 도움이 된다. 키커의 골반과 어깨가 너무 많이 벌어지거나 발이 공을 똑바로 차지 않고 한쪽 옆으로 깎아내듯 차면 공은 옆으로 휘어서 날아가게 된다.

공의 레이스는 앞쪽을 향하게 둔 채 차는 것이 이상적이다. 레이스가 뒤쪽을 향하게 둔 채 찰 수도 있지만 발과 공 사이에 레이스가 있기 때문에 키커가 원하는 만큼 공을 압축시킬 수 없게 된다. 레이스가 옆을 향하고 있는 경우에는 공의 회전이 무너진다. 또한 공의 무게 중심이 이동하면서 스위트 스폿의 위치도 달라진다.

낡은 공은 표면이 마모되어 풍선처럼 표면이 매끄럽다. 이렇게 낡은 공은 압축이 더 잘 되기 때문에 멀리 날아간다. 시합에서는 항상 새 공을 사용해야 하지만 홈팀의 볼보이는 자신의 팀에게는 다른 공보다 조금이라도 낡은 공을 건네주려 할 것이다. 낡은 공을 차게 되면 새 공을 찰 때보다 10야드(9.1m) 정도를 더 벌 수 있을지도 모른다.

나는 왼발을 바닥에 고정시키는 순간부터 오른발을 뒤로 잡아당기기 시작한다. 이때 최대한 뒤로 잡아당겨진 오른발은 마치 자신의 등을 발로 차는 듯이 보일 정도다. 무릎은 45도 정도로 구부러져야 하고 무릎 아래 부분은 지면과 평행이 되어야 한다. 무릎을 구부렸다 공으로 발을 뻗는 동작으로 공을 멀리 차기 위한 충분한 속도를 낼 수 있다. 그 다음 1초도 되지 않는 순간 양 발이 모두 지면에서 떨어진다. 공을 차기 위해 발을 뒤로 잡아당기는 것은 버팀발을 고정시키기 전이어야 한다. 그렇지 않으면 공을 찰 시간이 부족해진다.

키커가 버팀발을 놓는 동안 홀더는 공을 내려놓는다. 킥을 차는 순간 키커의 허리와 복부 근육은 발보다 먼저 공을 향해 움직여야 한다.

나는 선천적으로 타고난 키커라기보다는 기술적으로 공을 차는 키커다. 이 말은 곧 45야드(4.1m) 필드골이든 추가득점을 위한 필드골이든 공을 낮고 짧게 쳐올리는 칩샷 같은 것은 없이 매번 똑같은 방식으로 공을 차려고 노력한다는 뜻이다.

선천적으로 타고난 키커와 기술적으로 공을 차는 키커의 차이점은 마무리 동작에서 나타난다. 선천적인 키커는 공을 찬 다음 목표 지점을 향하고 있던 골반을 돌려주면서 추가적인 거리를 번다. 하지

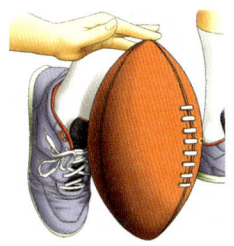

○ 공을 찰 때는 공의 스위트 스폿, 즉 공의 회전축 중심에서 1인치(2.5cm) 정도 아래 지점을 차야 한다.

만 나는 킥을 완전히 끝낼 때까지 골반의 방향을 일정하게 유지하려고 노력한다. 골반을 돌리는 대신 몸의 운동량이 목표 지점을 계속 향하도록 유지하면서 살짝 뛰어오른다. 이때 왼쪽 발목은 짚으면 부러질 듯이 보인다. 이러한 동작은 몸이 돌아가는 것을 막고 목표 지점을 향해 몸을 똑바로 유지할 수 있게 한다. 이런 방식으로 공을 차면서 나는 공을 잘못 찬 경우에도 마무리 동작의 가속을 이용하여 필드골을 성공시킬 기회를 잡을 수 있다. 하지만 선천적인 키커가 공을 잘못 찬 경우에는 공이 크게 휘어져버리거나 너무 빨리 회전하며 날아가게 된다. 공을 너무 아래로 찼거나 발이 미끄러져 빗맞은 결과다.

키커라면 공이 느리게 회전하도록 공을 차야 한다. 공이 회전하는 모습을 보면 키커가 공을 제대로 맞췄는지 알 수 있다. 키커가 공의 스위트 스폿을 제대로 맞춘 경우 공은 느리게 빙글빙글 회전하며 날아간다. 공이 팽이처럼 회전하며 날아가는 것은 키커가 공의 스위트 스폿 아래를 찼기 때문이다.

키커의 적

예전의 키커는 리퍼를 경계해야 했다. 리퍼는 스크리미지 라인 뒤에서 뛰기 시작하여 공중으로 뛰어오르는 수비수였다. 지금은 부상을 방지하기 위해 수비수가 스크리미지 라인 뒤에서 뛰어오르는 일이 더 이상 허용되지 않는다.

오늘날 키커의 가장 큰 적은 날씨다. 추운 날씨에는 킥을 찰 때 평소만큼 공이 압축되지 않기 때문에 필드골의 거리가 5~10야드(4.5~9.1m) 정도로 줄어든다. 비가 오는 날씨에서는 도움닫기를 할 때 미끄러지지 않도록 발을 내딛는 걸음의 너비를 줄여야 한다. 그러나 키커의 가장 큰 골칫거리는 바로 바람이다. 바람 때문에 킥이 완전히 엉망이 되어버릴 수 있다. 그렇다고 바람의 영향을 고려해서 골포스트의 바깥쪽을 목표로 공을 차서는 안 된다. 바람은 갑자기 불기 시작해서 순식간에 멈춰버릴 수 있기 때문이다.

키커 방향으로 바람이 불어오는 경우 공이 날아가는 거리는 줄어들지만 공이 옆으로 밀려버리지는 않는다. 키커가 공을 비스듬히 차기 때문에 왼쪽에서 불어오는 바람도 큰 문제는 아니다. 그러나 오른쪽에서 대각선 방향으로 비스듬히 불어오는 바람은 킥을 망치는 주범이다. 조금이라도 공을 휘어 차는 경우 바람 때문에 공은 한층 옆으로 휘어져 왼쪽으로 멀리 밀리게 된다. 공이 휘어지지 않도록 바람이 불어오는 방향을 향해 공을 차게 되면 공은 오른쪽으로 빗나가 버리고 만다. 이런 상황에서 킥을 정확하게 차는 일은 아주 까다로워진다.

키커의 뒤쪽에서 불어오는 바람은 거리를 버는 데 도움이 된다. 이런 경우 맞바람이 불 때 손실되는 거리의 4분의 3만큼을 벌 수 있다. 이를테면 평소 50야드(45.7m)의 필드골을 찰 수 있다고 가정했을 때 강한 맞바람이 부는 경우 필드골이 날아가는 거리는 약 40야드(36.5m)로 줄어들 것이고, 등 뒤에서 바람이 불어오는 경우 공이 날아가는 거리는 7.5야드(6.8m) 정도 늘어날 것이다. 결국 등 뒤에서 바람이 분다면 57야드(52.1m)의 필드골을 찰 수 있는 기회를 얻을 수 있다.

하지만 이런 악조건 또한 시합의 일부이다. 키커는 이런 악조건을 필드골에 실패한 핑계거리로 삼아서는 안 된다. 키커로 오래 살아남는 비결은 자신이 발휘할 수 있는 능력에서 가장 빠르고 가장 정확하게, 그러면서도 자연스럽고 편안하게 공을 차는 것이다.

필요한 것은 오직 단 한 번의 킥

－피터 브랭카지오

미식축구공은 완벽한 구체가 아니기 때문에 날아가는 미식축구공에 영향을 주는 공기역학적 힘은 공의 회전축이 공의 궤도와 일치하는지에 따라 크게 달라진다. 필드골을 차는 키커가 장축을 회전축으로 공을 회전시키면서 공의 뾰족한 코부터 날아가게 차는 일은 불가능하다. 가장 좋은 대안은 공이 가로축 주위로 빙글빙글 회전하도록 차는 것이다. 이 경우 장축을 회전축으로 회전하며 날아갈 때보다 공기저항은 커지지만 공은 자이로 효과를 받아 회전축을 일정하게 유지하며 날아가게 된다. 이상적인 가로축 회전 킥에서 공의 회전축은 공이 골포스트를 향해 날아가는 동안 수평을 유지해야 하고, 야드 라인과는 평행을 유지해야 한다. 이 경우 바람이 불지 않는다면 공은 옆으로 밀리거나 휘어지지 않고 곧바로 날아가게 된다.

필드골 키커는 공을 멀리 보내기 위해서 가능한 한 공이 45도 각도로 날아가도록 공을 차야 한다. 수비수에게 봉쇄당하지 않기 위해서 공은 처음 스크리미지 라인이 있던 곳에서 2야드(1.8m) 앞으로 나온 지점에서 적어도 10피트(3.05m) 이상 떠올라야 한다. 그러기 위해서 키커는 35도 이상의 각도로 공을 차야 한다. 마지막으로 키커는 공이 지면에서 3.05미터 높이에 있는 골포스트 크로스바를 넘어갈 수 있을 만큼 충분히 세게 차야 한다. 즉 공의 비행 궤도에서 공이 실제로 땅에 떨어지는 지점이 골포스트를 적어도 3~4야드(2.7~3.6m) 지나친 곳이어야 한다는 뜻이다.

프로 필드골 키커는 시합의 종료를 앞두고 촉박한 시간에 쫓기면서 팀의 승부가 걸린 어려운 임무를 수행해야 할 때가 많다. 키커의 발끝에 챔피언십의 행방이 달려 있는 경우도 많다.

이런 필드골의 고전적인 예로는 뉴욕 자이언츠에게 슈퍼볼을 안겨준 매트 바르의 42야드(38.4m) 필드골을 들 수 있다. 바르가 찬 공은 가로축을 중심으로 완벽하게 회전하며 일직선으로 정확하게 날아갔고, 3초 후 자이언츠는 샌프란시스코 포티나이너스를 물리치고 NFC 챔피언의 자리에 올랐다.

당시의 비디오를 검토해 보면 바르가 찬 공은 크로스바를 통과하여 골포스트에서 12야드(10.9m) 넘어간 지점에 떨어졌다. 그러므로 공이 날아간 전체 거리는 약 54야드(49.3m)였고 공의 체공시간은 3.6초였다. 공기저항의 효과를 고려하여 컴퓨터 시뮬레이션을 실행한 결과 바르가 찬 공은 45도에 가까운 각도로 초기 속도 약 시속 105킬로미터로 날아간 것으로 계산된다.

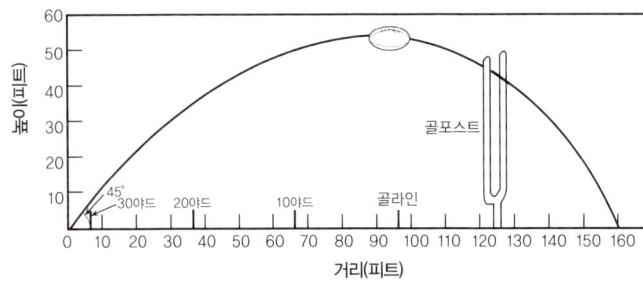

필드골의 미학

전투 헬멧

● **Andrew Gaffney** 앤드류 개프니

헬멧 끈을 조이고 있는 선수들은 백병전을 앞둔 고대의 기사들처럼 전쟁에 나서는 듯한 기분에 사로잡힌다. 미식축구는 스포츠 시합이지만 신체적 부상을 입을 위험이 도사리고 있기 때문에 선수들은 헬멧을 착용한다.

댈러스 카우보이스의 쿼터백 트로이 애이크맨Troy Aikman과 샌프란시스코 포티나이너스의 스티브 영Steve Young이 반복적인 머리 부상 때문에 은퇴했다는 것은 모두가 다 아는 사실이다. 그리고 바로 이들의 은퇴를 계기로 선수들의 몸을 망가뜨리고 생명까지 위협할 수 있는 뇌진탕에서 선수를 보호해야 할 필요성이 부각되었고 헬멧의 중요성에 대해 관심이 모아졌다.

2002년 리델사에서는 뇌진탕 발생률을 낮출 수 있도록 설계된 새로운 헬멧인 레볼루션을 개발했다. 또 다른 헬멧 제조회사인 슈트 스포츠 그룹에서는 그 뒤를 이어 DNA라는 이름의 한층 발달한 헬멧과 경기복을 개발했다.

피츠버그대학 병원에서는 리델사의 지원을 받아 3년 동안 고등학교 선수를 대상으로 레볼루션 헬멧을 착용한 선수와 표준규격의 헬멧을 착용한 선수의 연간 뇌진탕 발생률을 비교하는 연구를 실행했다. 그 결과 레볼루션 헬멧을 착용한 선수의 연간 뇌진탕 발생률은 7.6퍼센트에 비해 5.3퍼센트로 낮게 나타난다는 사실이 밝혀졌다.

뇌진탕을 완벽하게 막아주는 헬멧은 없다. 하지만 리델사와 슈트사의 헬멧이 이전과는 비교할 수 없는 성능으로 머리를 보호해주는 것은 사실이다. NFL과 대학리그에서 헬멧 착용을 의무화한 지는 60년밖에 되지 않았다. 실제로 제럴드 포드Gerald Ford 대통령은 1930년대 초반 대학팀인 미시건 울버린스에서 센터로 활약할 당시 헬멧을 쓰지 않고 시합에 출전한 선수 중 한 명이었다. 대통령이 헬멧 없이 미식축구를 했다는 이야기는 헬멧의 필요성을 강조하는 농담으로 활용되는 한편 오늘날 머리를 보호하기 위한 장비가 얼마나 발전해 왔는지를 잘 보여준다.

헬멧의 역사

제2차 세계대전 전 헬멧은 미식축구에서 사용하는 표준 장비가 아니었다. 하지만 몇몇 개척정신을 지닌 선수들은 1900년대 초반에 원시적인 형태의 머리 덮개를 착용했다. '머리 멜빵'이라고 불리던 최초의 머리 덮개는 부드러운 가죽으로 되어 있었고 귀를 덮는 디자인이 대부분이었다. 원조 머리 덮개는 귀 덮개가 귀를 완전히 가리기 때문에 이 덮개를 쓴 선수들이 시합에서 다른 선수들과 의사소통을 제대로 하지 못한다는 비판을 받았다.

두개골을 완전히 보호하고 귀 덮개에 구멍이 뚫린 최초의 헬멧이 소개된 것은 1915년과 1917년 사이의 일이다. 이 상고머리형 모자는 여전히 부드러운 가죽을 소재로 했지만 두개골에 바로 밀착되는 대신 어느 정도 충격완화 효과를 발휘했다.

1920년대와 1930년대에 제조사들은 헬멧의 재질로 좀 더 단단한 가죽을 사용하기 시작했다. 또한 충격을 흡수하여 머리를 보호하기 위해 천으로 된 완충재를 사용하기 시작했다. 헬멧 형태 또한 상고머리형에서 진화하여 타격이 가해졌을 때 충격이 그대로 머리에 흡수되지 않고 한쪽으로 미끄러져 나가도록 두개골의 눈물방울 형태에 가까운 모양을 채용하기 시작했다.

현대 헬멧의 탄생

혁신적이라 할 수 있는 헬멧이 최초로 등장한 것은 1939년의 일이다. 그해에 시카고의 리델사에서 최초의 플라스틱 헬멧을 선보였다. 플라스틱 헬멧은 가죽 모델보다 튼튼하고 내구력이 뛰어난 것으로 인정받았다. 리델사는 또한 1940년 최초로 플라스틱으로 만들어진 페이스 가드를 헬멧에 부착하고 헬멧 끈이 오는 위치를 울대뼈에서 턱으로 이동시켰다.

플라스틱 헬멧은 향상된 기능에도 불구하고 미식축구라는 스포츠를 완전히 뒤바꾸기 전에 몇 가지 난관을 극복해야만 했다. 제2차 세계대전 동안에는 플라스틱을 비롯한 여러 자재가 부족했기 때문에 리델사에서 만들어진 초기 모델은 정말 튼튼하게 만들어졌다고 할 수 없었다. 실제로 어떤 시즌에서 로스앤젤레스 램스의 프레드 너메츠 선수의 헬멧이 아홉 조각으로 쪼개진 이후 NFL에서 플라스틱 헬멧의 착용이 금지되었다(한편 같은 해 또 다른 램스의 선수이자 미술을 공부했던 프레드 게르크는 최초로 자신의 헬멧에 팀의 로고를 그려넣었다).

리델사에서는 헬멧을 만드는 데 사용되는 플라스틱 합성물질을 개량하는 한편 시카고 베어스의 코치인 조지 할라스George Halas에게 로비 작업을 벌였다. 그 결과 1949년 플라스틱 헬멧은 다시 리그에 복귀했고, 오래지 않아 NFL의 공식 헬멧으로 자리 잡게 되었다. 리델사에서 만들어진 최초의 헬멧 주형틀은 지금도 현대판 에너지 흡수 모델을 만드는 틀로 사용되고 있다. 이 에너지 흡수 헬멧은 특수하게 주조된 폴리카본 플라스틱 구조를 기반으로 첨단기술을 적용한 완충장치를 갖춘 헬멧이다.

헬멧의 페이스 가드 또한 같은 양식으로 진화를 거듭했고(초기의 페이스 가드는 종종 쉽사리 부서지기 일쑤였다), 1955년 마침내 관 형태의 바가 등장했다. 클리블랜드 브라운스의 전설적인 쿼터백 오토 그레이엄Otto Graham이 착용한 덕분에 널리 보급된 단일 바 페이스 가드는 오늘날 선수들이 착용하는 세로 살이 있는 새장 형태로 발전했다. 1980년대 중반에는 눈 부상을 입은 선수들을 위해 어두운 빛깔의 챙이 추가로 부착되었다.

획기적인 발전

그 후 헬멧은 여러 가지 혁신적인 형태로 발전했다. 기존의 헬멧과 어깨패드, 늑골보호대를 하나로 합친 일체형 보호장비도 있었다. 그중 선수들 사이에 자리를 잡은 헬멧으로는 프로텍티브 스포츠 장비사에서 제조한 프로캡이 있다. 프로캡은 표준적인 미식축구 헬멧의 외관에 폴리우레탄으로 만들어진 반경질성 패드가 부착된 헬멧이다. 버펄로 빌스의 코치인 에드 아브라모프스키Ed Abramowski는 1990년 마크 켈소Mark Kelso 선수가 연이어 뇌진탕을 당한 이후 선수를 부상에서 보호하기 위해 처음으로 헬멧에 패드를 부착해야 한다고 제안했다. 켈소는 프로캡을 착용하고 이후 다섯 시즌을 활약했고 프로캡의 열렬한 팬이 되어 "언젠가는 이 헬멧이 헬멧 산업의 표준이 될 것"이라고 단언하기도 했다. 샌프란시스코 포티나이너스의 공격 태클 선수인 스티브 월리스Steve Wallace 또한 헬멧의 얼리어댑터 중 한 명으로 1995년 슈퍼볼 시합에서 프로캡을 착용했다. 그 이후 프로캡 제품은 유소년과 고등학교, 대학 리그에서 널리 사용되었다.

프로캡의 디자인은 산업디자인 컨설턴트로 활약했던 버트 스트라우스Bert Strauss가 담당했다. 스트라우스는 헬멧이 뇌진탕뿐만 아니라 다양한 머리 부상에서 머리를 좀 더 보호하는 역할을 해야 한다는 필요성에 주목했다. 그는 프로캡이 기존의 다른 헬멧보다 충격을 30퍼센트 더 흡수하면서 머리에 대한 충격과 부상의 위험을 낮춰준다고 주장하면서 프로캡이 단지 조금 더 부드러울 뿐, 기본적으로 자동차 범퍼와 다를 바 없다고 말한다.

리델사와 슈트사는 여전히 미식축구에서 헬멧 산업을 주도하고 있다. 리델에서 출시된 새로운 레볼루션 헬멧은 헬멧 디자인에서 가장 획기적인 변화를 일으켰다. 뇌진탕의 70퍼센트가 측면 충돌 때문이라는 연구 결과가 발표된 이후 리델사는 선수의 턱을 덮을 수 있도록 헬멧의 외부 뼈대를 확장시켰다. 또한 선수가 헬멧을 머리에 딱 맞게 쓸 수 있도록 공기 주입식 패드 시스템을 도입했고, 컴퓨터 프로그램을 사용하여 머리의 무게 중심에 맞추어 헬멧의 형태를 설계했다. 헬멧의 외피와 내부 패드 사이의 간격이 넓어졌고 충돌 시 외피에 충격이 전달되지 않도록 페이스 가드가 헬멧에서 분리되었다. 세인트루이스 램스의 풀백인 제임스 호긴스 James Hodgins 는 36회 슈퍼볼 시합에서 최초로 레볼루션 헬멧을 착용한 선수이다. 이에 맞서 슈트사는 스카이텍스라고 하는, 충격을 흡수하는 플라스틱 재질로 만들어진 새로운 DNA 헬멧을 출시했다. 스카이텍스는 미군의 네이비실과 낙하산 부대에서 군인의 머리를 보호하기 위해 사용하는 재질이다.

미래의 헬멧에는 라디오 원격측정기술이 도입될지도 모른다. 현재 수많은 대학팀에서는 리델사의 머리 충격 원격측정 Head Impact Telemetry, HIT 시스템을 시범적으로 사용하고 있다. 이 시스템은 헬멧에 자동차의 에어백을 작동시키는 것과 같은 센서가 여섯 개 부착되어 있어 각 선수 별로 미리 입력해둔 한계치 이상의 충격이 가해지면 사이드라인에서 대기 중인 코치에게 경보가 울린다. 헬멧에서 측정되는 충격량 값은 무선으로 사이드라인의 컴퓨터로 전송된다.

아이비리그의 선수들이 머리 부상을 피하기 위해 머리카락을 길게 기르던 시절은 지나갔다. 강인함을 겨루는 스포츠인 미식축구에서도 기술이 선수의 강인함을 뛰어넘고 있다.

충돌의 해부학

● Matt Higgins 매트 히긴스

강렬한 태클은 NFL의 한 시합당 100차례 넘게 일어나며, 선수는 뼈가 덜컹거릴 만큼 강렬하게 잔디 위로 쓰러진다. 이런 태클로 인해 일어나는 결과는 인컴플리션(incompletion: 안정성이 결여된 포워드 패스—옮긴이)이나 펌블(fumble: 손에 들어온 공을 놓치는 일—옮긴이)에 그치지 않는다. NFL의 한 시즌마다 100번이 넘는 뇌진탕이 기록된다.

오늘날 미식축구 선수들의 체격과 속도를 생각했을 때 경기장에서 선수들이 더 많이 실려 나가지 않는 것은 첨단기술이 적용된 장비 덕분이다. 이런 장비는 시합에서 벌어지는 무시무시한 충돌에 적용되는 물리학 법칙으로부터 선수들을 보호한다.

0.5톤짜리 충격

시애틀 시호크스의 마커스 트루판트Marcus Trufant는 키가 180센티미터에 몸무게가 90.3킬로그램이다. 이는 NFL의 수비백 선수의 평균 체격이다. 2006년 훈련 캠프 당시 136킬로그램이 넘는 선수가 500명이 넘었던 리그에서 트루판트는 특별히 눈에 띄게 체격이 좋은 편이 아니었다. 그러나 네브래스카대학의 물리학 교수이자 《미식축구의 물리학The Physics of Football》 저자인 티모시 게이Timothy Gay는 이러한 몸무게가 평균 40야드(36.5m)를 4.56초에 질주하는 수비백의 속도와 결합하면 태클 시 최대 1600파운드(725.7kg)의 힘이 가해진다고 말한다.

0.5톤이 넘는 힘으로 가해지는 태클을 당한다면 몸이 부서질 것 같지만 제너럴 모터스와 나스카에서 일하는 부상신체역학 연구원 존 멜빈John Melvin에 따르면 충돌의 충격이 잘 분산되는 경우 우리 몸은 그 두 배의 힘을 견뎌낼 수 있다고 한다. 충격 분산은 선수가 착용한 장비에 의해 이루어진다. 장비는 몸에 가해지는 힘을 분산시키

고 그 힘의 강도를 줄이는 역할을 한다.

보호장비

마이애미 돌핀스의 장비책임자 토니 에구에스Tony Egues의 말에 따르면 어깨패드를 만드는 플라스틱은 지난 25년간 크게 변하지 않았다. 다만 지금은 좀 더 충돌이 비껴갈 수 있는 각도로 설계되어 만들어진다. 선수들은 충돌의 힘을 분산시키기 위해 헬멧의 단단한 외피와 페이스 가드에 의존한다.

태클이 일어나면 장비의 플라스틱 부품 아래에 있는 발포 고무패드가 압축되면서 힘을 흡수하고 충돌의 속도를 감소시킨다(충돌의 속도가 느릴수록 충돌이 발생시키는 힘의 크기가 작아진다). NASA에서 우주선 이륙 시 우주비행사를 중력가속도에서 보호하기 위해 개발한 비스코 메모리폼은 기존의 탄성고무보다 형태가 잘 유지되며 충돌 후에 회복되는 속도도 빠르다.

버지니아 폴리테크닉대학의 연구팀에서는 2005년 12월 5일 필라델피아에서 열린 시합에서 트루판트의 태클로 인해 필라델피아 이글스의 리시버 그렉 루이스Greg Lewis의 헬멧을 쓴 머리에 약 30g에서 60g(1g=9.8n/s2, 지구의 물체가 지구의 중력에 의해 받는 가속도—옮긴이)의 가속이 가해졌을 것이라고 분석한다. 폴리테크닉대학의 연구원들은 헬멧의 센서와 무선 전송기로 구성된 머리 충격 원격측정HIT 시스템을 이용하여 자료를 수집한다. 이 대학의 부상 생체역학연구소 스테판 듀마Stefan Duma 소장은 "100g의 충돌은 일상적으로 관찰된다. 150g이 넘는 충돌도 몇 차례 나타난다."고 말한다.

트루판트와 루이스는 전반적으로 건강한 선수생활을 영위하고 있지만 미식축구 선수들은 모두 무릎 부상의 위험에 노출되어 있다. 무릎의 전방 십자인대는 500파운드(226.7kg)의 압력을 견뎌낼 수 있지만 측면 충돌이 일어나거나 회피동작을 할 때는 더 쉽사리 찢어질 수 있다. 《피츠버그 트리뷴 리뷰Pittsburgh Tribune Review》에 따르면 2000년과 2003년 사이에 NFL에 보고된 무릎 부상은 모두 1200건이 넘는다. 선수가 입는 부상 여섯 건 중 한 건은 무릎 부상이라는 뜻이다. 무릎 부상은 NFL 선수가 입는 부상 중 가장 높은 비율을 차지하고 있다.

바닥과의 충돌

연구원들은 경기장 바닥의 흡수도를 지맥스G-Max라 불리는 단위를 이용하여 측정한다. 이를 위해 연구원들은 인간의 머리와 목과 비슷한 물체(넓이가 77.4cm²에 무게가 9.1kg인 물체)를 0.61미터 높이에서 떨어뜨린다. 지맥스가 낮은 것은 경기장 바닥이 선수보다 더 많은

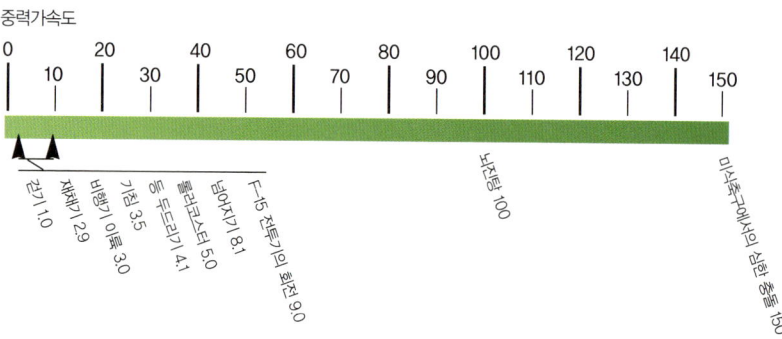

○ 대부분의 사람들은 전투기 조종사나 우주비행사들만이 높은 중력가속도를 경험할 것이라고 생각한다. 그러나 땅 위에서도 높은 중력가속도가 일어날 수 있다. 그중에서도 미식축구 태클에서 발생하는 중력가속도에 대적할 수 있는 사건은 얼마 되지 않는다.

충격을 흡수한다는 뜻이다. 트루판트와 루이스는 필리의 새로 지은 스타디움 잔디 위로 넘어졌다. 이 잔디는 지맥스가 60을 조금 넘는 정도로 넘어지기에 편안한 바닥에 속했다. 합성 잔디의 표면은 지맥스가 120까지 올라간다. 가장 단단한 바닥은 얼어붙은 잔디다.

Golf / 골프 8

완벽한 골프 스윙을 찾아서
타이거 우즈의 스윙
드라이버의 속도
새로운 공은 빨리 떨어진다

완벽한 골프 스윙을 찾아서

● **Ty Wenger** 타이 웽거

완벽한 스윙을 성취하기 위한 비결이 존재하는가? 물리학을 이해하는 일(그리고 적절하게 물리학 법칙을 적용하는 일)이 완벽한 골프 스윙의 비결을 밝혀내는 데 도움이 될 수 있다.

잭 니클라우스Jack Nicklaus는 업라이트 스윙의 오버 더 탑 파워 페이드 샷을 구사했다. 아놀드 파머Arnold Palmer는 다리 힘이 풀릴 만큼 멋진 인사이드아웃 슬래시를 동물적인 감각으로 구사했다. 리 트레비노Lee Trevino는 왼쪽으로 치우치게 목표를 잡고 공을 슬라이스로 쳐내 코스에 올렸다. 위대한 바이런 넬슨Byron Nelson은 마치 훌라 댄스를 추는 관광객처럼 엉거주춤한 자세로 공을 쳤다.

세기의 전환기에 타이거 우즈Tiger Woods가 구사하여 프로 골프계를 지배했던 스윙을 만드는 데 도움을 준 부치 하먼Butch Harmon은 업라이트의 '투 플레인' 스윙 방식의 장점을 설교한다. 우즈가 지난 몇 년 동안 프로 골프계를 지배했던 스윙 방법을 버리고 스윙을 다시 재건하도록 도왔던 행크 해니Hank Haney는 플랫한 '원 플레인' 스윙 방식을 전도한다.

전설적인 운동학의 전문가이자 64세의 나이로 PGA 투어 역사에 놀라운 최장거리 드라이브 샷(515야드) 기록을 남긴 마이크 오스틴Mike Austin은 자신의 비결을 손목의 포워드 프레스(pres: 백스윙 직전에 하는 백스윙의 예비 동작—옮긴이)에 골반의 확실한 측면 이동과 클럽의 캐스팅을 결합시킨 것이라고 주장한다. 골프 강사인 존 노보셀John Novosel은 백스윙에서 3박자, 다운스윙에서 1박자의 템포를 맞추는 것이 '골프의 마지막 비밀'이라고 주장하면서 이 방법으로 스윙을 망치는 모든 원인을 고칠 수 있다고 말한다. 위대한 골프선수였던 벤 호건Ben Hogan은 자신의 스윙을 완성하는 전설적이고 신비로운 비결을 발견했다고 주장했다. 호건은 호건답게 그 비결에 대해서는 한 번도 밝히지 않았다.

이들의 말은 모두 옳다.

그리고 모두 틀리기도 하다.

이 세상에 완벽한 골프 스윙이라는 것은 존재하지 않는다.

실제로 호건이 자신의 비결을 자세하게 밝히지 않은 까닭의 일부(호건이 경쟁심이 지독한 선수였던 나머지 경쟁 상대에게 자신의 비결을 알려 줄 바에는 차라리 골프 티를 먹어 치워버릴 선수였다는 사실 말고도)는 그 자신도 그 비결이 다른 사람에게 쓸모가 없을 것이라고 생각했기 때문이다(호건의 비결은 기본적으로 백스윙의 정점에서 손바닥이 아래를 향하도록 돌림으로써 자신의 약점인 풀훅을 없앴다는 것이다). 골프 스윙이라는 것은 스윙을 하는 사람의 몸을 필요한 만큼 확장하여 사용하는 것이다. 그리고 눈송이나 거미줄과 마찬가지로 똑같은 몸을 가진 사람이 두 명 존재할 수는 없는 법이다. 그러므로 완전히 똑같은 스윙이 존재할 수는 없다.

골프 스윙의 궁극적인 목표를 단순하게 설명하면 클럽을 빠른 속도로 휘둘러 공을 치는 것이다. 이때 클럽페이스는 목표지점을 똑바로 향하고 있어야 하며 클럽이 공을 치는 순간 클럽의 궤도가 정확하게 공을 지나쳐야 한다. 여기에서 핵심은 클럽이 공을 때리는 충돌 전에 일어나는 일이나 충돌 바로 뒤에 일어나는 일은 (어느 정도까지는) 어떤 의미에서는 골프 스윙과 아무런 관계가 없다는 것이다. 사실상 골프 선수는 무릎을 꿇은 자세로 클럽을 스윙할 수도 있다(이는 실로 유용한 훈련 방법이다). 아니면 뛰어오면서 어프로치를 할 수도 있고(이를테면 영화 〈해피 길모어〉에서처럼), 혹은 백스윙을 하지 않고도(조니 밀러가 예전 1970년대에 실험해 본 자세처럼) 스윙을 할 수 있다. 실제로 선수가 클럽페이스의 중심이 공을 통과하도록 칠 수만 있다면 어떻게 치는지는 상관없다.

스윙의 물리학을 이해하게 되면, 그리고 적절하게 물리학 법칙을 적용할 수 있게 되면 한층 손쉽게 스윙을 할 수 있다. 중학교 때 배운 운동에너지에 대한 공식은 운동에너지=$\frac{1}{2}mv^2$이다. 물리학적 관점에서 볼 때 공과 충돌할 때 클럽이 지닌 에너지는 클럽의 질량과 특정 방향을 향하는 클럽의 속력, 즉 속도에 의해 결정된다. 그러므로 골프 스윙의 목표는 클럽이 지닌 위치에너지가 공과 충돌하는 순간 운동에너지로 변환될 수 있도록 하는 것이다. 스윙을 하는 자신의 몸이 기계라고 생각하자. 이 기계는 효율이 높은 기계일 수도 있고(일례로 타이거 우즈처럼) 효율이 형편없는 기계일 수도 있다.

몸을 효율적인 스윙 기계로 만들기 위해 기본부터 시작해 보자. 발은 어깨 너비로 벌리고 등은 아치를 그리듯이 살짝 숙인다. 엉덩이를 뒤로 빼고 무릎을 살짝 구부린다. 여기에서 가장 놓치기 쉬운 부분은 몸의 무게를 엄지발가락 아래 동그랗게 튀어나온 부분 안쪽으로 유지하는 일이다. 스윙을 할 때 가장 흔한 실수는 선수가 백스윙을 할 때 체중을 너무 뒤쪽으로 이동시키는 일이다. 이런 경우 선수의 무게 중심은 뒷발의 바깥으로 빠져버리고 만다. 이런 자세에서는 다운스윙을 하면서 다시 몸무게를 앞으로 가져올 수 없다. 몸은 무거운 짐이 되어 스윙을 뒤쪽으로 잡아당기며, 그 결과 손목 힘이 풀려버린 약한 타격을 하게 된다. 이런 스윙을 피하기 위해 아놀드 파머는 자신의 체중이 뒷발 바깥으로 빠지지 않는지 확인하려고 골프공을 뒷발 바깥쪽 아래 박아넣어 고정시킨 채 연습을 했다.

위치에너지를 소진시키는 또 다른 범인은 그립이다. 클럽을 너무 세게 쥔다는 것이다. 벤 크렌쇼Ben Crenshaw는 백스윙의 정점에서 클럽이 '무겁게' 느껴질 만큼 클럽을 가볍게 쥐어야 한다고 말한다. 샘 스니드Sam Snead는 살아 있는 새 한 마리를 손에 쥐고 있다고 상상해 보라고 말한다. 새가 날아가버릴 만큼 헐겁게 쥐어서도 안 되지만 새를 죽일 정도로 너무 꽉 쥐어서도 안 된다. 새가 숨을 쉴 수 있을 만큼 가볍게 쥐어야 한다. 클럽을 가볍게 쥐어야 우리 몸의 위치에너지가 가능한 효율적으로 손을 통해 클럽헤드로 전달될 수 있다. 다른 말로 표현하자면 경직된 손목으로 채찍을 휘두르는 사람은 아무도 없다.

물론 첫 홀의 티그라운드에서 계속 서 있을 수만은 없다. 언젠가는 절망적인 굴욕을 당할 두려움에 떨면서도 백스윙을 시작해야만 한다. 백스윙을 할 때는 머릿속으로 닉 팔도Nick Faldo가 말했던 상체의 '스프링 감기'를 떠올려보자. 하체는 움직이지 않고 안정적으로 유지한 채 어깨를 90도로 완전히 돌려 하체와 상체 사이에 장력, 즉 비틀림모멘트를 생성해야 한다. 백스윙도 가능한 한 폭넓게 올려야 한다. 백스윙을 할 때 목표는 누군가 멀리 뒤쪽에 있는 사람(가까이 다가와 클럽을 받아주려 하지 않는 사람)에게 클럽을 건네주려는 듯이 클럽을 뒤쪽으로 쭉 뻗는 느낌이 들도록 하는 것이다. 속력은 거리를 시간으로 나눈 값이기 때문에 스윙이 그리는 호의 폭이 넓을수록 클럽헤드의 속도도 빨라진다.

다운스윙을 할 때는 단순히 몸의 스프링을 풀어낸다고 생각하는 것이 가장 좋다. 스프링 풀기는 발에서부터 시작한다. 뒷무릎이 앞

무릎을 '쫓아오는 것'에서 시작하여 체중이 뒷발에서 앞발로 이동한다. 그 결과 골반이 목표 지점을 향해 틀어지고 상체가 회전하면서 어깨를 끌어당겨 회전시킨다. 손도 함께 딸려 끌려온다. 스윙을 할 때는 백스윙의 정점에서 취한 손목의 관절을 그대로 유지하면서 손이 그저 몸과 함께 움직이도록 내버려두자.

마무리 동작은 어떻게 해야 할까? 상관없다. 클럽이 공을 때린 다음에는 클럽을 손에서 완전히 놓아버려도 공에는 아무런 영향이 가지 않는다. 그래도 팔과 상체를 한껏 풀어주어 배꼽을 목표지점으로 향하게 하고 양손을 앞쪽 귀 위로 높이 들어올리는 고전적인 자세는 카메라에 멋있게 잡히기 마련이다.

세계 4대 남자 프로 골프대회를 석권한 골프의 제왕 잭 니클라우스

타이거 우즈의 스윙

골프선수는 여타 스포츠 선수와 비교하여 가장 동작이 적은 것처럼 보인다. 그러나 현대의 골프 황제인 타이거 우즈를 다른 선수들과 구별해주는 가장 큰 차이는 바로 우즈의 속도다.

우즈가 한 홀에서 다음 홀로 얼마나 빨리 이동하는지를 이야기하는 것이 아니다. 타이거 우즈가 골프선수로 성공할 수 있었던 열쇠는 바로 그 무시무시한 스윙 속도다. 클럽헤드 속도는 시속 209킬로미터를 상회하며 드라이버로 친 공의 속도는 시속 322킬로미터에 가깝다. 더 놀라운 사실은 우즈가 지금까지 세 가지 서로 다른 스윙 방식으로 (그리고 완전히 다른 두 체형으로) 이만한 속도를 유지해 올 수 있었다는 것이다.

1996년 처음 골프계에 발을 들였을 당시 우즈는 비쩍 마른 선수였다(당시 우즈는 키 185센티미터, 몸무게 70.3킬로그램이었다). 우즈는 상체를 매우 유연하면서 힘있게 풀어내는 동시에 임팩트에서 클럽을 상당히 과격하게 디로프팅(delofting: 클럽페이스를 수직에 가깝게 세우는 것—옮긴이)시킴으로써 어마어마한 비거리를 냈다. 당시 우즈는 임팩트 순간 왼손 손목을 평평하게 펴는 동작으로 5번 아이언으로 치면서도 4번 아이언으로 치는 듯한 효과를 발휘하는 한편 공의 회전을 줄였다. 그 결과 마치 레이저 같은, 평평한 궤도 위로 스윙을 했고 공은 상상할 수 없을 정도로 먼 거리를(현재 우즈가 치는 거리보다 훨씬 더 먼 거리를) 날아갔다. 여기에서 문제는 너무 공을 멀리 친 결과로 우즈 자신도 공이 어디로, 얼마나 멀리 날아갔는지 알 수 없었다는 점이다.

1997년 마스터스 대회를 초토화시킨 다음 (우즈가 스윙의 리듬과 타이밍이 완벽했던 한 주라고 부른 시간) 우즈는 부치 하먼의 도움을 받아 자신의 스윙을 재건하기에 착

년 무릎 수술을 받은 이후 스윙 자세를 바꾸어야 한다는 압박 속에 우즈는 행크 해니의 자문을 구했다. 해니는 처음 우즈를 가르쳤던 하먼과는 정반대의 스윙 이론인 플랫의 원 플레인 스윙을 신봉했다. 원 플레인 스윙으로는 (이론상에서는) 우즈를 괴롭히던 불필요한 몸동작을 대부분 없앨 수 있었다. 몇 년 동안 클럽을 스윙하는 법을 처음부터 다시 습득한 타이거 우즈는 다시 최고의 골퍼로 모습을 나타냈다. 그는 2004년부터 2007년까지 열두 번의 메이저 대회에서 다섯 차례 우승을 차지했고 전 세계의 골프 대회에서 스무 차례 이상 우승했다. 우즈는 현재 앞쪽 무릎에 훨씬 부담이 덜한 플랫 플레인 스윙을 구사하면서도 여전히 놀라울 정도로 빠른 스윙 속도를 선보인다. 중년이 되면서 과거의 마른 체형이 아니라 살과 근육이 생긴 체형으로 변모하면서 새로운 스윙법은 더욱 우즈에게 걸맞게 되었다. 이 말은 골프계가 경계를 늦추지 말아야 한다는 뜻이다. 타이거 우즈는 좀 더 긴 여정을 대비하여 자신을 재건하고 돌아온 것이다.

수했다. 스윙을 더 짧고 조밀하게 다듬고 스윙 플레인을 업라이트하게 만들었다. 그 중에서 중요한 일은 그가 오랫동안 유지했던 잘못된 습관을 고치려고 노력했다는 점이다. 그는 클럽을 몸 뒤에서 '막히게' 하는 습관이 있어서 페어웨이의 오른쪽으로 크게 빗나가게 공을 치는 일이 많았다. 우즈는 이런 습관을 고치고 스윙을 다시 다듬은 이후 1999년에서 2003년까지 좋은 성적을 기록했다. 골프 역사상 그 무엇과도 비교할 수 없을 만큼 뛰어난 성과였다.

하지만 유감스럽게도 새로운 스윙 방식은 오래 버틸 수가 없었다. 스윙 동작이 몸에 무리를 주었기 때문에 우즈의 왼쪽 무릎은 점점 마모되어 약해지기 시작했다. 우즈가 업라이트 스윙으로 전환한 이후 공을 치는 순간 왼쪽 무릎을 과도하게 뻗었고, 이 동작은 무릎의 힘줄에 부담을 주었다. 2003

드라이버의 속도

골프선수의 평균적인 아이언 클럽헤드 속도는 클럽이 공에 맞는 순간 시속 128.7킬로미터가 넘는다. 드라이버로 칠 때 속도는 시속 160.9킬로미터 가까이 나온다. 비거리가 긴 프로선수의 경우 드라이버 샷의 속도는 시속 201~209킬로미터까지 올라갈 수 있다. 클럽이 공에 충돌하는 시간은 1000분의 1초밖에 되지 않지만 공에는 660파운드(299.3kg)의 힘이 전달된다. 드라이버를 맞고 날아가는 골프공의 초기 속도는 대부분의 프로선수들의 경우 시속 241.4킬로미터 정도다. 타이거 우즈나 존 댈리(John Daly) 같은 굉장한 선수들의 경우 공의 초기 속도는 시속 289.7킬로미터를 상회한다.

새로운 공은 빨리 떨어진다

—데이비드 굴드

오거스타 내셔널 골드 클럽은 전통을 중시하는 클럽이다. 그러나 점점 비거리가 길어지는 드라이브를 수용하기 위해 골프 코스를 재정비하는 일이 반복되면서 클럽에서는 이 관례에 진절머리를 내고 있다. 지난 7년 동안 골프 코스의 야드거리는 6.6퍼센트 증가했다(1999년에는 6985야드였지만 2006년 마스터스 대회에서는 전체 코스가 7445야드였다). 거의 한 홀이 더 생긴 것이다. 그 결과 오거스타 내셔널 골드 클럽은 골프 코스 건축가를 비롯한 여러 사람들과 함께 새로운 장비 규정의 도입을 추진하고 있다.

미국골프협회는 이들의 목소리에 귀를 기울였고 장비 제조회사들은 스포츠 세계에서 최초로 제품의 질을 떨어뜨리라는 요청을 받고 있다. 골프공 제조회사들은 초기 속도가 시속 193.1킬로미터일 때 지금의 공보다 15~20야드(13.7~18.2m) 짧게 날아가는 과거의 공을 제공하라는 요청을 받았다. 공의 야드거리를 줄이는 일은 지난 10년 동안 골프공을 멀리 날아가게 만들기 위해 발전한 기술을 후퇴시킨다는 의미다. 실제로 골프공이 너무 멀리 날아가게 된 탓이다.

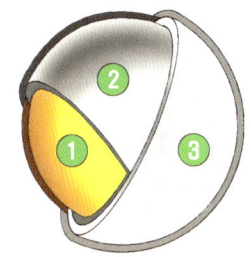

① **발전**: 폴리부타디엔(Polybutadiene)을 기반으로 한 심은 드라이브 샷의 속도를 증가시킨다.
후퇴: 분자구조의 고리를 끊어서 에너지 전환의 효율을 떨어뜨린다.

② **발전**: 내피는 가속도를 증가시키고 회전을 조절한다.
후퇴: 부드러워진 내피 때문에 공이 원형 모양으로 회복하는 속도가 느려진다.

③ **발전**: 공의 정밀한 원형 홈과 기하구조로 공기저항을 감소시킨다.
후퇴: 이전의 원형 홈 배열로 돌아가 공기저항을 증가시킨다.

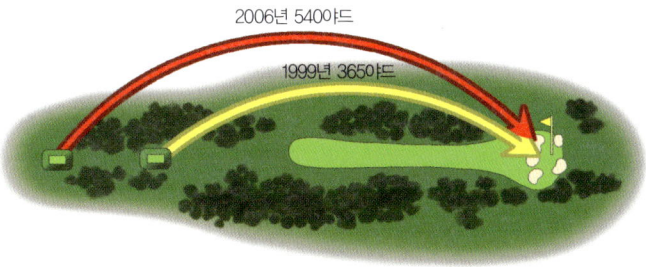

○ 드라이브 거리가 길어지면서 오거스타 클럽에서는 7번 홀에 85야드를 추가했다.

Hockey 하키

9

빙판 위를 한층 더 빠르게
골키퍼에게 중요한 것은 다리보다 눈
3.3도의 차이
당신의 스틱은 얼마나 큰가
퍽의 과학
그레츠키가 위대한 이유

빙판 위를 한층 더 빠르게

● Laura Stamm 로라 스탐

● 북미아이스하키리그 동부지구의 버팔로 세이버스에서 81번을 달고 있는 미로슬라브 사탄

하키는 속도가 전부인 스포츠다. 빙판 위에서 속도를 내기 위해서 하키선수들은 반드시 힘의 작용 원리를 정확한 타이밍(힘)에 맞추어 한순간에 폭발적으로 적용하여 스케이트를 탈 수 있어야 한다. 속도를 내기 위해서는 다리를 빠르게 움직이는 것도 중요하지만 그에 못지않게 중요한 것은 스케이트 날과 다리와 몸무게를 얼마나 올바르고 효과적으로 사용하는가이다. 많은 선수들이 힘의 작용 원리는 모른 채 그저 다리만 빨리 움직이면 된다고 배운다. 이런 선수들은 열심히 움직이고 있지만 어디로도 가지 못한다.

내가 C컷 훈련법을 고안해낸 것은 1971년의 일이다. 이 푸시법을 C컷이라 부르는 이유는 이 방법으로 푸시를 하면 스케이트 날이 빙판 위에 알파벳 C와 비슷한 반원형 호 모양의 홈을 남기기 때문이다. C컷 푸시는 전진 활주와 후진 활주 모두에 사용된다. 이 훈련법은 발뒤꿈치를 이용해 앞으로 나아가기 위한 푸시의 처음 3분의 1 부분에 초점을 맞춘다(발바닥과 발가락은 다른 부분에서 사용된다). C컷 푸시로 제대로 훈련을 한다면 선수들은 속도를 낼 수 있는 효율적인 푸시 방법을 익힐 수 있을 것이다.

C컷의 장점

전진 활주에서 C컷을 사용하려면 우선 푸시하는 다리를 뒤로 뺀 다음 옆으로 뻗으면서 곡선을 그린다. 그리고 다리를 앞으로 뻗은 다음, 몸 중심선 아래의 시작점으로 다시 가져오며 C자를 완성한다. C컷 훈련법에는 다음과 같은 스케이트 및 훈련 원칙이 포함된다.

- 푸시를 할 때 얼음을 좀 더 강하게 지치기 위해서 안쪽 날을 사용한다.
- 다리를 곧장 뒤로 뻗는 것이 아니라 우선 뒤로 뺀 다음 옆으로 뻗는다.
- 다리를 일부만 뻗어 약한 푸시를 하는 대신 다리를 완전히 일직

선으로 펴고 전력으로 뻗는 동작을 몸에 익힌다.
- 글라이딩하는 다리와 푸시하는 다리가 각각 개별적으로 움직이도록 훈련한다(글라이딩하는 다리가 무릎을 충분히 구부린 상태에서 일직선으로 나아가는 동안 푸시하는 다리는 반원형 호를 그리며 푸시가 끝나는 순간 완전히 펴진다).
- 앞으로 나아가는 푸시를 할 때마다 발뒤꿈치를 이용한다(스케이트 날의 발끝 부분은 C컷 푸시에서는 사용하지 않는다. 여기에서는 오직 날의 뒷부분만을 이용하여 푸시한다).

C컷 푸시법

전진 C컷 방식으로 푸시하면 거꾸로 뒤집어진 C자를 그리게 된다. 다시 말하면 푸시는 C자의 아랫부분에서 시작하여 윗부분에서 끝난다. 후진 C컷은 이와 정반대로 생각하면 된다. 전진 C컷에서는 항상 양 발의 스케이트를 모두 사용해야 한다. 다음은 빙판 위에서 한층 빨리 움직일 수 있도록 하는 훈련의 12단계를 소개한다. 처음에는 왼쪽 다리부터 푸시한다.

1. 양 스케이트 날의 평평한 부분을 이용하여 앞으로 글라이딩한다. 양 발이 몸 바로 아래 오도록 하고 허리를 반듯하게 편다.
2. 오른발 스케이트 날의 평평한 부분을 이용하여 앞으로 글라이딩하는 동안 왼쪽 다리는 푸시를 준비한다.
3. 무게 중심을 왼발 스케이트의 뒤쪽 절반 부분에 싣는다.
4. 양 무릎을 구부리면서 왼발 스케이트의 안쪽 날을 얼음에 박아 넣는다. 스케이트에서 무릎까지 얼음과 약 45도의 각도를 이

루어야 하고, 날에 몸무게를 싣도록 집중한다.

5. 발끝이 옆을 향하도록 왼발을 바깥쪽으로 벌린다. 발꿈치는 모아지고 발끝은 벌어져야 한다. 이제 C컷 푸시를 할 준비가 되었다.

6. 왼발 스케이트를 뒤로 푸시한 다음 바깥쪽으로 푸시하면서 얼음에 C자를 그린다. 바깥쪽으로 푸시할 때는 다리를 옆으로 완전히 펴준다.

7. C컷 뻗기를 하는 도중 무게 중심을 오른발 스케이트로 옮긴다. 오른발은 날의 평평한 부분으로 일직선으로 글라이딩하고 있어야 한다.

8. 푸시하는 다리를 강하게 쭉 펴준다. 다리를 완전히 뻗은 다음에도 뻗은 다리의 스케이트가 얼음 위에서 떨어져서는 안 된다. 글라이딩하는 다리는 뻗는 다리를 완전히 펴는 순간에도 계속해서 무릎을 충분히 구부리고 있어야 한다.

9. 다리가 완전히 펴진 다음에 왼쪽 스케이트를 안쪽으로 모으듯이 회전시킨다. 왼쪽 발끝은 이제 글라이딩하는 스케이트를 향하고 있어야(마치 안짱다리처럼) 한다. 이 단계는 다시 몸 아래 시작점으로 스케이트를 되돌리기 위해 필요하다. 푸시한 다리를 몸 아래로 되돌릴 때는 스케이트가 더 이상 얼음을 가르지 않는다. 스케이트는 다시 몸 아래의 중심선으로 미끄러져 돌아온다.

10. 왼쪽 다리를 앞으로 내밀었다가 안쪽으로 움직여 몸 아래 중심의 시작점으로 돌아오도록 한다.

11. 푸시한 다리를 몸 아래로 되돌린 다음에는 양발이 평행한 채

로 몸 아래 중심에 있어야 한다.

12. 푸시한 다리를 몸 아래로 되돌린 왼발 스케이트는 이제 새로운 글라이딩 스케이트가 된다. 다시 푸시하기 위해서 오른발 스케이트의 안쪽 날에 무게를 실은 후 좌우가 뒤집힌 C자를 거꾸로 그리는 식으로 얼음을 푸시한다. 발끝이 바깥쪽을 향하도록 오른발 스케이트를 벌리고 앞에서 뒤로 푸시한 다음 옆으로 다리를 완전히 뻗으며 푸시한다. 그 다음 오른쪽 스케이트를 안쪽으로 모으듯이 회전시켜(안짱다리처럼) 앞으로 내밀었다 다시 무게 중심 아래의 시작점으로 되돌린다.

명심하자. C컷 푸시는 조용하지 않다. 스케이트 날은 얼음을 찍어 밀어내야 하며 선수는 날이 얼음을 찍는 소리를 들을 수 있어야 한다. 얼음에서 나는 소리로 선수는 자신의 몸무게가 푸시하는 스케이트에 제대로 실려 있는지를 알 수 있다. 푸시하는 스케이트의 안쪽 날로 얼음을 강하게 움켜쥐어야 한다.

C컷은 앞으로 나아가는 스트라이드 동작과는 다르다. C컷은 발뒤꿈치에서 동작이 끝나지만 앞으로 나아가는 스트라이드는 발끝에서 동작이 끝난다. 하지만 C컷 훈련으로 선수는 앞으로 나아가는 글라이딩을 향상시킬 수도 있고 최초의 푸시에서 좀 더 큰 힘을 생성하는 능력을 익힐 수도 있다. 이런 능력을 익힌다는 것은 좀 더 빠르게 스케이트를 탈 수 있다는 뜻이다.

골키퍼에게 중요한 것은 다리보다 눈

Frank Vizard 프랭크 비자드

하키 시합에서 골키퍼에게는 빠른 손과 스틱을 재빠르게 휘두를 수 있는 능력보다 상대선수가 골대로 슛을 날리기 직전 눈을 어디에 두고 있는가가 더욱 중요하다.

너무나 당연한 이야기처럼 들리지만 캘거리대학의 연구원 말에 따르면 상대선수가 슛을 하기 직전 골키퍼가 스틱과 퍽에 눈을 집중하고 있는 경우 골을 막아낼 확률은 높아진다.

데릭 팬척Derek Panchuk 연구원과 조안 비커스Joan Vickers 교수는 이를 두고 '침착한 눈Quiet Eye' 현상이라 부른다. 이들의 관찰에 따르면 초보 골키퍼들은 시선이 이리저리 돌아다니지만 뛰어난 골키퍼들은 슛을 하는 선수의 스틱과 퍽에 시선을 고정시킨다. 비커스 교수는 침착한 눈 현상을 결정적인 동작을 취하기 전 마지막으로, 눈으로는 시각적 정보를 수집하고 뇌에서는 수집된 정보를 처리하는 아주 중요한 순간이라고 설명한다. 연구원들은 무선 헤드기어를 사용하여 16.67밀리세컨드 동안 대상의 움직임에 따라 골키퍼의 눈과 몸이 어떻게 반응하는지를 관찰할 수 있었다. 골을 막아내는 골키퍼의 능력은 슛이 얼마나 멀리에서 날아오는가의 문제와는 상관없어 보였다. 중요한 것은 슛을 쏘기 직전 순간 퍽이 시야에 들어오는가의 여부였다.

3.3도의 차이

영하 5.6도: 점프나 착지에 적합한 '부드러운' 빙질로 피겨스케이팅 선수들이 선호하는 얼음 온도
영하 8.9도: 속도를 내는 데 적합한 '빠른' 빙질로 하키선수들이 선호하는 얼음 온도

이 연구에서는 시합이 아닌 상황에서 뛰어난 슈터와 맞붙었을 때 골키퍼가 눈을 움직이는 모습을 관찰했다. 이런 조건에서 골키퍼는 75퍼센트의 확률로 퍽을 막아냈다. 시합 중에도 뛰어난 골키퍼는 골대로 들어오는 슛이 여러 가지로 다양하게 달라지는 상황에서도 90퍼센트의 방어율을 보인다.

당신의 스틱은 얼마나 큰가

● Frank Vizard 프랭크 비자드

세인트루이스를 비롯한 여러 팀에서 활약하는 동안 무려 943개의 골을 기록하며 하키계의 전설이 된 브렛 헐Brett Hull은 《스포츠 일러스트레이티드 Sports Illustrated》와의 인터뷰에서 선수로 활약하는 동안 대부분 시합에서 부정 스틱을 사용했다는 사실을 고백했지만 그 파장은 미미했다. 어째서일까? 야구에서 코르크를 넣은 부정 배트를 사용하는 경우와 다르게 하키에서는 스틱의 날이 크게 휘어진 부정 스틱을 사용하는 것이 정말 시합에 유리한지에 대해 증명하기 어렵기 때문이다.

2006년 북아메리카 프로아이스하키리그에서는 스틱 날의 커브 크기에 대한 규정을 변경하여 커브 크기 한계를 1.27~1.91센티미터로 높였다. 52골을 기록하며 시즌을 마친 워싱턴 클리퍼스의 득점왕 알렉스 오베츠킨 Alex Ovechkin은 날의 곡률을 높인 결과 득점이 50퍼센트 정도 높아질 것이라고 기대했다. 그러나 2006~2007년 시즌이 끝날 무렵 규정 변화로 인한 득점 증가는 눈에 띄지 않는 수준이었다. 실제로 오베츠킨은 46골로 시즌을 마무리했고, 리그 전체에 걸쳐서도 득점이 증가했다는 변화는 나타나지 않았다.

냉소적인 사람들은 이런 결과를 대부분의 선수들이 이미 부정 스틱을 사용하고 있었다는 근거일 뿐이라고 해석한다. 국제 경기와 올림픽 경기에서는 이미 1.91센티미터짜리 날이 허용되고 있기 때문에 그럴 가능성이 없지 않다. 자신의 스틱에 집착하는 유명한 선수들이 시합 시작 후 10분이 지났다는 표시가 뜰 때마다 스틱을 보관하는 선반으로 달려가는 모습은 점수 차가 얼마 나지 않을 때 스틱을 바꾸어 쥐는 것이 시합 결과에 영향을 미칠지도 모른다고 판단한 상대편 코치가 부정 스틱 규칙을 들먹이기 전에 정식 스틱에서 부정 스틱으로 바꾸어 쥔다는 점을 보여주는 것일지도 모른다. 설사 부정 스틱 사용이 적발된다고 하더라도 이 규칙 위반은 벌금 200달러밖에 되지 않는 가벼운 처벌에 그친다. 브렛은 스틱의 날 크기에 대한 규정이 골키퍼들이 제대로 된 보호 장구와 헬멧 없이 퍽을 막던 시절 골키퍼를 보호하기 위해 만들어진 '바보 같은 규정'이라고 말한다.

그렇다면 스틱 날이 길어지면 어떤 점이 유리한가? 멍크턴대학의 물리학자이자 《하키의 물리학 The Physics of Hockey》저자인 알렌 헤이시 Alain Heche의 설명에 따르면 스틱의 날 부분이 길어진다고 해서 퍽을 치는 샷의 속도가 증가하지는 않는다. 퍽이 날아가는 속도는 퍽을 치는 힘의 결과이기 때문이다. 긴 날이 주는 이점은 샷의 일관성을 높여준다는 것이다. 퍽은 언제나 하키 채의 같은 부분을 맞고 날아가기 때문이다. 날이 길어지면 퍽에 대한 조정력이 높아져 선수가 퍽을 몰고 수비수를 따돌리거나 날 끝으로 퍽을 잡아채 슛하는 동작을 한 동작으로 끝내기가 쉬워진다. 또한 퍽에 회전을 더 많이 걸어줄 수 있어 퍽이 선수가 목표로 한 지점으로 안정적으로 나아갈 가능성이 훨씬 높아진다. 헤이시는 스틱의 곡률을 제한하는 규칙이 생긴 이유는 아마도 퍽의 조정력을 제한하기 위한 것이라고 설명한다.

그러나 헤이시는 시합에서 큰 날이 선수에게 얼마나 유리한지 측정하거나 혹은 큰 날이 실제로 선수에게 유리한지의 여부를 밝혀내는 일은 어려울 것이라고 덧붙인다. 수많은 하키선수들에게 스틱의 날 크기는 일반 선수와 스타 선수의 차이를 의미할지도 모른다. 브렛 헐은 자신이 쓰는 스틱의 큰 날 없이는 슛을 할 수 없었다고 말했다. 현재의 의문은 앞으로 1.91센티미터보다 긴 날이 등장할지의 여부다. 브렛 헐 선수의 아버지로 명예의 전당에 헌액된 바비 헐 Bobby Hull이 사용하던, 바나나처럼 보일 만큼 날이 길었던 스틱들이 앞으로 등장하게 될지도 모른다. 그러므로 시합이 끝나갈 무렵 눈을 크게 뜨고 스틱 선반을 유심히 관찰해 보자. 어떤 선수들이 부정 스틱으로 바꿔갈지 모르는 일이다. 많은 선수가 부정 스틱을 이용하여 시합을 하는 팀이 승리에 유리한 고지를 차지할 수 있을지도 모른다.

퍽의 과학

- **재질**: 가황고무
- **색**: 검정
- **크기**: 지름 7.62cm, 두께 2.54cm
- **무게**: 155.9~158.8g
- **가장자리**: 테이프로 감은 하키 채로 칠 때 잡아챌 수 있는 부분이 있어야 하므로 가장자리를 따라 일련의 요철이 나 있다.
- **보관**: 탄력을 낮추기 위해 시합 중에는 냉동고에 보관한다.
- **이름의 유래**: 알려지지 않았다. 어떤 이들은 퍽의 이름이 셰익스피어의 《한여름 밤의 꿈》에 등장하는 요정의 이름을 따서 지어졌다고 주장하기도 한다. 아이스하키의 퍽과 셰익스피어의 퍽이 모두 종종 예상치 못한 방향으로 재빠르게 움직인다는 이유에서이다.
- **발명 시기**: 최초의 퍽은 1975년 보스턴대학 학생들이 고무공을 반으로 갈라 시합에 사용하면서 만들어졌다고 알려져 있다.
- **가장 훌륭한 TV의 순간**: NHL의 1995~1996년 시즌에 폭스 방송사에서는 퍽에 컴퓨터 칩을 이식한 다음 20개의 아주 작은 구멍을 뚫어 센서를 통해 빙판 위에서 퍽의 움직임을 감지할 수 있게 만들었다. 관중은 퍽의 위치를 쉽게 찾을 수 있게 되었지만 선수들은 퍽이 이전만큼 제대로 움직이지 않는다고 불만을 터뜨렸고 이 아이디어는 곧 기각되었다.
- **빙판 위에서 이동할 수 있는 거리**: 캐나다 멍크턴대학 교수인 알렌 헤이시에 따르면 링크 등의 가로막는 장애물이 없는 경우 슬랩샷의 평균 속도인 시속 160.9킬로미터로 날아간 퍽은 1분 15초 만에 거의 1.9킬로미터를 나간다.

그레츠키가 위대한 이유

세인트루이스 블루스의 골키퍼였던 마이크 리웃(Mike Liut)은 1997년 잡지와의 인터뷰에서 위대한 하키선수인 웨인 그레츠키(Wayne Gretzky)의 기술을 단 하나의 질문으로 요약하여 표현했다. "지금 웨인이 보고 있는 것에서 내가 보지 못하는 것은 무엇인가?"

1980년대와 1990년대에 가장 유명했던 에드먼턴 오일러스를 비롯하여 여러 팀에서 활약한 그레츠키는 빙판 위에서 가장 강한 선수도, 가장 빠른 선수도, 가장 민첩한 선수도 아니었다. 하지만 NHL에서 아홉 차례나 MVP의 자리에 올랐다. 미래를 볼 수 있다 해도 믿을 정도로 몇 초 후에 일어나게 될 일을 머릿속에 그릴 수 있는 능력을 발휘한 결과였다. 《와이어드Wired》에 발표된 기사에 따르면 미국 올림픽 대표팀과 오스트레일리아 스포츠 선수촌을 위해 일하는 과학자들은 그레츠키가 구사하는 기술은 상대팀 선수가 흘리는 신체적 신호를 직감적으로 해석하는 선천적인 능력에서 온다고 결론지었다. 다른 선수들은 이런 신호를 제대로 감지해내지 못한다. 과학자들은 어떻게 이런 기술을 습득할 수 있는지를 알아내기 위해 연구 중이지만, 이런 유의 지각 훈련은 아직 초기 단계에서 벗어나지 못하고 있다. 어쩌면 그레츠키는 어린 시절 아버지에게 들었던 조언을 그대로 실천했을 뿐인지도 모른다. "퍽이 있을 곳으로 스케이트를 타라, 퍽이 있었던 곳이 아니라."

🟣 빙판 위에서 뛰어난 시야와 기동력으로 퍽을 다루는 마법의 손을 지녔다는 평을 받는 웨인 그레츠키

Running / 달리기

10

마라톤을 뛰다
말하는 운동화
컴퓨터 운동화
발에 맞는 신발을 고르는 법

마라톤을 뛰다

Joe Vigil 조 비질

2004년 아테네 올림픽 여자 마라톤에서 동메달을 딴 디나 캐스터 마라톤계의 전설적인 코치인 조 비질 박사는 코치로 일하는 30년 동안 과학과 훈련 방식을 접목시키는 능력 덕분에 '과학자 코치'라는 칭송을 받아왔다. 비질은 2004년 그리스 아테네 올림픽 당시 디나 캐스터(Deena Kastor)의 코치를 맡아 캐스터 선수가 동메달을 따는 데 일조하면서 1968년부터 시작된 올림픽 대표팀과의 관계를 마무리했다. 마라톤이 새로운 부흥기를 맞이했다고 생각하는 비질 박사는 이 글에서 마라톤을 샅샅이 해부한다.

출발하기에 앞서

나는 선수가 출발하기 30분 전에 무얼 마시는지 주의 깊게 살펴 선수가 수분을 충분히 섭취하는지 확인한다. 선수의 체격을 기준으로 선수가 마셔야 하는 물의 양을 미리 계산하고 음료수에 억셀러레이트와 엔듀록스 두 가지 가루를 섞는다. 이 혼합물은 탄수화물 4에 단백질 1의 비율로 구성되어 있어 선수가 수분과 열량을 충분히 섭취하도록 돕는다. 경기가 아침 일찍 열리는 경우 선수는 마라톤이 시작되기 두세 시간 전에 토스트 한 조각이나 젤리를 얹은 베이글을 먹는다. 마라톤을 달리는 힘은 그날 섭취한 음식에서 나오는 것이 아니라 이전부터 비축해둔 열량에서 나온다.

출발선에 서서

출발선으로 향할 때 선수는 코스는 물론 경쟁 상대까지 파악하고 있어야 한다. 선수는 자신이 유지해야 하는 속도를 알고 있다. 올림픽에서 동메달을 딴 디나 캐스터 역시 자신이 유지해야 하는 속도를 미리 결정해두었다. 캐스터는 셀 수 없는 반복 훈련을 통해 자신이 유지해야 하는 속도를 몸에 익혀두었기 때문에 그 속도를 달릴 때 어떤 느낌이 드는지를 숙지하고 있었다. 우리는 여러 방법을 통해 디나가 달릴 속도를 결정했다. 내가 선호하는 방식은 디나에게 트레드밀을 달리게 하면서 디나의 호흡률(RQ:산소호흡을 할 때 내뱉는 이산화탄소 양과 들이마시는 산소 양의 비율—옮긴이)을 0.94에 맞추어 대회에서 달릴 속도를 결정하는 것이다. 이 속도는 거의 순수하게 지방만을 연소시키면서 달리는 속도다. 사람의 신진대사는 매일 달라지기 때문에 이 호흡률은 매일 100분의 1퍼센트 정도 다르게 나타날 수 있다. 호흡률을 0.94에 맞추어 속도를 결정하는 까닭은 이 수치가 상당히 믿음직한 수치이기 때문이다.

디나의 경우 순수하게 지방만을 연소하며 달릴 때 1.61킬로미터를 달리는 데 5분20초가 걸렸다. 모든 마라톤 선수들이 노력하는 목표는 뛰는 동안 거의 처음부터 끝까지 지방만을 연소시켜 얻은 열량을 사용하여 달리는 것이다. 물론 사람의 몸은 각각 다르므로 호흡률 0.94에 맞춘다고 해도 선수들의 속도는 제각기 다르기 마련이다. 디나의 RQ 속도는 그날그날의 신진대사와 디나가 사용할 수 있는 효소에 따라 날마다 1초 정도 오르기도 하고 떨어지기도 했다. 바로 그런 이유로 선수의 식단과 휴식 습관에 어느 정도 일관성을 유지하는 일이 중요하다. 그래야 언제나 같은 몸 상태를 유지할 수 있기 때문이다. 선수가 일정한 생활 습관에 맞추어 생활을 한다면, 통제하는 변수가 많아져 결과를 예측하기가 더 쉬워진다. 이러한 것은 모든 과학 실험과도 비슷하다.

○ 2004년 아테네 올림픽 남자 마라톤 경기에서 은메달을 딴 멥 케플레지기(Mebrahtom Keflezighi)

경기 초반의 몇 킬로미터

처음 몇 킬로미터 동안에는 많은 선수들이 제각기 자리를 다투며 달리기 때문에 불안감에 에너지를 많이 낭비하게 된다. 이 구간에서 부상을 피하고 다른 사람이 달려와 부딪치는 일을 피하기 위해서는 출발점을 빨리 벗어나려고 노력해야 한다. 그러므로 처음 몇 킬로미터 동안에는 자신의 시합 속도보다 조금 더 속도를 내어 달려 나가 뒤에 처지는 선수들과 간격을 벌려놓아야 할 때가 있다. 선두 그룹에서 달리려 한다면 선두 그룹과 가까운 자리를 차지해야만 한다.

일단 좋은 위치를 확보했다면 자신의 시합 속도에 맞추어 달린다. 하지만 여기에서도 항상 자신의 시합 속도를 유지할 수 있는 것은 아니다. 기복이 있는 지형을 달릴 수도 있고 오르막을 달려야 할 때도 있다. 아니면 관중의 환호를 받아 좀 더 빨리 달리고 싶은 마음이 들 수도 있다. 뉴욕 마라톤에서는 퍼스트애비뉴로 들어가는 59번가 다리에서 언제나 관중이 환호를 보내고 있다. 마라톤 선수는 사람들의 응원에 도취되어 자신의 원래 시합 속도보다 1.6킬로미터당 15~20초 정도 빨리 달리기 쉽기 때문에 주의해야 한다. 마라톤 선수는 항상 자신의 속도를 감정적으로 통제하고 있어야 한다. 다른 사람의 페이스에 말려 들어가서는 안 된다. 마라톤 선수가 자기 자신에 대해서, 또한 특정 속도로 달리려면 얼마나 힘을 들여 달려야 하는지를 잘 알고 있어야 하는 이유가 바로 여기에 있다. 선수의 능력을 검사하고 검사 결과에 따라 속도를 결정한 다음에 가장 많은 훈련을 하는 부분이 바로 속도에 대한 감각을 익히는 것이다. 물론 처음부터 끝까지 이 훈련만 하는 것은 아니다.

우리는 열량을 생산하기 위해 다른 열량체계를 가동하는 훈련도 병행한다. 하지만 마라톤은 유산소 운동이기 때문에 훈련 시간의 98퍼센트를 유산소 운동의 범위 안에서 훈련하는 데 사용한다. 선수가 하루에 32~40킬로미터 정도를 마라톤 속도에 맞추어 달리는 힘든 유산소 훈련을 했다면 그 다음날은 강도가 낮은 회복용 달리기로 일정을 잡는다.

경기가 진행됨에 따라 다른 스트레스 요인과 마주한다. 바람이 부는가? 날씨가 덥거나 습한가? 비나 눈이 내리고 있는가? 그러면 조건에 따라 시합 속도를 다시 조정해야 한다. 디나가 아테네 올림픽 마라톤에 참가했을 당시에는 오후 6시 기온이 섭씨 37.8도까지 올라갔고 새롭게 깐 아스팔트의 온도는 무려 48.9도에 달했다. 당시 선수가 뛰는 속도를 결정하는 데 기온이 큰 영향을 미쳤다. 열기와 습기를 오래 견디며 달리는 일은 한층 힘겹기 때문이다. 열기와 습기는 마라톤에서 영향력이 큰 스트레스 요인이다. 아테네 올림픽에서 디나는 비교적 느린 속도로 뛰기 시작했다. 지난 다섯 번의 올림픽 마라톤 경기와 여섯 번의 국가선수권 대회를 분석한 결과 우리는 메달권에 들기 위해서 디나가 어느 정도의 속도로 달려야 하는지 알고 있었다.

마라톤 선수는 단거리 선수처럼 힘이 강하지 않다. 단거리 선수만큼 힘을 낼 근육이 없기 때문이다. 트랙을 딛는 힘이 셀수록 땅에서 더 큰 추진력을 얻을 수 있다. 특히 탄력이 있어 에너지를 그대로 돌려주는 단거리 전천후트랙에서는 더욱 그렇다.

마라톤의 산소 소비량은 몸무게의 킬로그램 양에 비례하기 때문에 체격이 크면 클수록 연소하게 되는 열량 또한 증가한다. 따라서 마라톤은 체격이 좋을수록 불리하다. 마라톤에서는 효율적인 산소 사용이 매우 중요하다. 디나는 훈련을 위해 달리는 거리를 일주일에 160~177킬로미터로 차근차근 늘려가면서 서서히 최대산소섭취량(VO2 MAX: 몸무게 1킬로그램당 1분 동안 몸이 사용할 수 있는 산소의 양)을

70.2밀리터에서 81.3밀리터까지 끌어올렸다. 이는 미국 여성 운동선수 중 가장 높은 수치다.

   마라톤을 완주하기 위해서는 2시간이 넘게 걸린다는 점을 생각할 때 마라톤 선수들이 노력해야 하는 목표는 분명하다. 마라톤 선수는 자신이 낼 수 있는 힘을 키우기 위해 노력해야 하고 달릴 때 발을 내딛는 방법을 유연하게 다듬어 한 걸음 달릴 때 더 많은 거리를 나아가도록 노력해야 한다. 1만 미터를 28분에 달릴 수 있는 선수가 달릴 때의 보폭을 1000분의 0.05밀리미터 늘일 수 있다면(그러기 위해서는 힘과 지구력을 키워야 한다) 기록을 26분까지 단축시킬 수 있다. 가장 효율적으로 달리는 방법은 속도를 일정하게 유지하며 달리는 것이지만 누구나 일정한 속도를 유지하며 달릴 수 있는 것은 아니다. 그러기 위해서 선수는 자신의 몸을 잘 알고 있어야 한다. 9년 동안 디나의 코치로 일한 나는 디나가 마침내 마라톤의 관점에서 자기 자신의 몸과 조화를 이루고 있다고 말할 수 있다. 이는 하룻밤 만에 일어날 수 있는 일이 아니다.

경기 중반의 달리기

마라톤 선수는 자신이 각 거리 표시 지점에 언제 도착해야 하는지 알고 있다. 일정한 속도를 유지하면서 시간에 맞추어 거리 표시 지점을 지나가고 있다면 설사 100위로 뒤처졌다 하더라도 자신의 뛰는 능력에 맞추어 달리고 있기 때문에 전혀 걱정할 필요가 없다. 선두로 나서고 있는 경우에는 시너지 효과가 발휘되어 자신이 정말 잘 달린다고 생각해 속도를 내기가 쉽다. 다른 선수들이 계속 앞질러 가는 경우에는 스스로 부정적인 생각을 하기 쉽다. 이런 부정적인 생각은 선수에게 불리하게 작용한다. 우리의 정신은 아주 강력한 힘을 지니고 있다. 뛰는 동안 선수의 정신 상태는 선수가 시합에서 얼마나 성과를 거둘 수 있는지를 좌우하는 결정적인 요소다.

아테네 올림픽에서 동메달을 땄을 당시 디나의 몸 상태는 최고였기 때문에 사람들은 디나에게 왜 조금 일찍 속도를 내지 않았느냐고 물었다. 디나가 속도를 내지 않았던 까닭은 그날의 열기와 습기 탓도 있었지만 마지막 13킬로미터의 오르막을 염두에 두고 있었기 때문이었다. 그날 시합에서는 수많은 선수들이 완주하지 못하고 중도에 포기하고 말았다. 세계 기록 보유자인 폴라 래드클리프 또한 30킬로미터 지점에서 기권했다. 디나가 일찍 속도를 냈더라면 디나 역시 마찬가지 역경에 부딪쳤을지도 모른다. 대신 디나는 네거티브 스플릿 전략을 선택해서 경기 후반을 전반보다 더 빠르게 달렸다. 디나는 마지막 5킬로미터를 16분 9초에 돌파했다. 여기에는 마지막 5킬로미터가 내리막길이었다는 이유도 한몫했다.

내가 고도가 높은 캘리포니아에서 아테네와 완전히 똑같은 코스를 발견했던 것도 어느 정도 도움이 되었다. 디나는 이 코스를 일곱 차례 완주한 다음에 아테네로 향했다. 나는 세 가지의 A를 신봉한다. 마음가짐attitude와 소질aptitude, 그리고 마지막으로 고도altitude이다. 높은 고도에서 훈련을 하지 않으면 세계 정상급 선수들과 경쟁할 수 없다. 지난 20년 동안에 고도가 높은 곳에서 살거나 훈련을 한 선수들이 메달의 95퍼센트를 가져갔다. 고도가 높은 곳에서 살거나 훈련을 하는 경우 선수의 몸에서는 적혈구 양이 증가하며, 그 결과 산소 운반 능력이 강화된다.

◯ 뉴욕 마라톤 대회에서 선수들이 베라자노내로스 다리를 건너는 모습

벽에 부딪칠 때

마라톤에서 벽이란 선수가 몸에 축적된 탄수화물을 다 소진하는 순간이다. 선수가 오랫동안 자신의 RQ 속도보다 빨리 달리게 되면 지방 대신 글리코겐을 연소시키게 된다. 디나의 RQ 속도는 5분 20초(1.61km를 달리는 데)였다. 이 속도에 맞추어 달리는 한 디나는 오직 지방만을 연소시키며 달릴 수 있었다. 마라톤 선수는 달릴 때 에너지원으로 지방을 사용해야 하며 탄수화물은 마지막을 위해 아껴두어야 한다. 제대로 훈련을 하지 않으면 선수는 자신의 속도보다 지나치게 빨리 달리게 되어 몸의 탄수화물, 즉 글루코스를 다 써버리

게 된다. 글루코스를 다 써버리는 순간 선수는 벽에 부딪친다. 마라톤 선수는 이 벽을 결승점 뒤로 밀어내는 훈련을 받는다. 자신의 몸을 잘 아는 선수는 지방만을 연소하면서 달리는 속도를 유지할 수 있다. 훈련을 통해 선수는 지방만을 연소시키며 달릴 수 있는 속도를 가능한 한 높이 끌어올리기 위해 노력한다.

선수가 경기 초반에 벽에 부딪치는 일은 없다. 우리 몸에는 약 410그램의 탄수화물, 즉 글루코스가 저장되어 있다. 탄수화물은 1그램당 4칼로리의 열량을 낸다. 그러므로 우리 몸에 비축된 글루코스로는 1600칼로리를 낼 수 있다. 우리 몸에 축적된 지방은 1그램당 9칼로리의 열량을 내기 때문에 에너지원으로 지방을 이용하는 것이 합리적이다. 같은 양의 지방으로는 두 배의 열량을 얻을 수 있기 때문이다. 그리고 우리 몸에 저장된 지방은 충분히 느리게 뛰기만 한다면 마라톤을 여러 차례 달릴 수 있을 만큼 양이 충분하다. 글루코스는 경기 마지막을 위해 아껴두어야만 한다.

문제는 마라톤 선수들이 대개 마른 체형이라는 것이다. 정상급 여자 마라톤 선수의 경우 체지방 비율은 10~12퍼센트 사이이고, 정상급 남자 마라톤 선수의 경우는 4~8퍼센트이다. 고된 훈련을 하는 동시에 체지방을 늘리는 일은 쉽지 않다. 우리 몸에서 정상적으로 신진대사가 이루어지고 호르몬과 효소를 생산하기 위해 반드시 유지해야만 하는 '임계 체지방' 비율은 여자선수의 경우는 9퍼센트이고 남자선수는 3퍼센트이다. 체지방이 그 이하로 떨어질 경우 훈련량을 줄여야 한다. 이상적인 마라톤 선수의 체지방 비율은 여자의 경우 10퍼센트 이상, 남자의 경우 4퍼센트 이상이다.

마라톤 선수는 0.45킬로그램보다 적은 양의 지방만으로도 마라톤을 완주할 수 있다. 지방 0.45킬로그램으로는 3500칼로리 이상의 열량을 낼 수 있으며, 일반적으로 마라톤을 달릴 때 필요한 열량은 남자의 경우 2700~2800칼로리, 여자의 경우 2400칼로리다. 그러므로 누구나 마라톤을 달릴 열량은 충분히 가지고 있다. 그러나 그 에너지를 어떻게 사용하는지는 달리는 속도에 따라 결정된다. 선수는 마라톤을 달리는 동안 자신을 다스릴 수 있어야 하며, 그렇지 못하면 시합을 끝까지 완주할 힘이 남아 있지 않게 된다. 마라톤 선수는 자신의 몸에 대해서 어느 정도 파악하고 있어야 하며 자신의 몸이 할 수 있는 일에 대해서도 잘 알고 있어야 한다. 코치를 할 때 어려운 부분은 바로 여기다.

마지막 몇 킬로미터

마지막 8~10킬로미터를 달리기 전까지 시합은 아직 시작된 것이 아니다. 이 지점에서 선수들은 앞으로 질주해 나가면서 서로를 시험한다. 어떤 선수는 갑자기 속도를 높여 앞질러 나가면서 누가 자신의 속도에 맞추어 따라오는지를 관찰한다. 어느 시점에서 선수는 4분 30초 만에 1.6킬로미터를 돌파하기도 한다. 갑자기 속도를 높여 달리면서 선수들은 경쟁 상대의 속도를 흔들려고 노력하지만 동시에 자신의 속도를 무너뜨릴 위험도 있다. 그러므로 선수들은 템포 훈련에서 마지막 3~5킬로미터를 시합 속도보다 더 빠르게 달리는 질주 연습을 한다. 하지만 이 시점에서 수많은 선수들이 자신의 능력 이상으로 달리게 되고, 그 결과 기권하는 선수들이 많아진다. 자신의 능력 이상으로 달린 나머지 에너지원으로 비축된 탄수화물을 모두 다 써버리고 말기 때문이다.

결승선까지 400미터를 앞두고 여러 선수들이 뭉쳐 달리고 있다면 이때는 마라톤이 단거리 경주로 변모한다. 아껴둔 탄수화물, 즉 글루코스를 사용해야 하는 시점은 바로 이때이다. 이 시점에서 선수들은 필요한 경우 비젖산계와 젖산계라 불리는 다른 에너지원을 이용하여 마지막 수십 미터를 전력질주한다. 여기에서는 누가 오래 버티는가로 승리가 결정된다. 내가 마라톤 코치로 인정받는 가장 큰 이유는 세계 정상급 기록을 성취하기 위해 무엇이 필요한지 알고 있기 때문이다. 또한 내 훈련 계획을 잘 따라주고 뛰어난 성과를 거둔 선수들 덕분이기도 하다.

말하는 운동화

러닝용 운동화의 미래는 어떤 모습일까? 주인에게 이야기하는 운동화는 어떤가? 나이키에서 새로 나온 러닝용 운동화는 애플의 휴대용 음악 재생기인 아이팟으로 정보를 무선으로 전송한다. 이 운동화를 신고 달리는 사람은 다운로드 받은 코치의 조언을 듣는 한편 자신이 어떻게 뛰고 있는지를 실시간으로 확인할 수 있다. 또한 자신의 개인적인 통계 수치를 나이키 웹 사이트에 올려 다른 사람의 기록과 비교해볼 수도 있다.

나이키와 아이팟의 스포츠 키트는 기본적으로는 운동화 안감 아래 딱맞게 들어가게 되어 있는 타원형으로 생긴 작은 장치이다. 휴대전화에 들어가는 SIM 카드와 아주 비슷하게 생긴 이 장치는 달린 시간이나 거리 같은 다양한 정보를 아이팟과 연결된 수신기에 전송한다. 애플사에서는 또한 다음 목표 지점까지 힘을 내어 달릴 수 있도록 도와주는 달리기용 믹스 음악을 제공한다. 이 음악은 아이팟으로 다운로드 받을 수 있다.

컴퓨터 운동화

러닝용 운동화의 미래는 달리는 동안 컴퓨터를 이용하여 스스로 충격 흡수층을 조절하는 형태로 이미 우리 주위에 존재하고 있을지도 모른다. 아디다스 원 인텔리전스 레벨 1.1 운동화에는 작은 센서와 자석이 부착되어 있다. 이 센서와 자석은 충격 흡수층이 너무 부드럽거나 딱딱한 경우 신발에 장착된 작은 컴퓨터로 신호를 보낸다. 센서는 운동화의 발꿈치 바로 아래에 붙어 있고 자석은 중창 아랫부분에 붙어 있다. 센서와 자석으로 된 이 시스템에서는 발이 땅을 딛는 충격의 순간 압력을 측정하고 필요한 충격 흡수층의 양을 계산한다. 1초에 1000개 정도의 측정값이 신발 아치 바닥에 위치한 컴퓨터로 전송된다. 컴퓨터에서는 미리 입력된 자료와 새로 측정된 자료를 비교하면서 충격 흡수층이 너무 부드러운지 딱딱한지를 결정한다. 그러면 모터로 움직이는 마이크로프로세서가 그에 따라 나사를 조이거나 풀라는 명령을 내린다. 이 시스템은 작은 배터리로 작동하므로 다음번에 신발을 만지작거리는 달리기 선수를 본다면 그 사람은 아마 신발 끈을 고쳐 매는 것이 아니라 배터리를 교체하고 있는 것인지도 모른다.

발에 맞는 신발을 고르는 법

발에 맞는 신발을 고르는 방법은 발의 형태에 따라 달라진다. 발의 형태는 기본적으로 세 가지로 나눌 수 있다. 일반적인 발과 평평한 발, 아치 모양의 발이다. 자신의 발 형태에 맞는 신발을 고르면 불필요한 발의 고통을 피할 수 있다.

그렇다면 내 발은 어떤 범주에 속하는가? 갈색 종이를 두 장 준비하여 맨발을 물에 적신 후 그 위에 서 본다. 발자국의 뒤꿈치와 엄지발가락 아래의 동그란 부분이 서로 연결되어 있고, 발 아치 부분에 희미하게 자국이 남아 있다면 일반적인 발이다. 일반적인 발을 가진 사람은 한 발짝 내딛을 때마다 뒤꿈치의 바깥쪽으로 땅을 디디면서 발을 살짝 안쪽으로 굴리며 달린다. 이런 발의 경우 신발은 발을 조금 안정시켜주는 역할만 하면 충분하다. 그러므로 바닥이 단단하고 밑바닥이 살짝 곡선으로 휘어진 신발을 신으면 된다.

평평한 발은 아치가 거의 없거나 아예 없는 발이다. 이런 발은 내딛을 때 발이 안쪽으로 너무 많이 구르게 되기가 쉽다. 그 결과 안쪽 발바닥에 몸무게가 너무 많이 실리게 되어 어느 정도 시간이 지나면 발목이나 골반에 통증을 유발하게 된다. 평평한 발을 가진 사람은 발이 안쪽으로 향하는 회내작용을 막아주기 위해 반드시 중창이 아주 단단한 신발을 신어 발이 너무 안쪽으로 구르지 않도록 해주어야 한다.

반면 아치가 높은 발을 가진 사람은 발이 안쪽으로 좀 더 구를 수 있도록 해주는 유연한 신발이 필요하다. 그렇지 않은 신발의 경우 아치가 높은 발은 발이 바깥쪽으로 구를 수도 있다. 충격 흡수층이 충분히 두껍고 살짝 곡선으로 휘어진 러닝용 운동화를 신으면 이 문제를 해결할 수 있다. 자동차가 어느 정도 거리를 달리고 나면 타이어를 교체해주어야 하듯이 483~805킬로미터를 달리고 나면 신발을 교체해주어야 한다. 다리의 어느 부분에서 찌릿한 통증이 느껴지거나 골반과 무릎에서 피로가 느껴진다면 이는 신발을 교체해야 한다는 초기 증상일 수도 있다.

Skiing 스키 ▶11

스피드 스키
공중을 나는 스키 점프
스노보드의 비틀림 힘

스피드 스키

Charles Plueddeman 찰스 플루드먼

FIS 스피드 스키 세계 선수권 대회에 참가하여 여자 부분 금메달을 딴 스웨덴의 산나 티드스트란드

최고의 속도를 추구하는 스피드 스키는 모든 스키 경기 중에서도 가장 치열하고 가장 숨 막히는 경기다. 선수의 몸이 바람을 가르며 나아가면서 턱 자세를 취하려고 애를 쓰는 동안 스키는 눈 위를 질주한다. 코스의 타이밍 라이트를 스쳐 경주 코스 위를 질주해 내려가는 동안 선수의 몸은 마치 제트 엔진 같은 굉음을 내며 대기에 구멍을 뚫고 공기를 잡아 찢는다. 선수는 제동 구간에서 속도를 줄이면서 전광판을 바라보고 자신이 225킬로미터를 상회하는 속도를 기록했다는 사실을 확인한다. 이보다 더 빠르다면 낙하산이 필요할 지경이다.

스피드 스키의 역사

스피드 스키의 기원은 캘리포니아에서 토미 토드Tommy Todd가 스키를 타고 시속 139킬로미터 정도로 달렸다고 하는 1898년으로 거슬러 올라간다. 그러나 스위스에 본부를 둔 국제스키연맹FIS에 따르면 스피드 스키에서 최초의 공식 기록은 1932년 이탈리아 스키어인 레오 가스페리Leo Gasperi가 기록한 시속 약 142킬로미터이다. 스피드 스키는 1960년 프로 스포츠로서 국제스키연맹의 승인을 받았으며, 1992년 프랑스 알베르빌에서 열린 동계올림픽에서 처음 시범종목으로 채택되었다.

특수 장비

스피드 스키의 기본적인 목표는 중력을 이용하여 마찰력을 이겨내는 것이다. 이 목표를 위해 스피드 스키에 이용되는 장비는 고도로 특화되어 있다. 스피드 스키에 사용되는 스키는 활강 경기에 사용되는 225센티미터 스키나 취미용 200센티미터 스키와 비교하여 긴 240센티미터이다. 스피드 스키용 스키의 너비는 10센티미터에 이르며 나무와 강철로 만들어져 그 무게가 11.3킬로그램으로 무겁다.

다른 스키보다 너비가 넓은 스피드 스키용 스키는 눈 위를 평평하게 달릴 수 있을 뿐만 아니라 스키를 타는 사람의 몸무게를 가능한 넓게 분포시켜 마찰력을 줄이는 데 도움이 된다. 눈 위를 시속 161

킬로미터 이상으로 질주하기 위해서 스키는 잘 휘어지지 않고 습기를 충분히 머금어야 하며 바람의 저항을 최소화하기 위해 낮은 단면 형태를 하고 있어야 한다.

스피드 스키 선수들은 이미 상용화된 고성능 바인딩과 부츠를 사용한다. 덧붙여 바인딩에 단단한 경주용 스프링을 끼워넣고 다리의 종아리 부분을 앞쪽으로 기울일 수 있도록 부츠 커프스를 만든다. 그래야 선수는 턱 자세를 취하며 몸을 낮게 구부릴 수 있다.

스피드 스키 선수는 몸 주위로 공기가 부드럽게 통과하도록 하기 위해서 몸에 딱 달라붙는 맞춤 제작형 경기복을 입는다. 스피드 스키용 경기복은 신축성 재질의 천으로 만들어진다. 경기복은 선수의 몸 뒤로 생기는 저압의 후류에 기포가 생성되는 현상을 막기 위해 폴리우레탄으로 코팅을 하여 천을 좀 더 단단하게 만들기도 한다.

무릎 아래부터 부츠의 위쪽까지 양 종아리 뒤쪽으로는 종아리 주위로 공기가 한층 부드럽게 흐르도록 하기 위해 고밀도 발포 고무로 만들어진 쐐기 모양의 유선형 구조물이 경기복 안쪽에 장착된다. 흥미로운 것은 장갑 또한 공기저항의 영향을 고려하여 디자인된다는 점이다. 스피드 스키 선수에게 손은 바람을 가르는 첫 부분이자 방향을 잡는 방향타이기도 하다. 신축성 재질로 만들어지는 장갑에는 손목 위로 공기가 매끄럽게 흐르도록 하기 위한 특수한 커프스가 달려 있다.

스피드 스키 선수는 스키폴을 처음 출발점에서 몸을 앞으로 밀어낼 때 사용하고, 그 후 내려갈 때는 팔을 몸 옆으로 바짝 붙이기 위한 뼈대 역할로 사용한다. 스키폴은 스키 선수의 몸통을 감싸도록 끝부분이 각각 선수의 몸통에 맞추어 굽어져 있다. 스키폴의 손잡이 끝머리에 끼워진 원뿔 모양의 마개는 공기를 유선형으로 흐르게 하는 데 도움이 된다.

미국 스피드 스키 선수인 제프 해밀턴Jeff Hamilton은 스피드 스키 선수에게 가장 중요한 장비는 헬멧이라고 말한다. 1995년 프랑스 바흐에서 시속 242킬로미터를 기록하여 세계에서 가장 빠른 스키 선수가 된 해밀턴의 말은 귀담아 들을 가치가 있다.

"헬멧은 각 선수의 체형과 턱 자세에 딱 들어맞도록 맞춤형으로 제작된다. 헬멧을 통해 바람은 머리 꼭대기에서 등까지 일직선으로 흐르게 된다. 헬멧 모양을 아주 약간 바꾸는 것으로도 최고 속도가 시속 1.6킬로미터 이상 달라질 수 있다."고 해밀턴은 설명한다.

해밀턴의 헬멧은 케블라와 섬유유리를 혼합한 재료로 만들어졌다. 어떤 헬멧은 안정성을 높이고 선수가 머리를 움직이면서 방향을 조절할 수 있도록 머리 꼭대기 부분에 지느러미 모양을 붙여 설계하기도 한다.

스피드 스키에서 또 다른 중요한 요소는 스키의 바닥면을 어떻게 준비하는가이다. 해밀턴은 경기장의 환경 조건에 따라 석재 연마기를 사용하여 스키의 바닥면을 다양한 형태로 조정하고 그 다음 여러 종류의 왁스 중 하나를 선택하여 바른다. 월드컵 수준의 대회를 치르기에 적합한 스피드 스키 코스는 전 세계를 통틀어 약 열 군데 정도밖에 되지 않는다. 각 코스는 선수가 적어도 시속 170킬로미터의 속도를 안전하게 낼 수 있도록 만들어져야 한다.

스피드 스키 코스

스피드 스키 선수가 얼마만큼 속도를 낼 수 있는가는 출발점의 위치

○ 스피드 스키 선수의 부츠는 몸을 앞으로 바짝 구부릴 수 있도록 만들어진다. 머리를 엉덩이보다 낮게 숙여야 등 뒤를 흐르는 공기에서 몸을 아래로 잡아당기는 압력이 생성된다.

에 따라 좌우된다. 출발점은 대개 최초의 타이밍 라이트에서 300~400미터 위쪽에 위치한다. 대회 심판들은 눈의 상태와 날씨를 비롯해 언덕의 가파른 정도, 대회에 참가하는 선수의 실력을 모두 고려하여 출발지점을 결정한다. 선수의 안전을 확보하기 위한 노력으로 국제스키연맹에서는 선수들이 시속 228킬로미터 이상 속도를 내지 못하는 한도에서 출발점을 결정해야 한다는 규정을 세웠다. 이 규정의 의도는 선수들이 매번 새로운 기록을 세우는 것을 목표로 삼기보다는 각 대회에서 가장 빠른 속도를 내기 위해 경쟁하도록 권장하기 위한 것이다. 이런 조건에서 새로운 기록을 세운다는 것은 진정한 업적이라고 할 수 있다.

스피드 스키 선수들은 각 경기 전마다 코스를 연구하고 속도 확인 지점을 통과하는 가장 매끄러운 길을 고른다. 코스에는 타이밍 라이트가 100미터 간격을 두고 두 군데 설치되어 있다. 출발하기 위해서 선수는 언덕의 경사선에 직각으로 서서 가야 할 길을 선택한 다음 얼굴을 숙이고 언덕 아래로 뛰어내린다. 그 다음 단계는 중력과 기술이 제 역할을 할 시간이다.

스키 선수들은 400미터도 가기 전에 최고 속도에 도달한다. 그러므로 초반 가속을 내는 것이 중요하다. 여기에서 스키를 어떻게 조정하는지가 아주 중요한 역할을 한다. 눈 위에서 평평하게 나아가는 기술, 최적화된 턱 자세를 유지하는 기술도 마찬가지다. 머리를 낮게 숙이고 엉덩이를 높이 들어올리는 자세를 취하면 몸을 아래로 잡아당기는 압력이 생성된다. 해밀턴은 초반에는 헬멧 앞에 양 손을 모았다가 속도가 높아짐에 따라 마지막에는 몸 앞에서 양 팔을 20센티미터 정도 너비로 벌린다.

처음 15초도 지나기 전에 속도는 시속 225킬로미터 이상으로 치솟는다. 한 번 경기를 치르는 데 걸리는 시간은 고작 20초에 불과하지만 이 시간은 실수할 짬이 없는 아주 치열한 시간이다.

눈 위에 표시된 빨간 선은 속도 측정 구간이 끝났다는 표시로 빨간 선을 넘으면 선수는 속도를 줄이는 단계에 들어선다. 이 구간이 스피드 스키 경기에서 가장 위험한 부분이다. 속도가 시속 161킬로미터 이상을 넘지 않는 느린 코스에서는 선수가 몸을 일으켜 바람을 브레이크로 사용하여 속도를 줄일 수 있다. 하지만 시속 225킬로미터에서라면 공기역학에 저항하기 위해서는 아주 천천히 자세를 풀어야 한다. 속도가 161킬로미터 아래로 떨어지고 나면 속도를 떨어뜨리기 위해 크게 호를 그리며 회전할 수 있다.

대회는 며칠 동안 치러지며 각 라운드가 시작될 때마다 출발점이 언덕의 더 높은 지점으로 이동한다. 일반적인 대회는 4라운드에서 6라운드로 치러지며 마지막 라운드에서 가장 빠른 속도를 기록한 선수가 우승을 하게 된다.

국제스키연맹이 기울인 최선의 노력에도 불구하고 스피드 스키 선수들은 공식 대회에서의 세계 기록을 계속해서 위쪽으로 밀어올리고 있다. 눈 위에서 달리는 속도에 한계가 존재하는가?

수십 년 동안 수많은 스키 선수들이 시속 250킬로미터를 '신의 경계'라고 여겨왔지만, 2002년 프랑스의 레자크에서 필리페 괴첼 Philippe Goitschel 은 이 한계를 뛰어넘어 시속 250.70킬로미터의 기록을 세웠다. 그리고 이 기록은 2006년 또다시 프랑스의 레자크에서 시속 252.5킬로미터를 기록한 시모네 오리고네 Simone Origone 에 의해 갱신되었다.

공중을 나는 스키 점프

● Alex Hutchinson 알렉스 허친슨

● 동계 올림픽에서 스키 점프 선수로는 처음으로 통산 4개의 금메달을 딴 시몬 암만

스키 점프 선수들이 떠오르는 원리와 비행기 날개가 뜨는 원리는 같다.

스키 점프 선수들은 돌진해 오는 바람을 아래로 밀어내며 몸과 스키의 위쪽을 지나는 공기가 몸 아래쪽에서 흐르는 공기보다 더 빨리 흐르도록 만든다. 베르누이의 법칙에 따라 선수의 몸 위로 흐르는 공기의 압력은 몸 아래쪽 압력보다 낮아지며 그 결과 선수는 몸을 위로 밀어 올리는 양력을 받게 된다. 그러나 스키 점프 선수들이 단순한 비행기 날개와 같은 원리로 떠오른다고는 할 수 없다. 선수들은 아주 정교하게 조작이 가능하다는 점에서 비행기 날개와 다르다. 오스트리아의 연구원인 베른하르트 슈몰저Bernhard Schmolzer와 볼프람 밀

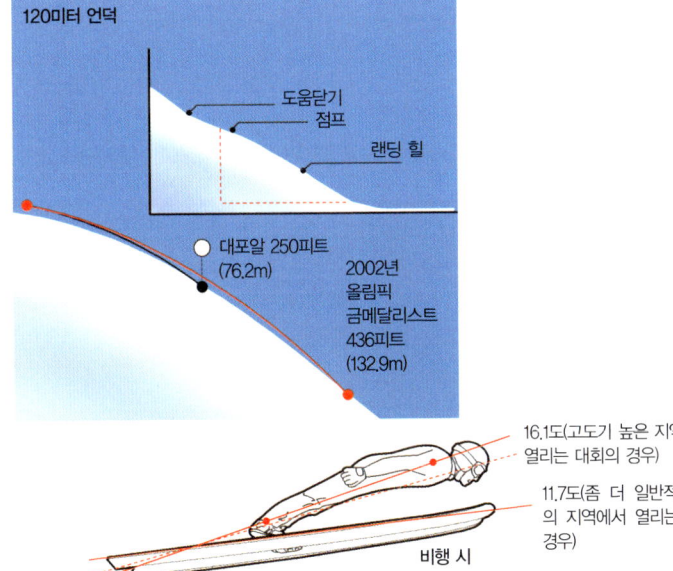

2002년 비행기 날개 같은 자세를 취한 스키 점프 챔피언 시몬 암맨(Simon Ammann)은 양력을 받지 않는 물체(이를테면 대포알 같은)가 나아가는 거리보다 56.7미터 더 멀리 나아갔다.

공중을 나는 스키 점프 253

러Wolfram Muller는 2002년 솔크레이크시티에서 열린 동계올림픽에 참가한 선수들의 경기를 연구했다. 당시 스키 점프 경기는 평균적인 대회보다 높은 고도인 1981미터의 유타 주 파크시티에서 치러졌다. 정상급 스키 선수들은 고도가 높은 지역의 낮은 공기 밀도로 인한 양력(그리고 저항) 감소를 보상하기 위해 몸과 스키가 이루는 각도를 낮은 고도에서의 11.7도보다 큰 평균 16.1도로 조정했다. 2006년 동계올림픽 스키 점프 경기는 고도가 1524미터인 이탈리아의 프라젤라토에서 치러졌다.

스노보드의 비틀림 힘

−알렉스 허친슨

미국 올림픽 대표팀 코치인 마이크 잰코스키(Mike Jankowski)는 스노보드 하프파이프 종목의 올림픽 대표선수인 대니 카스(Danny Kass)가 즉흥 연기에 뛰어나다고 말한다. 하지만 5.49미터 높이의 하프파이프 구조물 테두리에서 뛰어내리는 순간 이미 결정되어버리는 요소가 몇 가지 있다. 카스 선수의 무게 중심이 지나가는 길(카스 선수가 얼마나 높이 솟아오르고 어느 지점으로 착지하는지)은 카스의 진입로에 따라 결정된다. 그리고 갑판에서 4.57미터 높이에서 카스 선수가 펼치는 공중제비와 회전에 필요한 각운동량은 눈 위에서 보드를 떼기 전에 생성되어야만 한다. 정상급 하프파이프 선수는 1440도(네 바퀴)를 회전할 수 있다. 하지만 하프파이프의 정수는 카스가 개척한 1080도의 연속 역회전이다. 여기에는 뉴턴의 모든 법칙이 사용된다.

Soccer 축구

12

베컴처럼 휘어차라
축구공의 진화
헤딩은 안전한가
물개 드리블

베컴처럼 휘어차라

● Frank Vizard 프랭크 비자드

● 영국의 축구 전설 데이비드 베컴

축구를 잘 알지 못하는 사람이라도 축구 용어에 '베컴처럼 휘어차라'라는 표현이 있다는 것은 알고 있을 것이다. 이 말은 2002년 개봉한 유명한 영국 영화의 제목이기도 하다(우리나라에서는 〈슈팅라이크 베컴〉이라는 제목으로 개봉했다―옮긴이). 여기서 베컴은 물론 영국 축구의 슈퍼스타였던 데이비드 베컴을 말한다. 그런데 '휘어차라' 라는 말은 도대체 무엇을 의미하는가?

악명 높은 슛

2001년 10월 6일, 영국이 그리스와 경기를 펼치고 있다. 월드컵 본선 출전권이 걸린 경기이다. 시합 종료까지 시간이 얼마 남지 않은 시점에서 영국은 프리킥을 얻어낸다. 데이비드 베컴 David Beckham 은 골대에서 27미터 떨어진 곳에 공을 내려놓는다. 그리스 선수들은 베컴과 골대 사이에 일렬로 늘어서 수비벽을 만든다. 손에 잡힐 듯한 팽팽한 긴장감이 경기장을 감돈다. 축구를 잘 모르는 야구팬을 위해 설명하자면 이 상황은 마치 포스트 시즌 출전권을 따기 위한 결승점을 올리기 위해 9회말, 투 아웃 상황에서 타자가 타석에 들어서는 상황과 비슷하다. 다음 순간 베컴이 찬 슛은 축구 역사상 과학적으로 가장 정밀하게 분석된 슛이 되었다.

　베컴의 발을 떠난 공은 빠르게 회전하면서 약 시속 128.7킬로미터로 날아갔다. 공은 약 50센티미터 차이로 그리스 선수들이 만든 수비벽 위를 넘어갔다. 만일 공이 같은 속도를 유지하면서 원래 궤도를 따라 날아갔다면 공은 골대 위를 넘어가 영국의 소망을 배반했을 것이다. 그러나 공은 그리스의 수비벽을 통과하자마자 옆으로 3미터 정도 움직였고 날아가는 속도는 시속 67.6킬로미터로 줄어들었다. 마치 공이 날아가면서 스스로 궤도와 속도를 수정하는 듯 보일 정도였다. 그리스 골키퍼에게는 경악스럽게도 공은 골대 안 구석으로 파고들었다. 1초가 조금 넘는 그 시간에 영국은 월드컵 출전권을 손에

쥐었고 '베컴처럼 휘어차라' 는 말은 축구계의 주문이 되었다.

휘어차기에 대한 연구

과연 무슨 일이 일어난 것일까? 베컴이 일종의 마법을 부리기라도 했단 말인가? 정말 그렇다면 마법을 부릴 줄 아는 선수는 비단 베컴만이 아니다. 1997년 프랑스에서 열린 축구경기에서 브라질 출신의 호베르투 카를로스Roberto Carlos는 상대편 골대로부터 20미터 떨어진 곳에서 프리킥을 찼다. 카를로스가 찬 공은 상대편 선수들이 만든 수비벽을 깨끗이 통과했지만 골대 오른쪽으로 멀리 치우쳐 날아갔다. 볼보이가 공이 날아올 것을 대비하여 머리를 움츠렸을 정도였다. 그러나 그 순간, 훈련 기간 중에 이 킥을 자주 연습했던 카를로스를 제외한 모든 사람들의 놀라움 속에 공은 왼쪽으로 휘어지며 골대의 오른쪽 상단으로 빨려 들어갔다.

카를로스의 이 프리킥을 분석한 글이 1998년의《피직스 월드 Physics World》에 실렸지만 과학계가 이 킥의 뒤에 숨은 과학을 해명한 것은 베컴의 킥이 등장한 이후의 일이다. 베컴의 킥이 세상의 이목을 집중시켰다는 이유도 있겠지만 베컴이 찬 킥의 경우 여러 각도에서 촬영된 고품질의 비디오 화면을 분석할 수 있었다는 것도 이유가 될 것이다. 영국 셰필드대학의 스포츠공학 연구소와 일본의 야마가타대학의 스포츠과학 연구소 과학자들은 전산유체역학 소프트웨어 제작사인 플루언트Fluent사의 연구원들과 힘을 합쳐 베컴처럼 휘어차는 법을 분석했다. 이들의 목표는 세 가지였다.

플루인트사의 키스 한나Keith Hanna 박사는 자신들의 목표를 이렇게 설명한다. "첫번째 목표는 축구장의 페널티 지역 바깥 어디에서

든지 잘 수 있는 최적의 프리킥을 설계해 어린 선수들이 그 최적의 프리킥을 재현하도록 훈련시키는 일이다." 두번째 목표는 이러한 연구가 축구공 제조회사들이 축구공의 공기역학을 미세하게 조종하는 데 도움이 되어 선수들이 차는 속도나 회전에 한층 잘 반응하는 축구공이 등장하기를 바라는 것이다. 세번째 목표는 이러한 연구가 발부상의 위험을 줄이는 한편 공에 회전을 좀 더 효율적으로 전달할 수 있는 축구화를 만드는 데 도움이 되는 것이다.

베컴의 킥에 숨어 있는 과학

축구 선수들은 발목을 L자로 구부린 채 발의 앞부분으로 축구공의 중심에서 살짝 벗어난 지점을 차면 공이 휘어지며 날아간다는 사실을 알고 있다. 그러나 축구공이 어떻게 휘어지며 속도가 어떻게 감소하는지에 대해서는 잘 알려져 있지 않았다. 비행 중인 축구공에 대해서는 날아가는 골프공이나 야구공만큼 제대로 분석된 적이 없었기 때문이다. 그러나 다른 종류의 공과 마찬가지로 과학자들은 축구공 또한 마그누스 힘이라 불리는, 측면으로 작용하는 편향된 힘을 받는다는 사실을 알고 있다. 구스타프 마그누스는 1852년 회전하는 총알과 포탄이 어

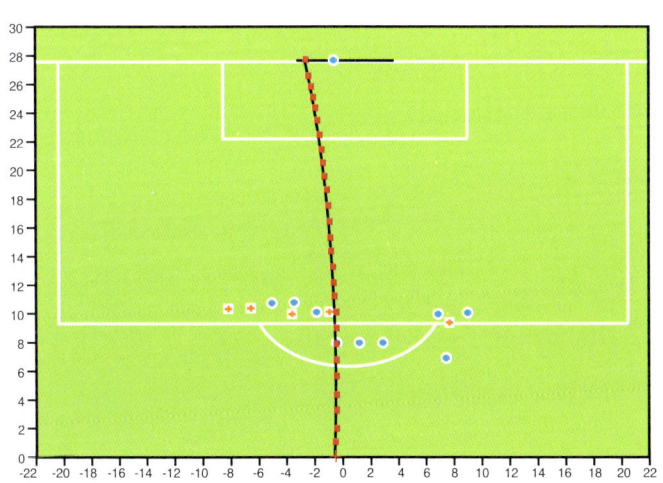

○ 그림에서는 2001년 월드컵 예선에서 그리스를 상대로 베컴이 찬 프리킥의 궤도를 보여준다.

째서 한쪽으로 휘어지는지를 밝혀낸 독일의 과학자이다. 그리고 마그누스의 이론은 총알뿐 아니라 날아가는 공에도 적용된다.

그러나 마그누스의 힘으로 모든 것이 다 해명되지는 않았다. 축구공이 골대에 접근하는 동안 속도가 줄어드는 현상 뒤에는 마그누스 힘 말고도 한 가지 요인이 더 작용한다. 바로 공을 둘러싼 기류의 흐름이 갑작스럽게 전환되는 현상이다. 공을 둘러싼 기류가 난류라고 부르는 것에서 층류라고 부르는 것으로 전환되면서 공에 작용하는 공기저항은 채 1초도 되지 않는 순간 150퍼센트가 증가한다. 이것이 바로 마지막 순간 공의 속도가 떨어졌던 원인이다. 이 기류의 전환이 언제 일어나는가는 공에 걸린 회전속도와 축구공 표면의 솔기 양식 종류에 따라 달라진다. 회전속도가 빠른 축구공에서 기류의 전환은 회전속도가 느린 공보다 공의 속도가 빠른 때 나타난다.

타고난 소질에 훈련과 연습을 더한 끝에 베컴은 자신이 찬 공이 그리스 선수들이 만든 수비벽을 통과한 이후 공을 둘러싼 기류가 변하게 될 것이라는 사실을 알고 있었다. 셰필드대학의 매트 카레Matt Carre 박사는 "공을 둘러싼 기류가 골대를 몇 미터 앞두고 난류에서 층류로 변화했다는 것은 틀림없는 사실이다. 그렇지 않았다면 공은 골대 크로스바를 넘어가 버렸어야 하기 때문이다."라고 설명한다.

컴퓨터를 이용한 유체역학 분석에서는 실제로 공 뒤의 기류가 공의 속도와 함께 변화했다는 결과가 나왔다. 복합적인 힘들이 공의 비행 궤도에 영향을 미쳤다는 사실을 증명하는 결과이다. 컴퓨터를 이용한 시뮬레이션을 통해 과학자들은 공에 최대한의 회전을 줄 수 있는 '스위트 스폿'의 위치를 찾아낼 수 있었다. 축구공의 스위트 스폿은 중심에서 80밀리미터 떨어진 지점인 것으로 나타났다. 축구공의 스위트 스폿을 제대로 맞추어 차는 경우 공의 회전속도는 1초에 8회 회전으로 측정되었다. 반면 중심에서 40밀리미터 떨어진 지점을 차는 경우 공의 회전속도는 1초에 4회 회전으로 줄어들었다. 공을 차는 방향이나 회전축이 2~3도 가량만 달라졌어도 영국은 전혀 다른 결과를 맞았을 것이다.

축구공의 영향력

한편 골키퍼들은 공을 차는 사람이 공에 전혀 회전을 주지 않았을 때에도 이따금씩 S자 형태로 휘어져 날아오는 축구공 때문에 애를 먹고 있다. 앞서와 같은 연구팀에서는 실험을 통해 축구공의 판형 설계 형태가 공기 중을 날아가는 공의 궤도에 영향을 미친다는 결론을 내렸다. 과학자들은 36년 넘게 사용된 축구공을 분석한 결과 공이 계속해서 매끄러워지고 둥그러지는 동안 회전하지 않는 공에 걸리는 공기저항이 30퍼센트까지 감소했다는 사실을 발견했다. 실제로 2006년 월드컵에 사용되었던 축구공은 전통적인 32판이 아니라 14판으로 만들어졌다. 아디다스 측에 따르면 이렇게 솔기의 수가 적어진 축구공은 좀 더 균일하게 움직인다(아디다스사에서는 로봇의 다리를 이용하여 매번 똑같은 킥을 구사하면서 새로 만들어진 축구공을 시험했다). 판형의 크기가 커진 축구공에는 킥을 찰 수 있는 매끈한 표면적이 한층 넓어지고 공을 엉뚱한 방향으로 이탈하게 만드는 '코너'가 적어진다는 이점이 있다.

이 모든 것은 재능 있는 축구 선수라면 공에 회전을 걸거나 걸지 않거나 상관없이 과거 그 어느 때보다도 정확하게 공을 찰 수 있게 되었다는 것을 의미한다. 공의 움직임을 물리학적으로 잘 이해하는 선수가 발전된 기술로 탄생한 새로운 공을 찬다고 생각해 보자. 머지않아 매번 마음대로 '베컴처럼 휘어차는' 선수들이 등장하게 될 것이다. 한편 베컴은 시합이 요구하는 바에 따라 휘어차기를 계속해 왔다. 2006년 독일 월드컵 당시 에콰도르를 1대0으로 물리쳤던 전율적인 23미터 골은 프리킥 같은 세트 피스의 상황에서 데이비드 베컴이 세상에서 가장 두려운 남자라는 사실을 다시 한번 증명했다.

축구공의 진화

○ 레알마드리드 선수이자 포르투갈의 주장인 크리스티아누 호날두

월드컵은 4년에 한 번씩 개최되는 축구계의 가장 큰 행사다. 아디다스는 40년 동안 월드컵에 사용되는 축구공을 제조해 왔다. 여기에서는 축구공의 진화를 한 눈에 볼 수 있다.

1970년 멕시코 월드컵

가죽으로 만들어진 텔스타는 열두 개의 검은색 오각형 판과 스무 개의 하얀색 육각형 판을 합친 서른두 개의 판을 손바느질로 이은 것이 특징이다. 텔스타의 흰색 바탕에 검은색 무늬는 축구공의 대명사가 되었다. 검은 오각형 판이 도입된 이유는 월드컵 최초로 TV 중계방송을 한 1970년 멕시코 월드컵의 흑백 화면 TV에서 좀 더 또렷하게 볼 수 있는 축구공이 필요했기 때문이다. 이 축구공은 1974년 독일 월드컵에서도 재차 등장했다.

1978년 아르헨티나 월드컵

아르헨티나 월드컵에서 사용된 탱고는 디자인의 측면에서 고전적인 축구공이다. 트라이어드 무늬가 들어간 스무 개의 판은 크기가 같은 열두 개의 원을 보는 듯한 시각적인 착각을 일으킨다. 이후 다섯 차례의 월드컵에서 사용된 축구공은 모두 이 디자인을 기본으로 하고 있다.

1982년 스페인 월드컵

스페인 월드컵에서 사용된 탱고는 솔기에 방수처리가 되어 있는 최

초의 공이다. 이로써 공이 수분을 흡수하는 정도가 감소했고 비가 오는 날씨에 치러지는 시합에서 공이 수분을 흡수해 무거워지는 일이 사라졌다.

1986년 멕시코 월드컵

멕시코 월드컵에서 사용된 아즈테카는 월드컵 공인구로서는 최초로 인조 합성가죽으로 만들어진 공이다. 아즈테카는 맨 땅과 비가 오는 날씨, 높은 고도에서도 좋은 성능을 발휘한다.

1990년 이탈리아 월드컵

이탈리아 월드컵에서 사용된 에트루스코 유니코는 내피로 검정 폴리우레탄폼을 사용하여 기존의 공보다 좀 더 반발력이 좋고 속도가 빠르며 방수가 잘 되도록 만들어졌다. 스무 개의 탱고 트라이어드 안을 세 마리의 에트루리아 사자가 장식하고 있다.

1994년 미국 월드컵

미국 월드컵에서 사용된 퀘스트라는 하얀 폴리우레탄으로 된 고에너지 반발층을 사용하여 발과의 접촉 시 좀 더 부드럽게 느껴지도록(그러므로 좀 더 조종하기 쉽도록) 만들어졌다. 또한 퀘스트라는 발로 찼을 경우 날아가는 속도가 이전의 공보다 훨씬 빨라졌다.

1998년 프랑스 월드컵

프랑스 월드컵에서 사용된 트리콜로는 최초로 여러 가지 색이 사용된 공이다. 트리콜로는 공의 에너지 반발력은 물론 반응성과 내구력을 향상시키기 위한 설계로 신택틱폼이라는 미세한 공기 방울을 규칙적으로 배열한 층을 사용했다.

2002년 한일 월드컵

대한민국과 일본이 공동주최한 2002년 월드컵에서는 완전히 새로운 모습의 공이 등장했다. 피버노바는 삼중 구조를 더해 공이 날아가는 궤도를 예측하기 쉽도록 하여 공을 정확하게 찰 수 있게 만들어졌다.

2006년 독일 월드컵

독일 월드컵을 위한 공인구 팀가이스트는 열접착 방식으로 접합된 열네 개의 가죽 조각 구조로 되어 있다. 그 결과 공을 차는 매끄러운 면이 늘어나면서 정확도와 공에 대한 조정력이 높아지도록 만들어졌다.

헤딩은 안전한가

○ 과학자들은 머리로 공을 받는 충돌보다 머리와 머리가 부딪치는 충돌에서 뇌진탕이 일어날 가능성이 더 높다고 이야기한다.

● Frank Vizard 프랭크 비자드

우리는 헤딩을 본 적이 있다. 공중으로 높이 뛰어오른 한 선수가 날아온 축구공을 머리로 받아 공의 방향을 바꾼다. 헤딩은 축구경기에서 가장 짜릿한 플레이 중 하나다. 그리고 헤딩을 잘하는 선수가 많은 팀이 공중을 지배한다. 하지만 축구공을 머리로 받는 일은 과연 안전한가? 뇌진탕이 일어날 위험은 없는가?

의학저널인《영국 스포츠 의학저널British Journal of Sports Medicine》에 따르면 축구공을 머리로 받는 헤딩에서 뇌진탕이 일어날 위험은 '존재하지 않는' 것으로 나타났다.《영국 스포츠 의학저널》은 축구경기를 총괄하는 기관인 국제축구연맹FIFA과 캐나다 연구소와 협력하여 연구한 결과 머리와 공이 충돌하는 힘이 뇌진탕을 유발할 만큼 크지 않다는 결론을 내렸다. 캐나다 온타리오 주의 생체역학 연구소에서는 축구시합에서 일어난 머리 충돌 사례 62건을 비디오로 분석하고, 충돌의 순간을 재현하기 위해 자동차 회사에서 사용하는 인체 모형으로 충돌 시험을 실행했다. 연구 결과에 따르면 머리와 공이 부딪치는 충돌에서 뇌진탕이 유발될 가능성은 높지 않으며, 팔꿈치와 머리의 충돌이나 손과 머리의 충돌에서도 뇌진탕의 위험은 높지 않다고 한다.

그렇다고 해서 축구 시합을 하는 동안 뇌진탕이 일어날 위험이 전혀 없다는 뜻은 아니다.《영국 스포츠 의학저널》에 따르면 뇌진탕이 일어날 위험이 가장 높은 순간은 머리와 머리가 충돌할 때이다. 머리와 머리가 부딪치는 충돌은 우발적으로 일어나는 사고일 경우가 많지만《영국 스포츠 의학저널》은 고의적인 충돌로 보이는 경우 FIFA에서 엄중한 처벌을 내려야 한다고 말했다.

머리의 충돌이 고의적인 것이든 단순한 사고이든 간에 여기에서 발생하는 뇌진탕의 위험을 낮추기 위해서 선수들이 마련할 수 있는 대책은 무엇인가? 머리보호대를 착용하고 시합에 나서는 것이 해결책이 될 수 있다. 하지만 문제는 시합에서 착용이 금지되지 않는 머리보호대를 찾는 일이다. 이 문제에 대해 FIFA와 선수 양측 모두의 지지를 받은 해결책은 풀90 퍼포먼스 헤드기어이다. 풀90사는 경량의 발포고무로 머리를 감싸는 자사의 머리보호대가 충돌 시의 충격을 최대 50퍼센트까지 줄여준다고 말한다. 이 머리보호대는 이마와 관자놀이, 후두부(시각 정보를 처리하는 뇌 부분)처럼 충돌에 위험한 부분을 모두 보호한다. 또한 풀90은 뒤통수가 유난히 튀어나온 경우처럼 머리 모양이 특이한 경우에도 맞추어 착용할 수 있도록 디자인되었다. 다행스럽게도 이 머리보호대는 머리를 맞고 날아가는 공의 속도에 영향을 미치지 않는 것으로 나타났다. 올림픽 금메달리스트이자 미국 여자축구 대표팀에서 활약했던 조이 포셋Joy Fawcett 선수는 "풀90 헤드기어는 머리를 부상에서 보호하는 역할을 하면서도 경기력을 떨어뜨리지 않고, 선수에게 부당한 이익을 주지 않는다는 조건을 모두 만족시키는 유일한 제품이다."라고 말한다.

물개 드리블

축구는 선수들이 마치 서명을 적어넣은 것처럼 자기 자신만의 움직임을 개발할 수 있는 스포츠다. 위대한 펠레에게는 자진거킥이 있고(자전거 페달을 밟듯 두 발을 들어 올려 공을 차는 슈팅으로 오버헤드킥, 펠레킥이라고도 불린다—옮긴이), 또 브라질의 미드필더인 케를론 소우자(Kerlon Souza)의 물개 드리블이 있다. 소우자 선수는 축구공을 발로 튕겨 머리 위로 올리고 이름 그대로 물개처럼 머리로 공을 튕기면서 수비수를 뚫고 달려나간다. 수비수가 소우자의 돌진을 막기 위해서는 매번 파울을 범할 수밖에 없다. 그 결과 소우자가 뛰는 팀은 골대 근처 지역에서 프리킥을 찰 수 있는 기회를 얻는다.

Swimming & Diving

13 수영과 다이빙

올림픽 선수의 수영법
전신수영복
다이빙, 중력이 중요한 순간

올림픽 선수의 수영법

◦ 올림픽에서 통산 22개의 메달을 딴 미국의 마이클 펠프스

미국 국가대표 수영코치인 밥 바우먼이 올림픽 챔피언인 마이클 펠프스(Michael Phelps)를 처음 만난 것은 펠프스가 열한 살 때 일이다. 바우먼은 당시에 이미 펠프스가 지닌 수영선수로서의 가능성을 알아보았다. 2004년 시드니 올림픽에서 바우먼 코치의 지도를 받은 펠프스는 금메달 여섯 개와 동메달 두 개를 손에 쥐며 한 올림픽에서 메달을 여덟 개 따내 8관왕이라는 기록을 세웠다. 바우먼은 인터뷰에서 저항을 줄이는 것이 수영의 전부라고 이야기한다.

수영에서 가장 중요한 요소는 무엇인가?

전체적으로 볼 때 가장 중요한 것은 효율성이다. 즉 동작을 경제적으로 해야 한다는 뜻이다. 한번 스트로크를 할 때마다 최대한 먼 거리를 나아가야 한다. 그래서 가능한 한 스트로크를 적게 하면서 최고 속도를 내야 한다.

그렇게 하기 위해서는 어떻게 해야 하는가?

가장 먼저 해야 하는 일은 스트로크하는 동작을 정비하여 한 번의 스트로크로 가능한 먼 거리를 나아가도록 하는 일이다. 우리의 목표가 시작되는 부분이 바로 여기다. 우선 스트로크의 기술적 모델을 만들 필요가 있다. 가능한 낭비가 적고 스트로크의 수중 구간(즉 추진 구간)에서 최대한 효율적으로 작동하는 모델이다. 우리는 선수가 어떻게 물에 최대의 압력을 가하는지, 적절한 시기에 맞추어 압력을 가하고 있는지 살펴보아야 한다. 스트로크의 각 부분에서 어떻게 손을 가속하면서 자신의 자원을 최대한 경제적으로 활용하고 있는지도 살펴보아야 한다.

손을 두는 방식이 중요한 까닭은 무엇인가?

올림픽에 출전한 수영선수의 경기를 잘 살펴보면 선수들은 '물을 느끼는 것' 처럼 보인다. 말로 설명하기는 아주 어렵지만 실제로 보면 쉽사리 알아볼 수 있다. 경기에서 선수들의 손을 자세히 살펴보면 선수들이 손을 물에 넣을 때(물론 평영은 예외가 되겠지만) 손이 물속으로 가라앉는 중에도 손 주위에 공기방울이 생기지 않아야 한다. 손이 한번 물속에 들어간 다음에는 물과 접촉할 때 가능한 빈틈이 생기지 않기 때문이다. 그래야 더 큰 추진력을 얻을 수 있다. 손 아랫부분에 공기방울이 생긴다는 것은 선수가 공기를 '놓아주거나' 밀어내는 데 시간을 낭비하고 있다는 뜻으로 효율적으로 움직이고 있지 않다는 의미다. 뛰어난 수영선수는 손에 공기를 담지 않고 손을 물에 넣는 기술을 습득하고 있다.

그 능력을 키우기 위해 손을 회전시키는 특별한 방법이 있는가?
그 기술을 최대한 끌어올리기 위해 손가락과 손목의 경사나 각을 바꾸어 가면서 물에 손을 넣는 방식을 개발할 수 있다.

이와 관련해서 어떤 특별한 동작이 있는가?
여기에는 수많은 요소들이 작용한다. 수영계에 대혁신이 일어난 1960년대에 베르누이 법칙(움직이는 유체의 속력이 증가하면 유체 내부의 압력이 감소하고, 반대로 속력이 감소하면 내부 압력이 높아진다)을 기반으로 수많은 동작이 탄생했다. 몇 가지 연관성이 있지만 수영에서는 파동보다는 항력이 좀 더 중요하다. 오늘날 세계 정상급 자유영 선수들은 물속에서 손을 거의 일직선으로 끌어당기는 방식으로 손을 물에 넣는다. 손은 양옆으로는 거의 움직이지 않는다. 손은 보트의 프로펠러라기보다는 카누의 노와 비슷하다. 마이클 펠프스나 이안 소프Ian Thorpe 같은 뛰어난 선수를 유심히 관찰하면 이 선수들이 손

끝을 바닥으로 향한 채 손을 물에 넣는 모습을 볼 수 있다. 그래서 손끝에서 팔꿈치까지의 팔이 마치 노처럼 보인다. 우리는 선수들에게 물에 넣는 순간 손을 물 어느 한 지점에 닻처럼 고정시킨 다음 몸을 손 위로 밀어내야 한다고 말한다.

예전의 방식과는 사뭇 다르다.

그렇다. 예전에 선수들은 팔로 큰 S자를 그려야 한다고 배웠을 것이다.

이런 변화가 일어나게 된 계기는 무엇인가?

사람들이 비디오를 통해 스트로크를 더 잘 분석하게 되었기 때문이라고 생각한다. 이안 소프와 펠프스처럼 대회에서 남들보다 한층 앞서 나갔던 선수들은 자연스럽게 이런 동작을 취하고 있었다. 그렇다고 이들 선수가 팔을 90도로 꺾지 않는다는 말은 아니다. 몸이 손 위로 움직이는 순간에는 팔이 90도로 꺾인다.

팔과 손동작에 대해 또 어떤 이야기를 할 수 있는가?

스트로크를 할 때마다 가속이 붙어야 한다. 스트로크는 연장 단계와 함께 시작된다. 연장 단계는 이전의 스트로크 주기에서 얻은 속도를 최대화하려고 노력하는 구간이다. 그러므로 손을 물에 넣는 순간 점점 더 세게 힘을 가해야만 한다. 매 스트로크의 마지막 순간까지 손은 계속해서 가속해야 하며, 그래야 다음 스트로크 주기를 위한 가속도를 얻을 수 있다. 매 스트로크에는 추진 단계와 회복 단계가 있다. 추진 단계 내내 가속을 쌓아올려 추진 단계가 끝나는 순간 최대의 속도에 이르러야 한다. 그래야 회복 단계에서 속도를 계속 유지할 수 있다.

회복 단계에서 중요한 것은 무엇인가?
회복 단계는 가능한 한 편안하고 효율적이어야 한다. 자유영 같은 경우 우리는 선수에게 손을 앞으로 뻗을 때 최대한 일직선으로 뻗으라고 말한다. 손이 옆으로 빠지면 동작을 낭비하게 되기 때문이다. 몸의 모든 부분이 곧장 앞으로 움직여야 한다.

머리와 목은 어떻게 움직여야 하는가?
지난 6년 동안 수영계에서 일어난 가장 큰 변화 중 하나는 모든 영법에서 머리를 어디에 두는지에 대한 생각이 바뀌었다는 것이다. 현재 우리는 엉덩이가 좀 더 높이 뜨도록 하기 위해 머리를 낮게 숙여야 한다고 생각한다. 하지만 1940년대부터 1970년대까지는 머리를 높이 들수록 물 위를 질주하는 수상기처럼 활주해 나갈 수 있다고 생각했다. 수상기처럼 물 위를 활주하려면 시속 56킬로미터 이상으로 나아가야 하는데 사람에게는 불가능한 일이다. 그래서 우리는 선수들에게 효율성을 높이고 싶다면 머리를 낮게 숙이라고 말한다. 머리를 숙이면 엉덩이 부분에 정면 저항이 생겨나고 그 결과 엉덩이가 높이 떠오른다. 최고의 기량을 겨루는 시합에서 최고의 도전 과제는 저항을 줄이는 것이다. 얼마나 추진력을 낼 수 있는가보다는 얼마나 저항을 줄일 수 있는가가 도전 과제이다. 추진력이 높아질수록 저항에 의해 발생하는 항력 또한 기하급수적으로 높아지기 때문이다. 가장 유능한 선수는 가장 효율적으로 저항을 감소시키는 선수이다. 바로 이것이 올림픽 수영의 핵심이다.

수영모는 쓰는 것이 좋은가, 쓰지 않는 것이 좋은가?

수영모를 쓰는 편이 머리카락을 내놓고 수영을 하는 것보다 저항을 덜 받는다. 머리카락을 깨끗하게 면도한다 해도 마찬가지다.

그렇다면 저항을 줄이기 위해서는……?

몸의 자세와 균형을 향상시키면 된다.

몸을 어떻게 해야 하는가?

우리가 초점을 맞추고 있는 문제 중 하나는 어떻게 하면 우리 몸을 배에 가깝게 만드는가이다. 인간의 몸이 물속에서 좀 더 효율적으로 나아가기 위해서 무엇을 할 수 있는가? 사람의 몸은 육지에서 움직이도록 만들어져 있기 때문에 물속에서는 인간의 척추가 이루는 곡선을 가장 효율적인 구조라고 하기 어렵다. 그래서 우리는 선수들에게 등을 반듯하게 펴고 목을 길게 늘이고 머리를 숙이라고 말한다. 그리고 물속에서는 가능한 움직이지 말고 그 자세를 유지하라고 말한다. 그러면 선수의 몸은 물속을 마치 어뢰처럼 나아가게 된다. 또한 영법과는 상관없이 선수들의 중심 근력과 중심 안정성에 초점을 맞추고 있다.

중심 근력과 중심 안정성은 정확하게 무슨 뜻인가?

중심 근력이란 복부와 허리의 근력을 말한다. 스트로크를 할 때 이 근육들은 자신이 맡은 역할을 수행해야 한다. 팔을 당기는 동안 엉덩이가 그저 가만히 쉬고 있어서는 안 된다. 근육은 서로 전부 연결되어 있다. 수영선수는 언제 자신의 복부와 허리의 근육에서 긴장이 풀리는지 알 수 있다. 근육의 긴장이 풀려서 엉덩이와 팔과 어깨의 연결이 끊어지게 되면 엉덩이와 팔과 어깨가 각기 따로따로 움직인다. 머리부터 발끝까지 몸의 긴장을 팽팽하게 유지할 때 몸의 자세는 한층 견고해진다. 몸의 긴장을 팽팽하게 유지할수록 몸은 좀 더 일체화되어 움직이며 물속에서 좀 더 효율적으로 나아갈 수 있다.

그렇다면 유연성은 얼마나 중요한가?

유연성은 정말로 중요하다. 선수가 물속에서 좀 더 쉽게 나아갈 수 있는 유연한 자세를 취할 수 있다면 확실히 유리하다. 가장 효율적인 자세를 취하는 데 있어 중요한 것은 어깨와 발목의 유연성이다. 하이엘보 자세를 손쉽게 취할 수 있을 만큼 유연한 선수는 어깨가 뻣뻣해서 하이엘보 자세를 취하기 어려워하거나 이 자세를 취하기 위해 몸을 움직여야 하는 선수보다 유리하다.

발차기는 얼마나 중요한가?

요즘 발차기의 중요성에 대해서 다시 한번 관심이 높아지고 있다. 일반적으로 발차기는 몸의 자세를 유지하기 위한 것이다. 물론 평영에서는 발차기로 큰 추진력을 얻지만 장축영법의 경우 발차기는 주로 박자를 맞추고 몸의 자세를 유지하는 역할을 한다. 우리는 수영을 하는 내내 다리를 멈추지 않고 계속 움직일 수 있도록 훈련을 한다. 다리의 산소 소비 수준은 우리 몸에서 가장 높기 때문에 이것은 아주 어려운 일이다. 최고의 수영선수는 발차기를 가장 잘하는 선수이다. 그리고 여기에서 우리는 다시 효율성의 문제로 되돌아간다. 선수는 다리에 있는 큰 근육의 능력을 최대한 효율적으로 사용해 속도를 유지하는 한편 젖산이 축적되는 일을 피해야 한다.

발차기는 스트로크와 어떻게 연결되는가?

접영의 경우 팔 스트로크 한 번에 발차기가 두 번 이루어지고, 평영의 경우에는 팔 스트로크를 한 번 할 때 발차기도 한 번 한다. 발차기는 추진력을 내는 역할을 한다. 자유영에서는 가장 빠른 스트로크를 6피트킥, 여섯 박자 차기라고 부른다. 스트로크 한 주기에 여섯 번 발차기를 하는 것이다. 스트로크 한 주기는 양 팔의 스트로크로 이루어지므로 한 팔을 스트로크하는 동안 발차기를 세 번 하는 셈이다.

유산소 훈련과 무산소 훈련에 대해서도 잠깐 이야기해보자.

유산소 활동은 산소에 의해서 열량을 얻는 활동을 말한다. 혈액 안에 산소가 충분히 들어 있다면 필요 에너지 조건에 충족되지만 수영에서는 저장된 열량이 10초 만에 동나버리고 만다. 그 뒤에 열량을 공급하는 것은 유산소 대사체계이다. 우리가 아직 어린 선수들에게 처음 하는 일 중 하나가 유산소 훈련을 집중적으로 시키는 일이다. 어린 선수의 경우 근육량과 힘의 양은 적지만 지구력에서는 아주 뛰어난 능력을 보인다. 유산소 훈련은 선수가 자란 이후로도 계속 이어진다. 많은 수영경기가 지구력을 다투는 경기이기 때문이다. 100

미터나 50미터 자유영처럼 힘을 겨루는 단거리 경기의 경우 선수들은 유산소 운동보다는 무산소 운동인 젖산훈련에 많은 시간을 쏟는다. 그러나 최장거리 경기에 나가는 선수들 또한 속도를 높여야 할 필요가 있다. 이런 능력은 무산소 훈련을 통해 습득할 수 있다. 사실상 유산소 훈련과 무산소 훈련을 엄격하게 딱 잘라 구분 지을 수는 없다. 선수는 자신이 출전하는 특정 대회의 필요에 맞추어 그 두 가지 사이의 균형을 잡으려고 노력해야 한다.

해가 지날수록 수영선수들의 속도가 점점 빨라지는 것처럼 보이는 까닭은 무엇인가?

최근 들어서 선수들의 속도가 빨라진 것은 잠영에서의 킥이 발전했기 때문이다. 자유영, 접영, 배영의 경우 특히 그렇다. 선수들은 물 밖으로 나오지 않고 발차기를 하면서 벽을 차고 나가는 15미터를 좀 더 빨리 헤엄칠 수 있다. 선수들은 잠영에서 돌핀킥을 추가시켰고 그 결과 수영 기록이 한층 빨라졌다. 돌핀킥의 실력을 키우기 위해 여러 가지 훈련법이 만들어졌다. 우리가 선호하는 훈련법은 선수를 수직으로 세우고 돌핀킥을 훈련하는 방법으로 선수는 머리를 물 밖으로 내밀고 팔은 가슴 앞에서 팔짱 낀 자세로 돌핀킥을 연습한다. 우리는 10초에 선수가 돌핀킥을 25회 하는 것을 목표로 한다. 이 정도면 상당히 빠른 속도다. 먼저 이런 훈련을 통해 돌핀킥의 감각을 익히고 나면 벽을 차고 나가면서 돌핀킥을 하는 연습을 시작할 수 있다.

수영선수로서 펠프스가 그토록 뛰어난 까닭은 무엇인가?

마이클 펠프스가 수영선수로서 뛰어난 까닭은 그가 자신의 기술을 뛰어난 수준으로 갈고 다듬었다는 데 있다. 펠프스의 동작은 아주 효율적이며 매번 스트로크마다 낭비되는 동작이 없다. 펠프스는 천부적으로 그렇게 움직인다. 그는 물속에서 아주 빠르게 나아가지만 밖에서 볼 때는 그리 힘들여 수영하는 것처럼 보이지 않는다. 펠프스 선수는 어린 나이에 기술을 습득했고 그 다음 신체 훈련을 했다. 여기에 뛰어난 근면이 더해져서 거의 적수가 없는 조합이 탄생했다.

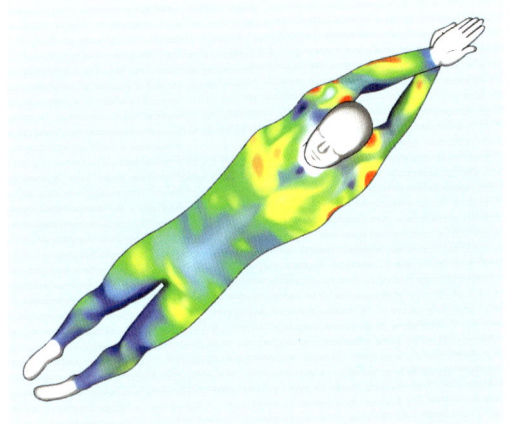

◐ 여기에서는 펠프스의 몸에서 가장 저항을 크게 받는 부분이 노란색과 주홍색으로 표시된다.

전신수영복

● Frank Vizard ^{프랭크 비자드}

짧은 삼각의 수영 팬츠는 현대의 수영에서 필요한 요건을 만족시키지 못한다. 더 빠른 속도를 향한 경쟁에서 경쟁심 강한 선수들은 첨단기술이 적용된 몸에 딱 맞는 전신수영복으로 갈아입는 추세다. 전신수영복이 물속에서 저항을 줄여주고 그 결과 속도를 증대시켜준다는 사실은 이미 입증되었다. 올림픽처럼 경쟁이 치열한 경기에서는 단 0.1초로 메달 시상대에 설 수 있느냐 없느냐가 결정되기 때문에 선수가 무엇을 착용하고 시합에 나가느냐의 문제는 승부를 가름하는 결정적인 요소가 될 수도 있다.

전신수영복을 제조하는 회사는 여러 곳이 있지만 스피도사와 티르사는 각기 다른 접근방식으로 물살을 가르며 좀 더 빠르게 나아가기 위한 목표에 다가선다.

스피도사의 패스트스킨

2004년 시드니 올림픽에서 미국 수영선수 마이클 펠프스가 착용했던 스피도사의 패스트스킨 FSII는 상어에서 아이디어를 얻고 컴퓨터의 실행을 통해 탄생했다. 스피도사의 수영복 디자이너는 상어의 몸체가 물에서 나아가기에 효율적인 유선형을 이루고 있고, 상어 피부의 형태와 질감이 몸의 각 부분마다 달라지는 물의 흐름에 따라 각각 달라진다는 사실에 주목했다. 이를테면 상어의 콧등 부분에는 거친 돌기가 나 있는 한편 몸통 뒤쪽으로는 부드러운 돌기가 나 있다. 이런 피부 형태는 상어의 몸체 각 부분에 작용하는 물 흐름의 특성이 반영된 것이다.

이런 관찰을 통해 사람이 물속을 나아가는 경우에도 물의 흐름이 변화할 것이라는 가설이 제안되었다. 스피도사는 F1 경주용 자동차를 위해 만들어진 전산유체역학CFD 컴퓨터 소프트웨어를 이용하여 가상의 수로를 설계했다. 그리고 그 수로에 가상의 수영선수(컴퓨터로 모형화된 마네킹)를 추가하여 물 흐름의 양식을 분석했다. 또한 실제 수영선수와 마네킹의 흐름 양식 또한 기록했다.

컴퓨터 모델링 분석을 통해 수중에서 수영선수가 받은 총 항력의 29퍼센트가 마찰항력이라는 사실이 밝혀졌다. 이는 기존 10퍼센트로 추측되던 수치에 비해 훨씬 더 높은 수치였다. 스피도사에서는 마찰항력을 최소화하기 위해 상어의 피부 양식을 본떠 수영복 각 부분을 서로 다른 재질로 만들기로 결정했다. 수영복의 다른 재질이 이루는 무늬는 수영선수가 사용하는 영법에 따라 각기 다르게 제작된다. 또한 남자선수와 여자선수를 위한 서로 다른 수영복도 개발되었다. 패스트스킨 수영복에는 스판덱스처럼 몸을 조여주어 근육 진동 현상을 막아주는 재질의 천이 사용된다. 또한 패스트스킨에는 상어의 피부에 있는 것과 비슷한 이랑이 나 있어 마찰항력을 줄이는 데도 도움이 된다. 물은 이랑 위로 스치고 지나가면서 저항을 일으키는 골 부분을 건너뛰어 흘러가게 된다.

몸의 윤곽이 곡선을 그리는 부분에는 플렉스스킨이라 불리는, 스판덱스와 비슷한 또 다른 재질의 천이 사용되어 선수가 몸을 움직이기에 한층 편하게 만들어져 있다. 이 두 가지 다른 재질의 천은 눈에 잘 띄지 않는 솔기로 연결되어 있다. 또한 스피도사의 전신수영복에는 팔뚝 안쪽에 티타늄-실리콘으로 만들어진 미늘이 붙어 있다. 이 미늘은 다운스트로크에서 물을 한층 잘 잡아채는 역할을 한다. 한편 가슴 부분에 붙어 있는 고무 돌기는 압력저항이라 불리는 저항을 줄이는 역할을 한다. 이 모든 효과를 종합한 결과 스피도사에서는 패스트스킨 수영복이 수동항력을 남자선수의 경우 4퍼센트, 여자선수의 경우 3퍼센트 감소시켜준다고 주장한다.

티르사의 아쿠아시프트

수영복 제조업계는 수영 경기만큼이나 경쟁이 심한 곳이기 때문에 티르사에서 스피도사의 접근방식이 완전히 틀렸다고 말한다 해도 뜻밖의 일은 아니다. 티르사의 아쿠아시프트 전신수영복 개발팀 일원이자 버팔로대학의 특수환경 연구와 교육센터CRESE의 데이비드 팬더개스트 David Pendergast 교수는 물에서 좀 더 빨리 나아가기 위해서는 마찰항력을 감소시키는 것이 아니라 오히려 증대시켜야 한다고 주장한다. 교수가 일하는 CRESE는 나사와 미국 네이비실을 고객으로 삼고 있는 기관이다.

레인 너비의 도넛 모양으로 특수 제작된 수영장(선수가 멈추지 않고 계속해서 수영을 할 수 있도록 원형으로 만들어진)에서 선수들을 연구한 결과 팬더개스트 교수는 마찰항력이 증가하면 선수에게 더 불리하게 작용하는 두 종류의 저항이 감소한다는 사실을 발견했다. 몸의 형태에 의해 발생하는 압력항력과 수영선수가 만들어내는 후류에서 발생하는 조파항력이다. 마찰항력은 상대적으로 느린 속도에서 발생하며 압력항력과 조파항력은 수영선수가 빠르게 수영할 때 발생한다.

선수가 받는 마찰항력을 키우기 위해 아쿠아시프트 전신수영복에는 '트립와이어 trip wire'라는 고리가 선수의 몸에서 둘레가 커지는 부분인 종아리 둘레와 엉덩이 둘레, 가슴 둘레에 달려 있다. 트립와이어의 역할은 물의 저항을 최소화하기 위해서 몸에 물을 가능한 한 가까이 붙여두는 것이다. 활강용 스키복을 제조하는 회사인 스파이더사에서도 같은 원리를 이용하여 스키복을 제조한 적이 있었다. 스파이더사에서는 마찰저항을 줄이기 위한 목적으로 옷 위로 튀어나온 관이 달린 스키복을 개발했다. 이 스키복은 너무 빠르다는 이유로

1994년 릴레함메르 올림픽부터 금지되었다. 티르사는 아쿠아시프트 수영복을 착용하는 경우 선수에게 작용하는 항력을 10퍼센트 줄일 수 있다고 주장한다.

전신수영복의 장점

전신수영복의 착용으로 무엇이 달라지는가? 마이클 펠프스를 비롯하여 여러 올림픽 대표 선수들의 코치로 활약했던 밥 바우먼은 전신수영복을 착용하면 경기에 더 유리하다고 말한다. "전신수영복의 장점 중 하나는 근육을 압박해준다는 것이다. 전신수영복을 입은 선수는 물속을 마치 선박처럼 가로지른다. 전신수영복이 몸을 압박해주는 덕분에 선수들은 물속에서 빨리 나아가기에 유리한 자세를 취할 수 있다."

바우먼은 또한 전신수영복의 착용으로 경기 종반에 큰 차이가 생길 수 있다고 덧붙인다. "시합 종반에 나타나는 선수의 경기력을 현저하게 떨어뜨리는 현상으로 근육 진동이 있다. 근육과 신경계에 피로가 쌓이면서 근육이 경련을 일으키는 것이다. 이렇게 경련이 일어나게 되면 근육의 수축 능력이 약해진다. 전신수영복을 착용하면 근육이 압박을 받기 때문에 진동이 일어나지 않으며 선수는 피로가 쌓이는 시기에도 한층 효율적으로 움직일 수 있게 된다."

전신수영복의 단점

하지만 누구나 전신수영복을 애용하는 것은 아니다. 전신수영복이 등장한 초기에 사람들은 전신수영복이 부력을 더해주기 때문에 경기력을 끌어올리는 효과가 있다고 생각했다. 최근의 여러 연구에서

○ 물속을 나아가는 남자선수의 몸에서 마찰이 발생하는 지점을 보여준다.

○ 나이키에서 만든 여성용 전신 수영복 나이키 스윔히드라

는 전신수영복을 착용하면 체온이 상승할 수 있기 때문에 따뜻한 물에서의 장거리 경기에서는 전신수영복을 착용한 선수의 경기력이 떨어질 수도 있다는 사실이 밝혀졌다. 또한 전신수영복의 효과는 영법에 따라 달라지기도 한다. 펠프스는 자유영에서는 몸을 완전히 덮는 전신수영복을 선호하지만 접영을 할 때는 엉덩이에서 무릎까지만 덮는 '재머jammer'를 입는다. 바우먼은 접영을 할 때에는 물이 펠프스의 몸 주위로 흐르는 방식이 다르기 때문에 재머가 몸을 완전히 덮는 전신수영복보다 저항을 줄이는 데 한층 적합하다고 말한다. 하지만 여기에서도 수영복이 선수의 몸에 미치는 전체적인 효과는 선수의 체형에 따라 달라진다고 바우먼은 덧붙인다.

전신수영복 같은 바디슈트는 육상경기 등과 같이 아주 미세한 속도 차이로 승자가 결정되는 스포츠 분야에서 빠르게 퍼져나가고 있다. 바디슈트의 착용이 승자와 패자를 가름하는 차이가 될 수 있는지의 문제는 아직 논란거리로 남아 있다. 그러나 경쟁심 강한 선수라면 자신을 조금이라도 유리하게 만들어줄 수 있는 그 어떤 기술도 그냥 지나쳐버리지 않을 것이다.

다이빙, 중력이 중요한 순간

○ 수많은 사람들이 그렉 루가니스를 역사상 가장 위대한 다이빙 선수라고 인정한다. 루가니스 선수는 1976년 올림픽에서 은메달, 1984년과 1988년 올림픽에서 두 차례 금메달을 목에 걸었고 세계 수영선수권 대회에서 다섯 차례 우승했다.

○ Jeef Huber 제프 후버

다이빙에서 점수의 90퍼센트는 선수의 입수동작에서 결정된다. 하지만 다이빙을 잘하기 위해 선수가 하는 일의 90퍼센트는 다이빙대에서 뛰어내리는 과정에 있다. 실제로 뛰어난 다이빙은 선수가 다이빙대를 뛰어내리기 직전에 이미 결정된다. 이 말은 다이빙의 핵심은 준비동작에 있다는 뜻이다.

다이빙 기술

자신이 3미터 높이의 스프링보드 위에 올라가 있다고 상상해 보자. 다이빙보드 끝으로 한걸음씩 나아갈 때마다 몸무게가 보드를 누르고, 눌린 보드는 그 반동으로 다시 위로 튀어오른다. 여기에서 가장 중요한 것은 보드가 움직이는 타이밍을 맞추는 것이다. 뛰어난 다이빙 선수는 스프링보드를 마치 악기처럼 연주할 줄 안다. 다이빙 선수라면 스프링보드를 움직이게 하는 방법은 물론, 보드와 하나가 되어 움직이는 방법을 습득해야만 한다. 뛰어난 다이빙 선수는 보드에서 뛰어내리는 순간 가능한 한 오래 무릎을 굽히고 있으면서 보드가 가장 위로 튕겨오르는 순간을 기다린다. 그렇게 하면 스프링보드 끝에서 최대한의 힘을 받으며 뛰어내릴 수 있기 때문이다. 스프링보드가 튕겨오르면서 선수를 위로 올려주는 순간 선수는 엉덩이를 머리 위로 밀어올리며 회전에 들어간다.

한편 선수는 허리부터 어깨까지 몸의 긴장을 유지해야 한다. 몸의 긴장이 풀어지면 몸으로 에너지가 흡수되어버리기 때문이다. 몸의 긴장이 풀리면 위로 튕겨오르는 스프링보드의 힘을 이용하기는커녕 몸의 자세가 흐트러지면서 에너지가 손실되어버리고 만다. 에너지 손실은 대개 팔을 흔드는 동작에서 발생하기 쉽다. 팔이 흔들리면 몸통 또한 함께 움직이기 때문에 몸의 긴장이 풀어지기 마련이다.

다이빙대에서 뛰어내리는 방향은 발목의 위치와 스프링보드 끝에 실린 무게 중심의 위치에 따라 결정된다. 이 두 지점(발목과 무게중심의 위치)을 이은 선이 선수가 뛰어내릴 방향이 된다. 어떤 다이빙을 선보이게 되는가에 따라 스프링보드에 서는 자세가 달라지기도 한다.

선수가 회전하는 회전속도는 보드에서 뛰어내리는 순간 작용하는 힘의 크기에 따라 결정된다. 또한 회전속도는 선수가 껴안기형이나 굽히기형, 비틀기형의 자세를 얼마나 단단하게 하는지에 따라서 영향을 받는다. 공중에서의 자세를 좀 더 확실하게 할수록 수평축선상의 회전속도는 빨라진다. 예를 들면 굽히기형 자세의 경우 선수는 최대한 몸을 반으로 접어 몸통과 다리를 완전히 밀착시켜야 한다. 코치들은 선수가 일단 다리를 배에 붙이고 나면 몸통과 다리 사이에서 햇살 한 점 새어나올 수 없어야 한다고 말한다.

다이빙 자세의 문제

능숙하지 않은 다이빙 선수가 껴안기형 자세나 굽히기형 자세를 취하는 경우 원심력이 작용하는 순간 자세가 벌어지기 쉽다. 그리고 자세가 한번 벌어지고 나면 다이빙을 제대로 마무리하기가 어려워진다. 자세가 무너지면 다음에는 몸을 제대로 통제할 수 없기 때문이다. 또한 다이빙에서 비틀기를 할 경우에는 몸을 수직축을 중심으로 가능한 한 가깝게 붙여야 한다. 자세를 단단하게 조여주어야 몸을 비트는 속도가 빨라진다. 자세를 바르게 유지해야만 몸 전체가 일체가 되어 회전할 수 있다. 몸통이 느슨하게 풀려버리면 어깨가 회전할 때 골반이 함께 회전하지 않게 된다. 바로 이런 순간에 다리가 벌어지면서 제대로 된 비틀기 동작이 나오지 않는다. 다이빙을 잘하는 선수는 수직축을 중심으로 몸을 바짝 끌어당길 수 있어 회전속도를 끌어올릴 수 있는 선수이다. 비틀기 동작을 하는 다이빙 선수의 몸은 수직축에서 살짝 옆으로 기울어진다. 그렇기 때문에 선수는 비틀기 자세를 풀 때 한 손을 위로, 다른 한 손을 아래로 뻗어 양팔이 T자가 되도록 당겨주어야 한다. 이 동작으로 몸이 다시 수직축과 일직선으로 돌아오며, 어느 쪽으로도 쏠리지 않은 채 물에 수직으로 입수할 수 있다. 입수 시 몸이 기울어버리면 물이 튀기 때문에 물에 들어가는 동작이 깨끗하지 않게 되며 그 결과 감점을 받는다.

다이빙의 환경 조건

다이빙대에 선 선수의 높이, 즉 선수의 신장은 다이빙을 잘 하는 데 있어 핵심적인 요소이다. 여러 연구에서 회전속도가 약간 느리더라도 다이빙에 적합한 신장을 지닌 선수가 뛰어난 다이빙을 할 수 있다는 사실이 증명되었다. 다이빙에 적합한 신장을 지닌다는 것은 곧 다이빙에 적합한 자세와 방향을 지니고 있다는 뜻이며, 다이빙 자세를 풀고 물을 '찢고' 입수하기 위해 손을 일직선으로 모아 뻗을 시간이 더 많다는 의미이기도 하다.

물을 '찢는다'는 표현은 다이빙 선수가 입수할 때 나는 소리와 관련이 있다. 선수가 입수할 때 나는 소리는 종이를 찢는 소리처럼 들린다. 물을 종이 한 장이라고 생각해 보자. 선수는 양 손을 모으고 그 종이 위로 다가선다. 손끝이 종이에 닿는 순간 선수는 종이를 뚫고 지나가기 위해서 종이를 양 옆으로 잡아 찢으려 할 것이다. 어떤 선수들은 얼마나 깨끗하게 입수를 하는지 물에 떨어지는 순간 물이 고작 찻숟가락으로 두어 숟가락 정도밖에 튀지 않는 것처럼 보인다. 그리고 바로 이렇게 물을 튀기지 않고 입수하는 것이 물을 찢는 입수의 목표이다. 입수할 때 소리가 얼마나 크게 나는지 또한 점수에 영향을 미칠 수 있다.

물에 들어간 다음에도 잘못된 부분을 교정할 시간이 조금 남아 있다. 물에 들어온 선수는 대개 수영 동작에서처럼 양 손을 골반 근처로 잡아내려 몸 주위에 공기방울을 만들어낸다. 만약 선수의 발이 수직축에서 벗어나 움직인다면 선수는 허리를 굽히면서 발을 반대 방향으로 끌어당기거나 혹은 반대로 머리를 뒤로 당기고 물속에서 공중제비 하듯이 몸을 젖히는 스쿠프를 하면서 마지막으로 자세를 바로잡을 수 있다. 이런 동작은 만점을 받는 다이빙에서 흔히 볼 수 있다.

다이빙의 조율

뛰어난 다이빙 선수들은 종종 다이빙을 하는 중에 청각적·시각적 정보를 해독할 수 있는 능력을 타고난다. 이런 선수는 공중에 거꾸로 있는 자세에서도 자신이 어디 있는지 알아채는 공간능력을 지니고 있다. 위대한 다이빙 선수로 손꼽히는 그렉 루가니스Greg Louganis는 수면에 물을 뿌리는 물 분무기의 소리를 듣고 자신이 수면에 얼마나 가까워졌는지를 판단할 수 있다고 말한 적이 있다. 다이빙 경기에서는 수면이 유리처럼 보이는 현상(이 현상은 선수가 깊이를 지각하는 데 영향을 미친다)을 방지하기 위해 물 분무기를 사용한다. 대부분의 선수들은 스프링보드에서 뛰어내린 다음 보드가 흔들리는 소리를 세어 자신의 위치를 파악한다고 말한다. 올림픽 챔피언인 마크 렌지Mark Lenzi도 다이빙을 하는 동안 자신이 어디에 있는지를 알 수 있는 불가사의한 능력을 지니고 있었다.

● 1992년 바르셀로나 올림픽에서 마크 렌지가 금메달을 목에 걸었을 당시 렌지는 가장 뛰어난 다이빙 선수는 아니었을지도 모른다. 그러나 도약과 입수에서만큼은 가장 준비가 잘 된 선수였으며, 다이빙을 하는 내내 자신의 위치를 파악할 수 있는 불가사의한 능력도 지니고 있었다. 대부분의 다이빙 선수는 스프링보드에서 도약한 이후 스프링보드가 흔들리는 소리를 세어 자신의 위치를 파악한다.

이런 정보인식 능력은 각성 수준을 조절하는 능력과 연관이 있다. 각성 수준이 높아지면 정보 활용 능력이 떨어진다는 것은 잘 알려진 사실이다. 선수들은 어느 선까지는 긴장감을 유지하며 주의력을 높일 수 있지만 긴장감이 일정 수준을 넘어서게 되면 터널시야 현상(흥분으로 눈앞의 상황에만 집중하느라 주변에 대한 주의력과 정보처리 능력이 떨어지는 현상—옮긴이)을 일으켜 자신의 위치를 놓쳐버리고 만다. 대회 우승을 차지하기 위해 경기를 잘 해야 한다는 부담감을 느끼는 순간 선수들은 자신의 위치를 놓쳐버리기 쉽다. 나는 너무 흥분한 나머지 자신의 몸동작을 제대로 통제하지 못하는 어린 선수들을 많이 보아왔다.

가장 어려운 단계는 지나치게 흥분하거나 불안감에 빠지게 되면 자신의 위치를 놓치게 된다는 사실을 인식하는 것이다. 이 단계를 넘어선 다음에는 호흡을 가다듬거나 몸의 긴장이 풀릴 수 있도록 몸을 움직여주는 운동을 하는 등 정신을 다스릴 수 있는 전략을 습득할 수 있다. 올림픽 수준의 대회에서는 정신을 잘 다스리는 선수들이 좋은 성적을 거둔다. 흥미로운 사실은 선수가 어떻게 경기를 하는가의 99퍼센트는 그 선수의 정신력에 달려 있다는 점이다. 하지만 우리는 훈련 시간의 99퍼센트를 신체를 훈련시키는 데 사용한다. 우리는 수년 동안 다이빙 연기를 완벽하게 다듬기 위해 노력한다. 그러나 다이빙에는 그 이상의 무언가가 있다. 선수들은 내면의 싸움이 존재한다는 사실을 마음으로 인정하려는 노력이 필요하다. 뛰어난 선수라면 누구나 이 사실을 인정하고 이해한다. 어떤 의미에서 우리는 다이빙의 물리학을 익혀야 할 뿐만 아니라 다이빙의 형이상학까지도 배워야 한다.

Tennis / 테니스

14

파워 서브
여성의 힘
서브의 해부학
리버스 포핸드
줄 이론

파워 서브

○ 현역 시절(1998~2003) 그랜드 슬램 대회에서 모두 열네 차례 우승했으며, 일명 '스윙의 제왕'이라 불리는 피트 샘프라스

○ Steve Flink 스티브 플링크

현재 남자 테니스계에서 벌어지는 대부분의 시합은 근본적으로 힘에 기반을 두고 있다. 시합마다 선수들은 폭발적인 힘을 선보인다. 강한 힘과 지구력을 갖춘 오늘날의 전투적인 테니스 선수들은 엄청난 속도의 공을 무기로 적수를 바깥으로 날려버리고 눈부신 승리를 손에 거머쥔다.

테니스 시합은 힘의 지배를 받기 마련이지만 선수의 힘이 가장 두드러지게 나타나는 곳, 그리고 시합에서 가장 중요한 역할을 하는 곳은 바로 서브일 것이다. 서브권을 지닌 선수는 단지 라켓을 한 번만 휘두르는 것으로 불시에 포인트를 따낼 수 있다. 서브의 속도와 회전, 공을 떨어뜨리는 위치로 상대선수의 허를 완벽하게 찌르면 된다. 서브가 강한 선수는 그렇지 못한 선수에 비해 엄청난 우위를 차지하면서 시합을 이끌 수 있다. 무시무시한 속도로 서브를 넣는 능력은 점수와 직결된다. 빠른 속도의 공을 받아치기 어려워하는 상대선수는 무시무시한 속도의 서브가 날아오면 겁을 집어먹을 수밖에 없다.

오늘날 테니스계는 강한 서브를 넣는 선수들이 지배하고 있다. 가장 뛰어난 테니스 선수들은 강력한 서브를 넣는 힘을 자신의 주 무기로 사용한다. 강력한 서브로 명성을 얻은 챔피언 중에서도 가장 눈에 띄는 선수는 바로 피트 샘프라스Pete Sampras이다. 샘프라스는 2007년 테니스 명예의 전당에 이름을 올렸다.

전설의 샘프라스

샘프라스는 파괴적이고 위력적인 첫번째 서브로 상대선수의 사기를 꺾었다. 샘프라스와 시합해보지 못한 다른 선수들조차 사기가 꺾였을 정도였다. 상대선수들은 코트 끝에서 끝으로 교묘하게 움직이는 샘프라스의 무서운 서브가 어디로 날아오게 될지 전전긍긍했다. 샘프라스는 현대 남자 테니스 챔피언의 전형을 보여주는 선수다. 폭발적인 서브 중심의 시합을 통해 유능한 적수에게 점수를 빼앗는다. 샘프라스의 첫번째 서브가 시속 193~225킬로미터를 기록하는 것은 흔히 있는 일이었다. 테니스 단식 코트가 길이 23.77미터에 너비 8.23미터라는 사실을 염두에 둔다면 좁은 장소에서 이만한 속도의 서브가 얼마나 빠르게 느껴질지 상상할 수 있을 것이다. 하지만 서브는 더 좁은 범위 안에서 이루어진다. 서브를 넣는 선수로부터 반대편 서비스라인까지의 거리는 약 18.3미터에 불과하다.

샘프라스를 비롯하여 무시무시한 서브를 넣는 보리스 베커Boris Becker나 고란 이바니세비치Goran Ivanisevic 같은 선수들은 첫번째 서브를 넣으면서 득점의 80퍼센트를 따낸다. 이렇게 서브 성공률이 높은 비결은 바로 힘이다. 서브에서의 이런 힘은 어디에서 오는 것인가? 그리고 최고의 선수들은 어떻게 서브를 할 때마다 그토록 놀라운 속도를 낼 수 있는 것인가?

힘을 발휘하는 법

선수들이 사용하는 기술은 다를 수 있지만 강력한 서브를 넣는 선수들의 공통점이 있다. 전 데이비스컵 대표 선수이자 페퍼다인대학에서 코치 생활을 했던 앨런 폭스Allen Fox는 선수들이 사용하는 서너 가지 힘의 원천에 대해 설명한다.

"라켓 헤드를 가능한 한 빨리 움직이게 하는 것이 목표이다. 선수는 최종적인 라켓 속도를 내기 위해 다양한 원천에서 얻은 힘을 계속해서 더해간다. 라켓을 휘두르는 힘은 무릎을 굽히는 데서, 라켓 헤드를 어깨 너머로 젖히는 데서, 어깨를 회전시키는 데서 얻어진다.

이 힘들은 다리와 몸통에서 이미 생성된 속도에 더해지고, 마지막으로 선수는 손목을 꺾는다. 이 모든 요소를 더한 값이 서브의 힘이다."

현재 뉴저지에서 티칭 프로로 일하고 있는 호주 출신의 콜린 디블리Coline Dibley는 1970년대 연맹전에서 활약할 당시 가장 강한 서브를 넣는 선수였다. 디블리는 서브를 넣는 힘의 기반에 대해 폭스와 비슷하게 설명하면서 자신만의 의견을 몇 가지 덧붙인다.

"선수는 몸 전체를 이용해야만 한다. 경험에 비추어 보건대 강한 서브를 넣으려고 지나치게 힘을 주면 서브를 망칠 수도 있다. 서브에서 중요한 것은 타이밍과 균형이다. 자신의 몸무게를 공으로 전달해야만 하는데, 선수들은 너무 빨리 몸무게를 앞으로 쏠리게 한 나머지 결국 팔의 힘으로만 공을 치게 된다."

디블리는 강력한 서브를 개발하기 위해서는 공을 잘 토스해 올리는 것이 중요하다고 말한다. "서브에 힘을 넣기 위해서 선수는 공을 따라 올라가야 한다. 공을 어디로 토스해 올리든지 간에 반드시 공을 따라 몸을 쭉 뻗어 올려야만 한다. 수많은 클럽 플레이어(프로 투어를 하기보다 클럽에서 정기적으로 경기를 하는 선수—옮긴이)들은 공을 높게 토스한 다음 공이 낮게 떨어지기를 기다리거나 처음부터 충분히 높게 공을 토스하지 않는다. 그러면 몸을 쭉 뻗어 올리지 못하므로 서브에 힘을 실을 수가 없다."

공을 토스하는 법

최대한의 힘을 실어 서브를 넣기 위해서 선수는 반드시 공을 몸 앞쪽으로 하지만 너무 멀지 않도록 토스해 올려야 한다. "토스한 공을 치지 않고 땅에 떨어지도록 내버려두는 경우 몸 앞쪽으로 15~23센티미터 정도 위치에 떨어지도록 토스하는 것이 이상적이다. 몸 앞쪽으로 공을 너무 멀리 토스하는 경우 팔을 완전히 뻗어야 간신히 공에 닿게 되므로 서브에 힘을 실을 수가 없다. 공을 몸에서 살짝 앞쪽으로 띄운 다음 토스의 정점에서(혹은 토스의 정점에 가까운 곳에서) 공을 친다면 서브에 최대한의 힘을 실을 수 있다."고 디블리는 설명한다.

토스를 얼마나 일관성 있게, 어디로 올리는가에 따라 서브를 넣는 방향과 속도가 결정된다. 캘리포니아 주 빅 브레이든 테니스 대학에서 실행한 연구에 따르면 이상적인 토스의 위치는 '칠 수 있는 범위의 정점'이라 불리는 라켓 손잡이에서 43~51센티미터 정도 위의 지점이다.

물론 뛰어난 선수는 자신만의 방식에 따라 공을 토스한다. 여자 프로 테니스계에서 가장 강력하고 뛰어난 서브를 선보이는 선수 중 한 명인 슈테피 그라프 Steffi Graf는 일반적인 경우보다 훨씬 높게 토스를 올린다. 토스를 얼마나 높이 올리는지 공이 바람에 날아가 문제가 되었던 적도 있다. 이반 렌들 Ivan Lendl 또한 흔치 않게 토스를 높이 올리는 선수였지만 몇 년 동안 토스를 교정한 끝에 토스를 올리는 높이를 낮게 수정했다.

토스를 올리는 방식에는 차이가 있지만 서브에 뛰어난 선수들에게는 중요한 공통점이 있다. 토스를 얼마나 높이 혹은 낮게 올리는가와 상관없이 뛰어난 선수들은 매번 토스를 올릴 때마다 같은 곳에 토스를 올린다. 이런 선수들은 고된 훈련과 노력에 대한 보상으로 서브를 넣는 힘뿐만 아니라 서브를 넣는 일관성까지도 손에 쥐게 된 선수들이다. 서브에서 뛰어난 두각을 나타내는 선수들은 토스와는 상관없는 다른 특징 하나를 공유한다. 바로 서브를 할 때 팔의 긴장을 푸는 것이다.

서브를 넣는 팔

폭스는 팔의 긴장을 푸는 것이 왜 중요한지를 설명해준다. "팔은 기본적으로 서브에서 수동적으로 작용하는 요소이기 때문에 긴장이 느슨하게 풀려 있어야 한다. 팔은 어깨, 다리, 몸통이 가속시킨 힘을 거스르지 않고 잘 전달해주기만 하면 된다. 팔을 뻣뻣하게 하고 서브에 억지로 힘을 주려고 한다면 실제로 서브에는 제대로 힘이 실리지 않는다. 샘프라스 같은 선수들은 팔의 긴장을 완전히 푼 채 서브를 했다."

○ 여자 프로 테니스계에서 가장 뛰어나고, 강력한 서브를 선보이는 선수 중 하나인 슈테피 그라프는 일반적인 경우보다 훨씬 높게 토스를 올린다. 토스를 얼마나 높이 올리는지 공이 바람에 날아가 문제가 된 적도 있었다. 이반 렌들 또한 토스를 높이 올리는 선수였지만 몇 년 동안 교정한 끝에 토스를 올리는 높이를 낮게 수정했다.

라켓 과학

라켓을 만드는 기술의 발전은 현대의 테니스에 강력한 서브가 급증하게 된 이유 중 하나다. 시드니대학의 물리학자 로드 크로스Rod Cross는 오늘날 눈에 보이지 않을 만큼 빠른 서브가 등장한 가장 큰 원인으로 커진 라켓 헤드를 꼽을 수 있다고 말한다. 테니스가 변화하는 동안 라켓에서 공을 때리는 부분의 너비는 29.21센티미터가 늘어나 현재 합법적인 규정 한계인 (1981년 제정된 규정에 따르면) 39.37센티미터에 이르렀다. "선수들은 있는 힘껏 공을 치면서 공이 코트 안에 안착할 만큼 충분히 톱스핀을 걸어준다. 작은 나무 라켓으로는 이런 일을 할 수 없다. 공이 프레임을 부러뜨리고 말 것이다."라고 크로스는 말한다.

폭스는 라켓에 대해 설명했다. "서브의 속도는 공을 치는 순간 라켓이 얼마나 빠르게 움직이는지, 공에 에너지가 어떻게 전달되는지에 따라 결정된다. 새로운 라켓의 움직이는 속도는 예전의 라켓과 비슷할지도 모르지만 새로운 라켓은 공에 더 큰 에너지를 전달할 수 있다. 너비가 넓은 라켓은 좀 더 뻣뻣하다. 예전의 라켓은 공을 맞는 순간 뒤쪽으로 휘어져버렸다. 그리고 라켓이 다시 앞으로 튕겨나오기 전에 공은 날아가버리고 말았다. 라켓이 휘어지는 데 에너지가 낭비된 셈이다. 새로운 라켓은 많이 휘지 않기 때문에 에너지를 그대로 공으로 전달할 수 있다."

MIT의 항공학교수이자 ATP 투어의 기술고문인 람 람나스Ram Ramnath 박사는 오늘날 테니스계의 빠른 서브가 스위트 스폿의 변화와 어떤 관계가 있는지 이야기하던 중에 중요한 사실을 지적했다. "새로운 라켓의 등장과 함께 스위트 스폿의 위치가 점점 높아지고 있다." 윌슨 같은 회사들은 라켓에서의 스위트 스폿을 좀 더 높이 만들기 위해 노력하고 있다. 서브에서 뛰어난 실력을 보이는 선수들이 스위트 스폿의 위치가 높은 라켓을 아주 빠른 속도로 휘두르게 되면 엄청난 힘이 실린 서브가 탄생하게 된다. 이런 선수들은 공에 최대한의 힘을 싣기 위해서 라켓에서 살짝 위쪽으로 치우친 곳으로 공을 친다.

가장 최근에 이루어진 라켓의 발전은 무게와 관련이 있다. 관례적으로 지금까지 라켓의 무게는 대부분 351.5그램이었다. 그러나 최근 추세는 프레임이 넓은 라켓 무게를 10퍼센트 정도 줄여 283.5그램 정도로 만드는 것이다. 이런 가벼운 라켓은 제대로 균형이 맞다면 한층 넓은 스위트 스폿을 형성하게 되고, 이것은 파워 서브를 자랑하는 선수들에게 유리하게 작용한다.

서브를 받아치다

라켓이 발전함에 따라 테니스 코트 반대편에 있는 선수들도 득을 보고 있다. 지금은 그 어느 때보다 강력한 서브를 넣는 선수가 많은 시대인 한편 네트의 반대편에서도 서브를 점점 더 효율적으로 받아치는 선수들이 급속도로 증가하고 있다.

폭스는 이 문제에 대해 흥미로운 관점을 제시한다. "이 점을 짚고 넘어가야 한다. 오늘날 강력한 서브를 넣는 선수들은 예전만큼 유리한 위치에 있지 않다. 예전에는 서브를 받는 리시버들이 좀 더 고군분투해야 했다. 1960년대에는 프레드 스톨 Fred Stolle 이 존 뉴콤 John Newcomb 을 상대로 시합을 하는 경우 시합을 볼 필요도 없었다. 스톨 대 뉴콤의 시합에서 서브를 넣는 선수는 시합에서 우위를 차지할 수 있었다. 반면 오늘날 반격에 나서는 선수는 공평한 기회를 얻는다. 그래스코트(grass-court: 잔디로 된 테니스 코트. 공이 바운드된 후 타구의 스피드와 스핀이 곧바로 나와 선수의 기량이 확실히 드러나는 코트이다—옮긴이)에서 치러지는 대회가 얼마 없고 공이 예전보다 무거워졌기 때문이다."

서브가 남자 테니스 경기 전반에 걸쳐 치명적인 무기로 남을 것은 분명하다. 한편 여자 테니스계에서도 서브의 가치가 점점 올라가고 있다. 일례로 비너스 윌리엄스 Venus Williams 는 2007년 시속 207.6킬로미터의 서브를 선보이며 전례 없는 기록을 세웠다.

여성의 힘

○ 세계 랭킹 1위였던 미국의 여자 프로 테니스 선수 비너스 윌리엄스

더 많은 여자선수들이 키가 커지고 힘이 세지면서 강력한 파워 서브는 남자 테니스와 마찬가지로 여자 테니스 시합에서도 큰 비중을 차지하고 있다. 비너스 윌리엄스 선수의 키가 185.4센티미터인 반면 1970년대와 1980년대에 활약했던 유명한 선수인 크리스 에버트(Chris Evert)는 키가 167.6센티미터이다. 2005년 6월 당시 가장 뛰어난 여자 테니스 선수 10위 안에서 키가 174.0센티미터 이하인 선수는 단 한 명밖에 없었다. 이 선수들의 평균 키는 177.8센티미터였다.

서브의 해부학

○ Tom Colligan 톰 콜리건

○ 스위스의 로저 페더러(Roger Federer). 페더러는 2003년 윔블던 테니스 대회에서 우승한 후 2004년 호주오픈에서 우승을 차지하며 세계랭킹 1위에 올랐고, 윔블던 대회 2연패를 달성했다. 2012년 제30회 런던 올림픽 테니스 남자 단식 종목에서 은메달을 딴 페더러는 포핸드, 백핸드 스트로크 등 다양한 서브 기술을 완벽하게 구사해 현역 최고의 테크니션으로 꼽힌다.

남자 프로 테니스 세계 랭킹 3위를 차지하고 있는 앤디 로딕은 세계에서 가장 빠른 서브 기록의 보유자이다. 로딕은 2004년 시속 249.4킬로미터의 멋진 서브를 넣으면서 기록을 세웠다. 하지만 로딕은 그 기록에 대해서 별로 이야기하고 싶어 하지 않는다. 그는 데이비스컵 코치인 패트릭 매켄로를 처음 만났을 때 이렇게 말했다. "무슨 일이든 해도 좋지만 제발 내 서브에 대해서는 한마디도 하지 마라. 서브에 대해서 생각하기 시작하면 아주 곤란해진다." 여기에서는 선수가 공을 토스해 올린 후 에이스를 잡기 이전의 0.7초 동안 무슨 일이 일어나는지에 대해 자세하게 분석한다.

준비동작

토스가 올라가는 동안 선수는 코트를 발로 밀어내면서 바닥의 반발력을 이용하여 탄성위치에너지를 쌓아올린다. 다리와 골반, 몸통, 어깨의 회전에서 최대의 각운동량이 생성된다. 공을 향해 폭발적으로 도약하는 프로 선수는 뛰어난 감각으로 타이밍을 맞추어 '운동학적 사슬 원리'라고 알려진 원리에 따라 다리에서 시작된 힘을 몸의 각 부분을 통과시켜 최종적으로 공을 치는 손까지 효율적으로 전달시킨다. 웨스턴오스트레일리아대학의 브루스 엘리어트 Bruce Elliott 교수는 라켓 헤드의 속도를 내는 데 몸의 각 부분이 얼마만큼 기여하는지(그림 참조)를 3D 비디오 촬영과 컴퓨터 분석을 통해 계산해냈다. 엘리어트 교수는 "몸의 각 부분의 기여도는 사람마다 각기 다르다. 하지만 분석 자료에 따르면 몸통과 어깨의 내부 회전, 손목의 꺾기가 스윙을 하는 데 있

라켓헤드 **100%**
위팔 **10%**
다리와 몸통 **20%**
아래팔 **40%**
손 **30%**

어 중요한 역할을 한다는 사실이 분명하다."고 말한다.

토스

베이스라인에서 31~61센티미터 안쪽으로 토스를 자신 있게 높이 올린 다음 선수는 위로 몸을 뻗는 동시에 코트 방향인 앞쪽으로 몸을 내밀면서 키의 1.5배 높이 지점에서 공을 치게 된다. 키가 188센티미터인 로딕 선수의 경우 토스한 공을 치는 지점은 바닥에서 약 290센티미터 높이다.

프로 선수들은 상대선수가 올리는 토스의 높이와 위치가 어떻게 달라지는지 눈여겨보면서 서브가 들어오게 될 위치를 예측하고 그에 따라 움직인다. 하지만 최고의 서브를 넣는 선수들은 아무 단서도 주지 않는다. 매켄로 코치는 "앤디는 똑같이 토스를 올린 다음 전혀 다른 방향으로 공을 칠 수 있다. 상대선수들은 어디로 공이 들어오게 될지 전혀 짐작할 수 없다."고 말한다.

타격

시속 193킬로미터로 날아가는 서브의 경우 공은 라켓 줄과 약 5밀리세컨드 동안 충돌하면서 줄의 표면을 따라 약 13센티미터 정도 비스듬히 움직이며 회전한다. 공을 맞추는 순간 라켓의 끝부분은 거의 시속 193킬로미터에 가깝게 움직이지만 아래로 몇 센티미터 내려온 부분은 약 22퍼센트 정도 느리게 움직인다. 공은 가해지는 힘의 53~58퍼센트를 되돌려주는 고무의 탄성에너지와 공이 맞는 순간 2.5센티미터 정도 늘어나는 라켓 줄(평균 27.2킬로그램의 장력으로 조여진)에서 추가적으로 속도를 얻는다.

창구

라켓 줄을 맞고 날아간 공은 네트에 걸리지 않는 동시에 서비스 박스 안쪽으로 떨어지는, 아주 좁은 각의 범위 안으로 들어가야 한다. 코치들은 서브한 공이 들어가야 하는 이 좁은 쐐기 모양의 영역을 '창구'라고 부른다. 이 창구는 서브의 속도가 빠를수록 좁아진다. 서비스 박스 안에 공을 시속 193.1킬로미터로 서브하기 위해서는 뛰어난 타이밍과 정확성이 필요하다. 그러나 서브를 넣는 선수에게 창구의 크기를 넓히기 위해 시도할 수 있는 방법이(서브를 좀 더 느리게 넣는 방법 외에) 있다. 펜실베이니아대학의 물리학 교수인 하워드 브로디 Howard Brody는 창구를 넓히기 위한 핵심적인 전술을 두 가지 발견했다. 가능한 높은 지점에서 공을 치는 방법과 공에 톱스핀을 좀 더 걸어 치는 방법이다. 이렇게 공을 치면 공 아래의 압력이 낮아지게 되어(마그누스 효과) 공이 서비스 코트 안으로 급강하하며 떨어지게 된다.

회전

테니스공에 걸린 회전은 공이 날아가는 동안 속도가 거의 줄지 않으며 코트 바닥을 치고 튕겨오를 때 실제로 한층 속도가 빨라진다. 비디오 전문가이자 테니스 강사인 존 얀델 John Yandell은 "슬로모션 비디오를 관찰하면 공이 바닥을 맞고 튕겨날 때 코트의 마찰면이 공의 아랫부분을 잡아채는 모습을 볼 수 있다. 이때 공의 윗부분은 계속해서 회전하고 있다. 그 결과 공에 회전이 더해지며 공에 걸린 사이드스핀은 톱스핀으로 전환된다." 얀델이 분석한 로딕의 시속 209킬로미터 서브에서 분당 평균 2400회 회전하던 공의 회전율은 공이 바닥에 맞고 튕겨오른 이후 두 배(분당 4800회)로 뛰어올랐다. 바로 여기

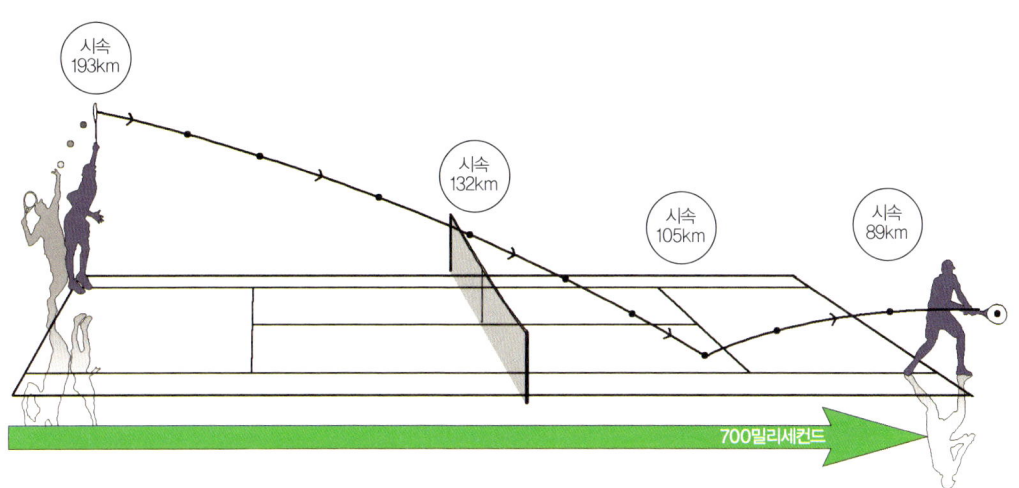

에서 '무거운 공' 효과(많이 움직이면서 회전이 많이 걸린 공의 경우 상대선수들이 마치 투포환을 받아치는 듯한 느낌을 받는 현상)가 탄생한다.

속도

코트 옆에 있는 디지털 전광판에 표시되는 서브 속도는 공이 라켓을 맞고 날아가는 순간 측정된 수치다. 공이 상대선수에게 도달할 무렵에는 공기저항과 코트 표면의 마찰로 인해 공의 속도는 약 50퍼센트 감소한다. 얀델은 공의 속도가 시속 193킬로미터인 서브의 경우 평균적으로 공이 바닥을 맞고 튀어오르기 전에는 시속 132킬로미터로 줄어들고 바닥을 맞고 튀어오른 후에는 시속 105킬로미터로 떨어져 마침내 상대선수의 라켓에 닿을 무렵에는 시속 89킬로미터까지 떨어진다는 사실을 발견했다.

첫번째 서브와 두번째 서브

프로 선수들의 첫번째 서브 성공률은 50~60퍼센트에 이른다. 첫번째 서브는 상대적으로 느린 두번째 서브에 비해 빠르고 평평한 궤도로 날아간다. 2007년 윔블던 대회에서 로딕은 시속 214킬로미터의 첫번째 서브를 성공시켰다. 이 서브는 코트 바닥을 강하게 때리고 슬라이스가 걸려 낮게 튀어올랐다. 슬라이스는 휘어지는 사이드스핀으로 서브를 받아 치는 선수를 사이드라인에서 멀리 끌어낸다.

두번째 서브에서 로딕은 라켓 줄로 공 뒷부분을 위쪽으로 올려치는 동작으로 강한 톱스핀을 넣은 시속 164킬로미터 '킥 서브'를 넣었다. 톱스핀이 강하게 걸린 공은 서비스 코트 안으로 곤두박질하며 떨어진 후 높게 튀어오르므로 상대선수가 받아치기 어렵다. 첫번째 서브는 화려하지만 두번째 서브는 성공할 확률이 한층 높다. 세계 테니스 랭킹 3위 안에 드는 선수들은 모두 두번째 서브에서 대부분의 점수를 딴다.

리버스 포핸드

리버스 포핸드 스트로크는 피트 샘프라스 덕분에 알려진 이후 수많은 선수들이 애용하게 되었다. 리버스 포핸드는 공을 늦게 따라잡은 경우에도 공을 길게 치지 않고 대각선으로 칠 수 있는 스트로크이다. 리버스 포핸드는 팔을 몸 뒤쪽의 위로 뻗어 공을 강하게 치는 동작에서 시작된다. 그러나 몸 앞으로 라켓을 가로질러 공을 치는 대신 거꾸로 뒤쪽에서 라켓을 위로 들어올리며 공을 친다. 마지막 라켓의 위치는 처음 시작보다 위에 있어야 한다.

줄 이론

지난 30년간 라켓을 만드는 방식과 라켓을 만드는 재질은 크게 변화해 왔다. 한편 라켓 안에 들어가는 재질에도 혁명적인 변화가 일어났다. 테니스 라켓의 줄은 전통적으로 소 창자의 일부로 만든 천연재료인 거트로 만들어졌다. 그러나 현재 라켓 줄은 나일론이나 폴리에스테르 같은 합성물질로 만들어진다.

합성물질로 만든 줄이 관심을 끌기 시작한 것은 1997년의 일이다. 시드 선수가 아니었던 브라질의 구스타보 쿠에르텐(Gustavo Kuerten)은 럭실론사에서 제조한 합성 줄을 사용한 라켓으로 프랑스 오픈대회의 첫 대회에서 우승을 차지했고, 이후 다른 선수들도 줄을 교체하기 시작했다. 완전히 합성 줄로 바꾸기 전에 합성 줄과 거트를 섞어 쓰는 선수도 있었다. 선수들은 합성 줄로 된 라켓을 사용하면 공의 제어력을 희생하지 않고도 공에 커트를 좀 더 크게 걸어줄 수 있고 공에 톱스핀을 좀 더 줄 수 있기 때문에 아주 빠른 속도로 공을 힘껏 치는 경우에도 아웃되지 않을 수 있다고 주장한다. 마지막으로 합성 줄은 커트보다 내구력이 뛰어나다.

비평가들은 합성 줄로 된 라켓으로는 발리 플레이를 하기가 좀 더 어렵다는 점을 지적하면서 서브 앤 발리 플레이를 주특기로 삼는 선수들이 줄어든 이유를 합성 줄로 된 라켓을 사용하는 선수가 늘어났기 때문이라고 설명한다.

찾아보기

가르시아파라(Nomar Garciaparra) 75
가스페리(Leo Gasperi) 247
감속도 156
게레로(Wilton Guerrero) 116
게이(Timothy Gay) 202
고고락(Pete Gogolak) 186
공기역학 법칙 179
공기저항 80, 91, 105, 106, 107, 108, 168, 169, 173, 179, 180, 181, 182, 193, 248, 260, 261, 309
공을 토스하는 법 298
공의 방향 92, 110, 181, 182, 268
공의 회전 27, 26, 56~57, 80, 84, 87, 92, 107, 113, 143, 145, 178, 179, 181, 182, 189, 213, 261
공이 날아가는 힘 58
괴첼(Philippe Goitschel) 251
그라프(Steffi Graf) 300, 301
그레이엄(Jackie Graham) 158
그레이엄(Otto Graham) 198

그레츠키(Wayne Gretzky) 230
그로스(Kevin Gross) 103
그리피스(Darrell Griffith) 133
근육기억 30, 127
글렌(John Glenn) 33
글로스(Troy Glaus) 47, 53
글루코스 239, 240, 242
기엔(Jose Guillen) 116
길먼(Sid Gillman) 182, 183
깁슨(Bob Gibson) 48, 49
깊이지각(입체시력) 25, 26

난드롤론 41, 43
낮아진 마운드 50~52
네틀즈(Graig Nettles) 116
넬슨(Byron Nelson) 209
노런드로스테론 41
노보셀(John Novosel) 209
눈손 협응 11, 23
눈손몸 협응 25
뉴콤(John Newcomb) 303
뉴턴의 제2법칙(가속도의 법칙) 159
뉴턴의 제3법칙(작용반작용의 법칙) 159
니저(Joey Niezer) 94
니크로(Joe Niekro) 103
니클라우스(Jack Nicklaus) 209, 213

다베포에틴 41
다이빙 기술 289~290
다이빙 자세의 문제 290~291
다이빙의 조율 293~294
다이빙의 환경 조건 291~292
달콤한 과학 151
더블팀 120
던(Jack Dunn) 73
덩크슛의 신체조건 132~135
데그랑주(Henry Desgrange) 165
데즈카 카즈시 94
뎀시(Tom Dempsey) 187
동체시력 24

듀란(Roberto Duran) 152
듀마(Stefan Duma) 203
드라이버의 속도 214
드라이스데일(Don Drysdale) 48
드렉슬러(Clyde Drexler) 131
디로프팅 213
디마지오(Joe DiMaggio) 51, 101
디블리(Coline Dibley) 299, 300
디하이드로에피안드로스테론 (DHEA) 41

라미레즈(Manny Ramirez) 75, 96
라우(Charley Lau) 62, 63, 66, 67
라이징 패스트볼 80~81, 92, 93
라켓 과학 301~303
람나스(Ram Ramnath) 302
래드클리프(Paula Radcliffe) 27, 238
랩 타임 167
러셀(Daniel Russel) 57, 58
레너드(Dutch Leonard) 100
레몬(Bob Lemon) 96
렌들(Ivan Lendl) 300, 301
레볼루션 헬멧 195, 199
렌지(Mark Lenzi) 292, 293
로(Preacher Roe) 107
로딕(Andy Roddick) 306, 307, 308, 310
로버츠(Brian Roberts) 27
로빈슨(Sugar Ray Robinson) 158
로스(Barney Ross) 152

로우(Schoolboy Rowe) 107
로이드(Graeme Lloyd) 83
로이드 레이지 11
로페즈(Javier Lopez) 83
롱패스 플레이 177~178
루가니스(Greg Louganis) 289, 292
루스(Babe Ruth) 11, 51, 54, 69~73, 97
루이스(Greg Lewis) 203, 205
루이스(Joe Louis) 152
류타로 히메노 93
리(Bill Lee) 15
리버스 포핸드 310
리베라(Mariano Rivera) 75, 76, 83
리우(King Liu) 153, 160
리웃(Mike Liut) 230

마그누스 효과 91, 308
마그누스 힘 80, 81, 91, 92, 93, 259, 260
마그누스(Gustav Magnus) 91, 259, 260
마르시아노(Rocky Marciano) 153
마른 스핏볼 78~79
마리노(Dan Marino) 178, 183
마쓰자카 다이스케 94
마이클스(Jeff Michaels) 42
마찰력 107, 108, 114, 247
마찰항력 284, 285
말론(Karl Malone) 131

말하는 운동화 242
매닝(Peyton Manning) 176
매켄로(Patrick McEnroe) 306, 307
맥과이어(Mark McGwire) 43
맨틀(Mickey Mantle) 51, 52, 58, 62
머서(Bobby Murcer) 51
먹는 체온계 32~34
먹스(Eddy Merckx) 165, 166
메이스(Carl Mays) 54
메일랜더(Jim Mailander) 148
메타암페타민 41
멜빈(John Melvin) 202
모다피닐 41
무거운 공 효과 309
물개 드리블 269
밀러(Wolfram Muller) 253

바실리오(Carmen Basilio) 158
바힐(Terry Bahill) 57
반발계수 52, 105, 142
받음각 178, 179, 180, 181~182
밤버거(George Bamberger) 106
밤비노의 저주 11
백스윙 147, 209, 210, 211, 212, 213
버크(William Burke) 94
베르누이의 법칙 253
베르누이 정리 9, 10, 12
베일리(Howard Bailey) 23
베커(Boris Becker) 298
베컴(David Beckham) 258~262

베컴의 킥에 숨어 있는 과학 259~261
베타차단제 11
벨(Albert Belle) 116
변화구의 역학 86~87
보스(Brian Voss) 148
본즈(Barry Bonds) 43, 48, 52, 54
볼링공 심의 형태 143~146
볼티모어 촙 114
부드로(Lou Boudreau) 100
브라운라이(Len Brownlie) 166
브라이언트(Kobe Bryant) 128
브래독(Jim Braddock) 152
브랭카지오(Peter Brancazio) 16, 107, 112
브렛(George Brett) 6
브로디(Howard Brody) 308
브로스넌(Jim Brosnan) 107
브룩스(George A. Brooks) 30
블라우저(Jeff Blauser) 84
블루퍼볼 100
비어든(Gene Bearden) 96, 100
비커스(Joan Vickers) 225
비후형심근병증(HCM) 37

사보(Chris Sabo) 63, 116
사탄(Miroslav Satan) 218
3점슛 118~127
새뮤얼스(Martin A. Samuels) 29, 30
샘배트 52
샘프라스(Pete Sampras) 297, 298, 301, 310, 296
선가속도(병진가속도) 155, 156
선수의 몸 관리 53~54
성장호르몬 12, 41
세계반도핑기구(WADA) 38, 40
세차운동 181
센터와 홀더 185~186
소사(Sammy Sosa) 52, 102, 116
소센코(Ondrej Sosenko) 165, 166
소우자(Kerlon Souza) 269
슈몰저(Bernhard Schmolzer) 253
슈웰(Rip Sewell) 100
슐라(Don Shula) 177, 178, 183
스노보드의 비틀림 힘 254
스미스(Michelle Smith) 43
스위트 스폿 57, 189, 190, 191, 260, 261, 302
스커프볼 104, 108~110
스퀘어 스탠스 64
스크루볼 88~89, 92, 100
스크리미지 라인 187, 188, 191, 193
스타노조롤 41
스테로이드 10, 11, 12, 38, 40, 41, 42, 43
스텡겔(Casey Stengel) 13
스톨(Fred Stolle) 303
스트라우스(Bert Strauss) 198
스트라이크존 48, 49, 54, 63, 75, 79, 85, 90, 96, 104
스트로커 146~148
스트로크 273, 275, 276, 278, 279, 301, 310
스트링어(Korey Stringer) 33
스페란자(Daniel Speranza) 142
스포르자(Pasqual Sforza) 179, 181
스포츠계의 냉전 10
스플릿핑거 패스트볼 54, 77, 79, 103, 104
스피도사의 패스트스킨 283~284
스피드 스키 코스 249~251
스피드 스키의 역사 247
슬라이더 57, 78, 80, 85, 86, 89, 90, 94, 100, 104,
슬램덩크 119, 128~136, 137
시각기억력 25
시각반응속도 25
시각집중력 24
시버(Tom Seaver) 90
C컷 푸시법 220~223
시표추적능력 25
심부체온 32, 33, 170
싱킹 패스트볼 87

아론(Hank Aaron) 43, 69
아바틴(Tony Abbatine) 26
아브라모프스키(Ed Abramowski) 198
아셀(Ray Arcel) 152, 153, 157, 162
아우어 레코드 165~166, 167, 168, 169, 170, 171
아즈테카 265

악명 높은 슛 257~258
안드로스텐디온 41, 43
알리(Muhammad Ali) 159
암스트롱(Lance Armstrong) 166~167, 170, 171, 172, 173
암페타민 10, 41
압력구배 154, 160
압력항력 258
에이크맨(Troy Aikman) 195
앨리우프 덩크 129, 137
야구배트를 쥐는 법 66~68
야구배트의 무게 57, 58
야구의 진화 54
야스트렘스키(Carl Yastrzemski) 49, 90, 91
얀델(John Yandell) 308, 309
양력 113, 179, 180, 181, 253, 254
어빙(Julius Erving) 129, 132
언쇼(George Earnshaw) 97
에구에스(Tony Egues) 203
에드워즈(Ray Edwards) 144
에리스로포이에틴(EPO) 37, 41
ACTN3 유전자 35
에트루스코 유니코 265
에페드린 42
엘람(Jason Elam) 187
엘리어트(Bruce Elliott) 306
오닐(Shaquille O'Neal) 119
오리고네(Simone Origone) 251
오베츠킨(Alex Ovechkin) 227
오브라이언(Charlie O'Brien) 81
오스틴(Mike Austin) 209

오티스(Amos Otis) 116
오틴(Eraste Autin) 33
오픈 스탠스 64
올리비오(Miguel Olivio) 116
와서버거(Bill Wasserberger) 145
와츠(Robert Watts) 105, 109, 113, 114
우즈(Tiger Woods) 209, 211, 213~214
운동에너지 211
운동학적 사슬 원리 306
워런(Chris Warren) 147
월리스(Steve Wallace) 198
월코트(Jersey Joe Walcott) 153
웨틀랜드(John Wetteland) 83, 84
웰스(David Wells) 79
웰크(Tim Welke) 84
웹(Spud Webb) 134, 135
위치에너지 211, 212
윈(Early Wynn) 100
윌리엄스(Ted Williams) 62, 68, 87
윌리엄스(Venus Williams) 303, 304
윌리엄스(Walter Ray Williams) 146
윌킨스(Dominique Wilkins) 131, 133, 134
유전자 도핑 17, 36~40
유전자 도핑 검사 40
유전자 조작 38~39
이뇨제 42

이바니세비치(Goran Ivanisevic) 298
인슐린 42
인슐린유사생장인자(IGF-1) 38, 39
인식-반응 시간 23, 24
인컴플리션 202
입체시력 25, 26

자기공명영상검사(MRI) 40
자르델로(Joey Giardello) 159
자이로 효과 179, 181, 193
자이로볼 93, 94
작아진 구장 51~52
작아진 스트라이크존 49~50, 54
잭슨(Reggie Jackson) 51
잰코스키(Mike Jankowski) 254
저나트륨혈증 34
전산유체역학(CFD) 283
전신수영복의 단점 286
전신수영복의 장점 286
점프 능력 129, 132, 133, 134
젖산 17, 30~31, 279, 172
제구력 익히기 96~97
제일(Tony Zale) 152
젠킨스(Lew Jenkins) 158
조던(Barry D. Jordan) 154, 155, 159
조던(Michael Jordan) 131, 133, 134, 137
조절세포(신경세포) 154
조파항력 285
존스(Andruw Jones) 83, 84

존슨(Ben Johnson) 40, 43
주변시력 25
줄 이론 311
중심 근력 277, 278
중심 안정성 277, 278
지머(Don Zimmer) 90
지암비(Jason Giambi) 51
지터(Derek Jeter) 46, 48, 83
지표면의 비밀 52~53
진동수 59
짐머맨(Ryan Zimmerman) 55, 56, 58, 59, 60

찰스(Ezzard Charles) 152, 153
채프먼(Ray Chapman) 54
체감각피질 29
체인지업 90, 99
체임벌린(Wilt Chamberlain) 130, 131
체중이동 23, 63, 64, 65, 66~68
초파항력 285
최대산소섭취량 236
축구공의 영향력 261~262
침착한 눈 현상 225

카디널(Phil Cardinale) 245
카레(Matt Carre) 260
카를로스(Roberto Carlos) 258
카스(Danny Kass) 254
캐롤(Will Carrol) 94
캐스터(Deena Kastor) 16, 232, 233, 234, 236, 237, 238, 239
캐시(Norm Cash) 111, 116

커브볼의 물리학 91~93
컴퓨터 운동화 243
컷 패스트볼 54, 75, 76, 77, 78, 90, 94
케플레지기(Mebrahtom Keflezighi) 234
코르크를 채워넣은 야구배트 110~113
코템프 32, 33
콘(David Cone) 83
쿠니(Gerry Cooney) 158
쿠에르틴(Gustavo Kuerten) 311
쿤켈(Bill Kunkel) 107
퀘스트라 265
크랭커 146~147
크렌쇼(Ben Crenshaw) 212
크로스(Rod Cross) 59, 301
크리티컬 매스 144, 145
클레멘스(Roger Clemens) 47
키커의 적 191~193
킥을 차는 양식 186~187
킥의 역학 189~191
킬브루(Harmon Killebrew) 52

타격 속도 57, 112, 113
타격 이론 62~63, 66
타격 자세 63~64
타구 속도(BBS) 57, 58
타구의 역회전 113~114
타이슨(Mike Tyson) 150, 151, 155, 157, 158
타임트라이얼 자전거 173
탄성위치에너지 306

탱고 264, 265
터널시야 현상 293
테스토스테론 41, 42
테트라하이드로게스트리논 42
텔스타 263
토드(Tommy Todd) 247
토리(Joe Torre) 75
토마호크덩크 130, 131
톰슨(David Thompson) 134, 135
투구의 종류 60, 99~101
투심 속구 77~78, 87
트레비노(Lee Trevino) 209
트루판트(Marcus Trufant) 202, 203, 205
트리콜로 266
트립와이어 285
티드스트란드(Sanna Tidstrand) 246
티븐스(Cory Stevens) 94
팀가이스트 266

파머(Arnold Palmer) 209, 211
파버(Urban 'Red' Faber) 97
파워미터 167
팔도(Nick Faldo) 212
패싱 플레이 177
팬더개스트(David Pendergast) 285
팬들턴(Terry Pendleton) 84
팬척(Derek Panchuk) 225
퍼펙트 게임 142

퍽의 과학 229
펀치의 힘 157~159
페달을 밟는 힘 167~168
페리(Gaylord Perry) 107
펠러(Bob Feller) 96, 95, 101
펠프스(Michael Phelps) 16, 272, 273, 274, 275, 281, 283, 286, 287
포드(Gerald Ford) 195
포드(Whitey Ford) 107, 110
포먼(George Foreman) 158
포사다(Jorge Posada) 76
포심 속구 75, 76, 77, 78, 87
포크볼 89
폭스(Allen Fox) 298, 299, 301, 302, 303
프라이스(Mark Price) 118
프레이저(Joe Frazier) 158
프레이저(Marvis Frazier) 151
프리드만(Theodore Friedmann) 38
프리스타일 슬램덩크 130, 137
플라잉 슬램덩크 129, 137
피버노바 266
필드골 184~193
필드골 플레이 187~189

하먼(Butch Harmon) 209, 213, 214
하워드(Elston Howard) 110
하워드(Ryan Howard) 61
하일(Dan Heil) 171
한나(Keith Hanna) 258
할라스(George Halas) 197
해건(Jim Hegan) 96, 97
해니(Hank Haney) 209, 214
해밀턴(Jeff Hamilton) 249, 250
해처(Billy Hatcher) 103, 116
허버드(Mont Hubbard) 56
허벨(Carl Hubbell) 95, 100
헐(Bobby Hull) 229, 228, 229
헐(Brett Hull) 227
헤이시(Alain Heche) 228, 229
헬멧의 역사 196
호건(Ben Hogan) 210
호긴스(James Hodgins) 199
호날두(Cristiano Ronald) 263
호흡률 233, 234
홀렌버그(Joel Hollenberg) 106
홈즈(Larry Holmes) 151, 152, 155
회전가속도(각가속도) 154~155, 156, 160
후류 80, 91, 106, 107, 109, 248, 285
후크(Jay Hook) 9, 10, 13
휘어차기에 대한 연구 258~259
힐리 주니어(Patrick Healey Jr.) 140

옮긴이의 글

스포츠, 누구나 즐길 수 있다

솔직히 고백하자면 어떤 스포츠에도 능숙하지 않다. 몸을 움직이는 일 중에 가장 잘하는 것은 걷기 정도다. 걷는 일은 좋아하기도 하지만 그나마 잘하는 편이라서 산을 오래 타거나 해도 쉽게 지치거나 하지 않는다. 그러나 무언가 민첩성이나 순발력, 빠른 판단력이 필요한 스포츠 분야로 들어오면 그야말로 타고난 몸치 티를 내고야 만다. 스포츠에 꼭 필요하다는 승부욕이 없는 것도 문제다. 그렇지만 몸치라고 스포츠를 좋아하지 말란 법은 없다. 오히려 내가 못하기 때문에, 나의 능력을 훨씬 뛰어넘는 일이기 때문에 뛰어난 선수들이 멋진 시합을 펼치는 모습을 지켜보는 일을 즐길 수도 있다. 일종의 대리만족이다. 특히 좋아하는 것은 올림픽 경기다. 각 나라의 내로라하는 선수들이 모여 각 분야에서 세계 최고를 겨루는 모습을 보고 있노라면 나도 모르게 마음이 뿌듯해져 버리고 만다. 과장해서 표현한다면 마치 인간 신체의 한계를 뛰어넘는 인류의 진화를 목격하는 심정이라고 할까.

팀워크가 중요한 스포츠도 좋아한다. 한 팀이 마치 한 몸처럼 움직이며 이뤄내는 플레이, 이를테면 물 흐르듯 골로 연결되는 패스, 공이 눈에 보이지 않을 정도로 빠르게 이뤄지는 병살 플레이, 절묘한 페이크 동작 뒤로 허를 찌르는 스매싱 공격 같은 것들이다. 나는 흉내조차 내지 못할 재주를 서로 손발 맞춰 펼쳐내는 장면을 보고 있노라면 마치 내가 시합을 뛰고 있는 양 흠뻑 빠져들어 응원하게 된다.

그렇다면 우리는 왜 스포츠에 열광하는 것일까? 몸보다 머리를 쓰는 일이 많아진 현대사회에서 스포츠는 신체의 한계에 도전하려는 내면의 본능을 충족하는 방법이 아닐까. 자신을 한계까지 몰아붙이고 그 한계를 뛰어넘는 데서 오는 쾌감. 분초를 다투는 급박한 상황에서 상대방(혹은 자기 자신)과 신체의 우열, 기술의 숙련도를 두고 승부를 벌이면서 팽팽한 긴장 속에서 자신의 힘과 민첩성, 판단력을 총동원하여 쏟아내야 한다. 성공한 후에는 승리라는 값진 선물이 기다리고 있다. 이런 쾌감은 비단 세계 최고 수준의 선수들만 누릴 수 있는 것은 아니다. 길거리에서 벌어지는 농구시합, 동네 공원에서의 배드민턴 경기, 학교 운동장에서 펼치는 엉터리 축구에서도 사람들은 몸을 움직이며 목표를 달성하고 자신의 능력을 한계까지 밀어붙일 때 느껴지는 즐거움을 누리고 있을 것이다.

선천적인 자질과 본능에만 의지했던 과거와는 다르게 요즘의 스포츠는 첨단과학 기술이 접목되어 그야말로 선수의 능력을 최대한 끌어내고 있다. 뛰어난 신체를 타고나지 않은 선수들도 자신에게 맞는 적합한 장비를 사용하고 정확하게 짜인 훈련을 받으면서 성실하게 노력하면 자신이 가진 능력의 한계를 뛰어넘어 세계 최고의 자리에 오를 수 있다. 결국 앞으로 스포츠의 승부는 얼마나 자질을 타고났는가보다는 인간의 몸에 대해 얼마나 많이, 제대로 알고 있는가, 얼마나 성실하게 훈련하여 자질을 최대한으로 끌어올릴 수 있는가의 여부로 가려지게 될지도 모른다. 인류가 가진 신체적인 능력의 한계는 신체의 진화보다는 지식의 축적과 기술의 발달을 통해 달성될지도 모르는 일이다.

이 책은 현재 스포츠의 각 분야에서 과학 지식과 기술 발전이 어떤 역할을 하며 또 어떻게 적용되고 있는지를 설명한다. 스포츠에 나타나는 현상 뒤에 숨은 과학이론을 설명하는 장도 있고 코치나 선수가 자신의 경험에서 얻어진 귀중한 지식을 이야기하기도 한다. 이 책을 어떻게 읽는가는 독자 개개인의 성향에 따라 달라질 것이다. 과학이론을 공부할 수도 있고 실제로 책에 나온 방법을 자신에게 적용해볼 수도 있다. 어떤 분야에서 최고가 되기 위한 코치와 선수들의 노력에 감탄할 수도 있다. 스포츠를 즐기는 일에 이 책이 도움이 되기를 바라는 마음이다. 그리고 이제 책을 다 읽었다면 책을 덮고 밖으로 나가 몸을 움직일 차례이다!

2014년 3월

지 여 울